铁路车辆钳工实务

《铁路车辆钳工实务》编委会　编

中国铁道出版社有限公司

2025年·北 京

内容简介

本书以铁路特有工种技能培训规范、高等职业学校专业建设指导标准为依据，详细介绍了铁路车辆钳工工种应掌握的实务知识。全书分为五章，包括铁路车辆钳工在日常工作中使用的常用工具、常用量具、专用样板、专用设备以及铁路车辆钳工实作的相关内容。本书内容紧密贴合生产实际，具有较强的针对性和指导性。

本书第一章、第二章、第四章、第五章配有切割机切割钢管、扭力扳手紧固制动管系活接、手锤与撬棍组合使用等10个实操视频，读者可通过在线观看，便于加深理解并掌握铁路车辆钳工的具体工量器具使用方法。此外，第五章以二维码形式同步配有客、货车常见故障案例解析文本。

本书可供铁路车辆钳工岗前培训及高职院校铁路车辆相关专业教学使用。

图书在版编目(CIP)数据

铁路车辆钳工实务 /《铁路车辆钳工实务》编委会编. -- 北京 : 中国铁道出版社有限公司, 2025. 4.
ISBN 978-7-113-32042-3

Ⅰ. U279. 3

中国国家版本馆 CIP 数据核字第 2025JG0682 号

书　　名：铁路车辆钳工实务
作　　者：《铁路车辆钳工实务》编委会

责任编辑：王熙文　李润华　　**编辑部电话：**(010)51873138　　**电子邮箱：**jiliang@tdpress.com
封面设计：刘　莎
责任校对：苗　丹
责任印制：赵星辰

出版发行：中国铁道出版社有限公司(100054，北京市西城区右安门西街8号)
网　　址：https://www.tdpress.com
印　　刷：天津嘉恒印务有限公司
版　　次：2025年4月第1版　2025年4月第1次印刷
开　　本：787 mm×1 092 mm 1/16　**印张：**14.75　**字数：**334千
书　　号：ISBN 978-7-113-32042-3
定　　价：88.00元

编委会

前　言

近年来，随着铁路现代化进程的加快推进，铁路技术装备快速更新，大批新技术、新工艺、新材料、新设备投入现场，铁路劳动生产组织、岗位作业方式、技术作业规章等发生了显著变化。铁路的高速发展对铁路高职毕业生所掌握的知识结构、技能需求，以及学校对其的培养规格、培养质量等提出了更高要求。目前，铁路高职毕业生能力与现场岗位需求存在差距，教学用书、培训用书不能紧贴现场需求，人才培养质量亟待提高。

按照中国国家铁路集团有限公司“2+1 定向培养的铁路高职毕业生入职应达到上岗要求”的工作目标，为适应中国铁路广州局集团有限公司高质量发展和职业培训改革要求，促进铁路高职生培训教材与铁路岗位需求、生产过程、职业标准紧密对接，切实推动职业培训教学改革，深化企校合作，推动产教融合，全面提升铁路高职毕业生培养质量，以铁路特有工种技能培训规范、高等职业学校专业建设指导标准为依据，中国铁路广州局集团有限公司与湖南高速铁路职业技术学院、湖南铁路科技职业技术学院、湖南铁道职业技术学院、广州铁路职业技术学院共同编写了本书。

全书共分为五章，包括铁路车辆钳工在日常工作中使用的常用工具、常用量具、专用样板、专用设备以及铁路车辆钳工实作的相关内容。全书项目均采用图文并茂的形式进行深入浅出、通俗易懂的编写。在书中第一章、第二章、第四章、第五章配有切割机切割钢管、扭力扳手紧固制动管系活接、手锤与撬棍组合使用等 10 个实操视频，读者可通过在线观看，便于加深理解并掌握铁路车辆钳工的工量具体器具使用方法。此外，第五章以二维码形式同步配有客、货车常见故障案例文本。本书可供铁路车辆钳工岗前培训使用及高职院校铁路车辆相关专业教学。

本书由中国铁路广州局集团有限公司委托广州职工职业技能培训基地组织编写，并成立编委会，由集团公司车辆部、职培部组织审定。书中部分视频资源由广州北车辆段、长沙车辆段、广州铁道车辆有限公司提供。在本书编写期间，得到了诸多专家的大力支持，在此特向他们表示诚挚的感谢。

由于时间仓促和编者水平有限，书中难免有疏漏、不妥之处，望读者提出宝贵意见。

编委会

2025 年 3 月

目　录

融合内容索引

客车类实操（视频）

货车类实操（视频）

常见故障案例解析（文本）

第一章

铁路车辆钳工常用工具

铁路车辆钳工的常用工具包括通用类、专用类、安全防护类工具三类。下面按类别进行详细说明。

第一节　通　用　类

一、切割机

扫一扫

视频：切割机切割钢管

铁路车辆钳工常用的切割机可对金属方扁管、方扁钢、工字钢、槽钢、碳圆钢、圆管等材料进行切割，如图 1-1 所示。

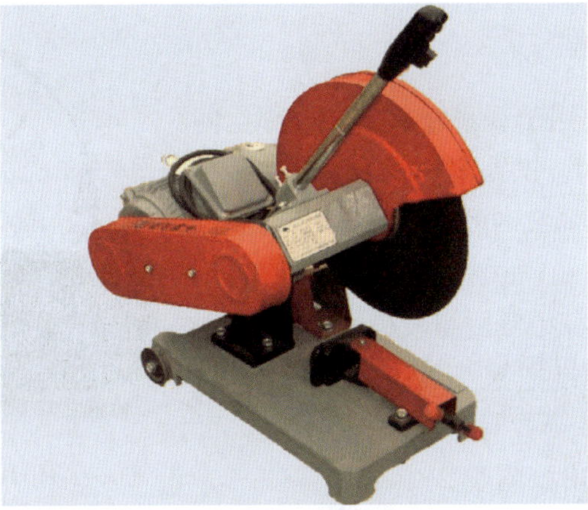

图 1-1　切割机

1. 使用方法

（1）使用前必须先对切割机的接地保护、电源开关及导线、切割片、手柄、夹紧装置、防护罩或安全挡板等进行详细检查，确保各部件的自身状态及紧固状态良好。

（2）接通电源，按下切割机手柄上的电源开关先空载试运转，待确认安全无异常后方可继续操作。

（3）操作夹紧装置预固定被切割件，压下切割机手柄观察切割片是否处于被切割件的应切割位。

(4)确认被切割件放置正确后,被切割件固定牢靠,手握切割机手柄并按下手柄上的电源开关进行切割作业。

2. 注意事项

(1)使用切割机时应注意周围不能有易燃易爆物品,操作者需戴好护目镜,不可穿过于宽松的工作服,严禁戴手套及未扣袖口进行操作。

(2)严禁用切割机切割木材。

(3)加工的工件必须夹持牢靠,严禁工件未夹紧就开始切割。

(4)切割时操作者必须偏离砂轮片正面,并提醒附近其他工作人员避开。

(5)切割过程中不得将手放在距切割片 15 cm 以内,不得探身越过或绕过切割机。

(6)严禁在砂轮切割片平面上修磨工件的毛刺,防止砂轮切割片碎裂。

(7)操纵手柄做切割运动时,用力应均匀、平稳,切勿用力过猛,以免过载使砂轮切割片崩裂。

(8)切割过程中如出现异响,应立刻停止操作并通知维修人员,不可擅自维修。

(9)切割机还在运转时,严禁装卸零件或进行修理和清扫工作,严禁用手拿取工件。

(10)中途更换新切割片时,必须切断电源,锁紧螺母的紧固力度要适中,防止切割片崩裂发生意外。

(11)停电、休息或离开工作场地时,应立即切断电源。

(12)切割完毕后关闭电源,清扫工作场地、保持设备清洁。

二、工业视频内窥镜

工业视频内窥镜主要用于观察零部件的内部空间结构和状态,如图 1-2 所示。铁路车辆钳工主要使用工业视频内窥镜对制动管路风缸内腔进行状态检查。

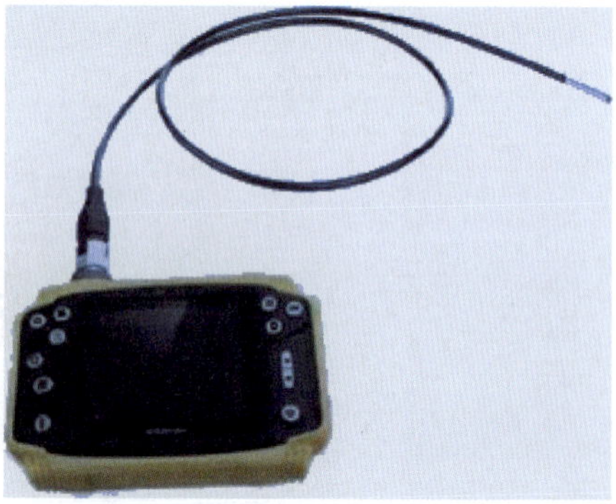

图 1-2　工业视频内窥镜

1. 使用方法

(1)开机并按需要选择拍照或摄像模式。

(2)手握探测线管缓慢把探头放进零部件内腔,观察屏幕影像。

(3)检查完毕缓慢拉出探测线。

2. 注意事项

(1)精密仪器,尽量避免与水、油污或腐蚀性液体接触。

(2)轻拿轻放,不能过度弯折探测线管。

(3)不能过充电池。

三、扳手

(一)活动扳手

活动扳手是用来紧固和松开不同规格的螺母和螺栓的常用铁路车辆钳工工具,如图 1-3 所示。

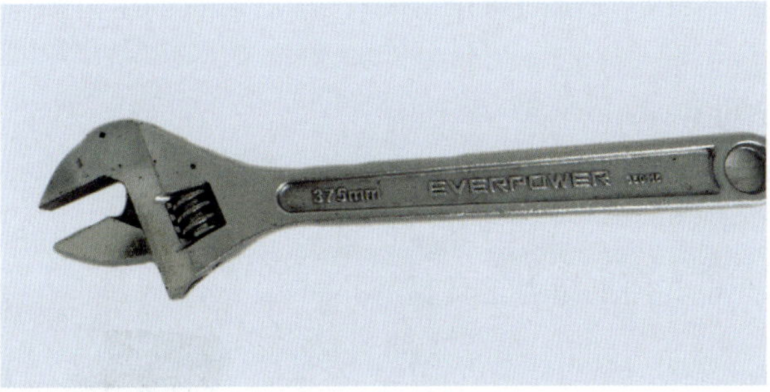

图 1-3　活动扳手

1. 使用方法

(1)使用前确定要拧的部件,调整活动扳手尺寸;

(2)使活动扳手的开口线与螺母的六角边平行;

(3)按正确方向均匀拧动螺母,让固定钳口受主要作用力。

2. 注意事项

(1)扳动大螺母时,常用较大的力矩,手应握在近柄尾处。

(2)扳动小螺母时,所用力矩不大,但螺母过小易打滑,因此手应握在接近板头的位置。这样可随时调节涡轮,收紧活动板唇,防止打滑。

(3)活动扳手不可反用以免损坏板唇,也不可用钢管接长手柄加大力矩。

(二)扭力扳手

扭力扳手又叫扭矩扳手,是用设定扭矩来紧固工件的工具如图 1-4、图 1-5 所示。

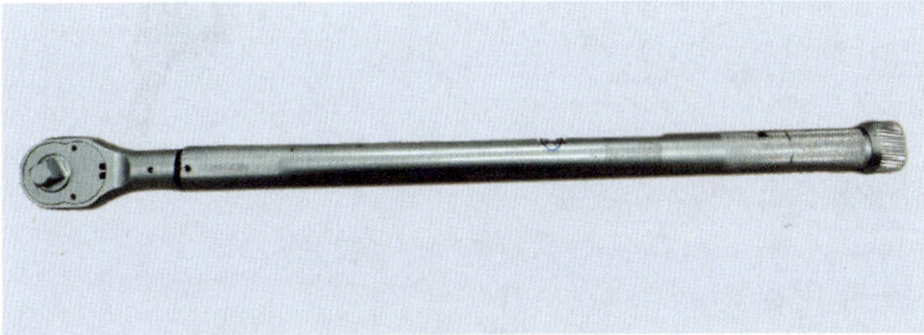

图 1-4　扭力扳手

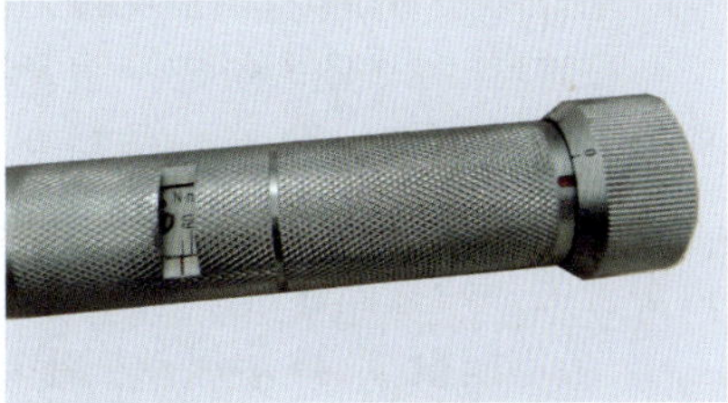

图 1-5　扭力扳手刻度手柄

1. 使用方法

扫一扫

视频：扭力扳手紧固制动管系活接

(1)扭力扳手主要用于紧固螺栓,有扭矩要求的螺栓紧固时,要先预紧再终紧,且按设定的扭矩要求进行操作。

(2)设定所需的扭矩值,设定时松开扭力扳手刻度手柄尾部的锁紧装置,调整扭力扳手刻度手柄至设定值,设定完毕后将锁紧装置锁紧。调整扭矩须从小值往大值方向调整,若超过设定值,须往回调至低于设定扭矩值后再做调整;不能直接从最大值调至最小值。

(3)检查扭矩扳手驱动头是否适合,选用合适的转接头;施力前需确定扳手与被锁物相结合;施力位置为握把中心;施力应平稳缓慢,避免产生冲击,听到声响(即弹簧释放)后,须停止施力;在使用过程中,注意扳手的操作角度;使用后需将设定值归零。

2. 注意事项

(1)扭力扳手不能过载使用。

(2)使用一年后,需要对扳手进行校准。

(三)电动扳手

电动扳手是一种充电式便携扭力工具,如图 1-6 所示。

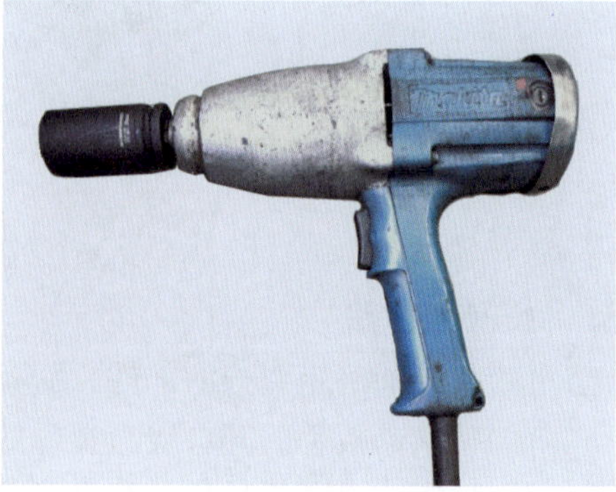

图 1-6　电动扳手

1. 使用方法

选择适当规格的套筒安装于接头处,接头后端可调节扭矩,握紧电钻手把,食指勾住启动按钮,在启动按钮的上部设有一个转向开关,可结合实际作业需求进行选择,实现对螺栓的拧紧或松动。

2. 注意事项

(1)严禁超扭矩值使用扳手。

(2)电动扳手配线破损时须包扎好防止漏电。

(四)风动扳手

风动扳手是以高压气泵为动力源的扭矩扳手,如图 1-7 所示。

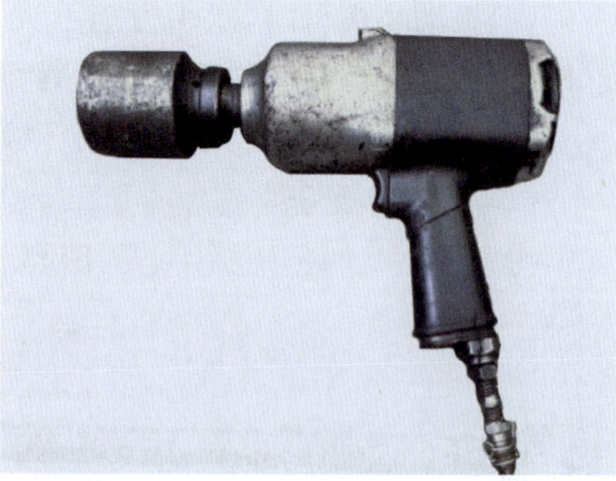

图 1-7　风动扳手

1. 使用方法

(1)使用风动扳手时要先点动空转风动扳手,查看转动方向是否正确,如果反转则操作换向。

(2)操作时作业人员应一手紧握开关手把、一手抓牢扳手,将套管一头套在转轴上。

(3)将套筒的另一头套在螺母上,操作人员开动扳手开关开始紧固螺母。

(4)不能投掷、摔落风动扳手,不能给予其强烈的冲击,风动扳手是由精密部件构成,强力的冲击会使工具部件缺损、脱落或使用工具产生故障。

(5)风动扳手不允许高速空转、空打。不必要的空转、空打会使具部件磨损,导致能力下降。

(6)经常注油,气动马达的内部会因水分而产生锈蚀,同时因高速旋转而造成磨损。为使工具耐久,须定期注入优质机械润滑油。打击部件和轴承处则应加注润滑脂。

(7)风动扳手须供给干净的风源,水汽及灰尘杂质等会造成生锈或烧损,缩短工具寿命。

(8)必须在规定的工作风压条件下使用工具,压力过低则无法发挥工具能力,压力过高则使各部件过早磨耗,导致工具故障。

2. 注意事项

(1)作业人员作业时必须穿戴与作业相适应的工作服及安全保护用具。

(2)与作业无关的人员切勿靠近,在作业过程中如感到振动和噪声造成的不舒服或痛苦,须中断作业。

(3)作业姿势要正确,保证用平衡良好的姿势进行作业。严禁触摸风动扳手的转动部分。

(4)检修时须先将进气管分离后再更换工具头部的附件,防止工具意外动作伤人。

四、弯管机

弯管机是一种用于对管材进行弯曲的设备,如图 1-8 所示。铁路车辆钳工主要使用弯管机加工制动、供风及给水系统所用管系。

图 1-8 弯管机

1. 使用方法

(1)检查各紧固螺钉及其他安全防护装置,安装须牢固,防止工件脱出。

(2)根据要弯曲管的规格选择合适的模具。

(3)确认设备的电源线及插头良好,启动弯管机,进行空车试运转,检查各动作和限位开关是否灵敏可靠,确认正常后,方可继续操作。

(4)预先调整好所需弯曲角度,将管放入模具内,启动夹紧装置将管夹紧,按动弯制按钮,进行管弯制,弯制到预定角度后设备自动停止弯制。

(5)放松夹紧轮,拿出弯曲好的管,弯管机复位。

2. 注意事项

(1)操作前,应先检查各润滑点有无缺油,运动机构有无松动,安全防护装置是否可靠。

(2)两人配合弯管,需协调一致并指定专人操作开关,操作时要集中精神,不得边工作边谈话。

(3)弯管机工作时,禁止将手、身体或其他物品侵入弯管机工作区内。

(4)使用完毕切断电源,擦拭机床,在滑动面上加油润滑。

五、套丝机

套丝机是一种可在钢质圆管上加工出外螺纹,并具有圆管切断功能的设备,如图 1-9 所示。铁路车辆钳工主要使用套丝机加工制动、供风及给水系统所用管系。

图 1-9 套丝机

1. 使用方法

(1)使用前确认设备安装稳固,检查切刀架、板牙座等各移动部件是否动作灵活。

(2)揭开滤屑板,确认冷却油或者乳化液是否足够,并把活动刀架拉离主轴。

(3)确认设备的电源线及插头良好,插上电源插头,启动套丝机,进行空车试运转,确认正常后方可继续操作。

(4)切管:在圆管需要切断的位置做好标记,把圆管放进套丝机,调整好圆管位置,正确卡紧圆管,放下切刀架,用切刀片对正切断位后启动套丝机,用手转动手把进行切割。

(5)套丝:正确卡紧圆管,根据圆管直径,换上相应的板牙和板牙座,夹紧板牙座,然后启动套丝机,用手转动手把带动活动刀架使板牙的导入刀口导入圆管,并施以一定压力,待板牙入扣后便可让其自行前进,直至在圆管上制好所需的螺纹后按下停止开关完成套丝。

(6)倒角:扳起切管器和板牙座后,放下铣锥架并调整好伸出长度,然后转动手把移动活动刀架进行圆管内孔倒角,倒角完毕使用工具清除管口边上的铁屑与毛刺。

2. 注意事项

(1)开机前应脱除手套,禁止戴手套操作套丝机。

(2)圆管应从套丝机后卡盘装入,穿过前卡盘,若圆管太长,需用支承架进行辅助支承,不允许图省力,用圆管加长手把,以免造成机器损坏。

(3)切管时,先确认切刀良好,进刀量不能过大,用力不能太猛,避免造成圆管变形或切刀损坏。

(4)套丝时,需根据圆管的管径选择合适的板牙,确认板牙状态良好并安装正确。

(5)工作时间过长或工件过热时,应当采用冷却液进行冷却。

(6)严禁徒手清除圆管毛刺。

(7)使用完毕切断电源,收拾整理工具,清洁设备及周边环境卫生。

六、查漏仪

查漏仪是一种超声波检测仪器,用于气体漏泄检测、气密性检测,如图 1-10 所示。铁路车辆钳工主要使用查漏仪对车辆制动及供风系统进行漏泄检测。

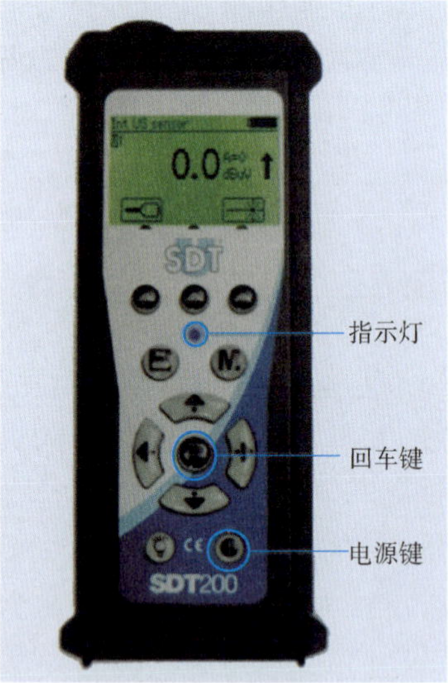

图 1-10　查漏仪

1. 使用方法

(1)开机并按需要进行参数设置。

(2)连接外部传感器。

(3)一手持查漏仪主机,另一手持外部传感器,以外部传感器探头对管路接头进行漏泄检测,通过观察主机显示屏数值变化确定漏泄点。

2. 注意事项

(1)需确认外部传感器连接后作用良好。

(2)通过聆听辅助判断漏泄时需佩戴耳机。

(3)传感器探头要尽量地靠近管路接头并 360°全方位检测。

七、手动砂轮机

手动砂轮机是采用手动转动砂轮的加工工具,如图 1-11 所示。其用途是磨削粗糙工件,去毛刺,清理铸件,修磨刃具,开坡口,焊后磨平,除锈,抛光,切割等。

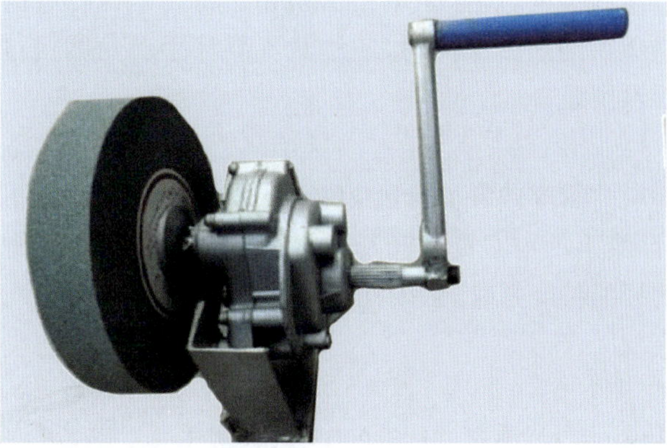

图 1-11　手动砂轮机

1. 使用方法

(1)进行空转试验,确认正常时方可进行加工操作。

(2)手持手动砂轮机并握稳,手摇手动砂轮机摇柄来转动砂轮,工件缓慢接触砂轮,根据加工件的成形要求确定打磨加工的切合角度和幅度。打磨加工过程中不得撞击和猛压工件,不得使用砂轮侧面。

2. 注意事项

(1)使用手动砂轮机前须认真检查各部是否安装牢固,砂轮片是否无裂纹,有裂纹的砂轮片必须更换处理。

(2)操作手动砂轮机前需穿戴好护目镜、手套、安全帽等防护用品。

八、手动角磨机

手动角磨机主要用途是对钢铁、石材、木材、塑料等多种材料进行加工,换不同的磨片可以进行打磨、锯切、抛光等。手动角磨机相对于砂轮机具有用途广泛、轻便、操作灵活等优点,如图 1-12 所示。

图 1-12　手动角磨机

1. 使用方法

(1)接通电源,按下启动开关,等待手动角磨机转动稳定后开始打磨。

(2)操作时应双手紧握手柄,确保手动角磨机稳定。切割或打磨时,打磨片应缓慢接触待加工品的加工面,避免用力过猛。同时,应注意不要让手动角磨机过热,必要时可暂停作业,等待角磨机冷却后再作业。

2. 注意事项

(1)操作手动角磨机前需穿戴好护目镜、手套、安全帽等防护用品。

(2)操作过程中,严禁手动角磨机对着人员,以防止碎片飞溅造成伤害。

(3)更换手动角磨机的打磨片时,必须先切断电源。

九、手电钻

手电钻用于金属材料、木材、塑料等钻孔的工具,如图 1-13 所示。当装有正反转开关和电子调速装置后,可用来紧固或松开螺钉。手电钻分电池式和外接电源式,外接电源式的手电钻相对力量更大。

图 1-13　手电钻

1. 使用方法

(1)将钻头放入手电钻头部安装孔位深度位置,用专用钥匙沿顺时针方向扭紧锁死。

(2)将手电钻电源插头插入电源插座,通电后空转 2 s,观察手电钻钻头是否安装牢固。

(3)确认手电钻工作正常后,开始钻孔作业。标有数字的钻头环可调节强度,数字越大,强度越大,根据需要调节强度。

(4)钻孔时要对准要钻的位置,用手牢牢握住手电钻手柄,按下控制开关才能使用,钻头必须垂直往下钻,防止钻头断裂并造成孔位偏差。

2. 注意事项

(1)手电钻工作时,电源线应放置在不易绊倒人或被人踩着的地方。

(2)使用手电钻完工后,收拾手电钻时应轻拿轻放,避免摔坏外壳。

(3)手电钻应定期检查,各部件维护保养到位。

十、砂轮机

砂轮机主要用于磨削粗糙工件、去毛刺、清理铸件、修磨刃具、开坡口(焊接厚的钢板)、焊后磨平、除锈、抛光等,如图 1-14 所示。

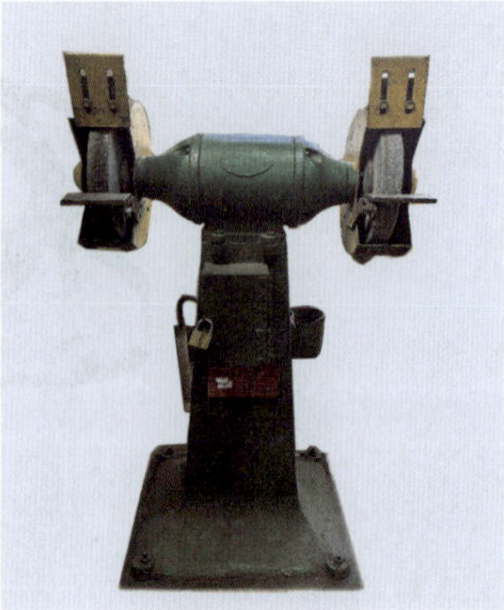

图 1-14　砂轮机

1. 使用方法

(1)检查设备的性能,确保各部件的完好性。对电源开关、砂轮片的松紧度、防护罩或安全挡板进行详细检查,操作台必须稳固。

(2)检查操作盒或开关必须完好无损,并有接地保护。

(3)检查所用砂轮片是否完好无损。夹板螺帽应紧固适当,且夹板直径不得小于砂轮片直径的 1/3。

(4)空载试运转待确认安全无误后方可继续操作。

(5)工作时,必须佩戴平光眼镜或面罩,防止碎屑打伤眼睛。

2. 注意事项

(1)在砂轮机作正常运转时,禁止装卸零件或进行修理和清扫工作,严禁用手拿取工件。

(2)不允许在有爆炸性粉尘的场所使用砂轮机。

(3)加工的工件必须夹持牢靠,严禁工件装夹不紧就开始作业。

(4)中途更换新砂轮片时,必须切断电源,不要将锁紧螺母过于用力,防止砂轮片崩裂发生意外。

十一、铁锤

铁锤通常也叫手锤,主要用于锤击物体,锤头为铁质,加有铁楔,锤柄为硬质木材,如图 1-15 所示。铁路车辆钳工常用的手锤是木柄圆头铁锤。

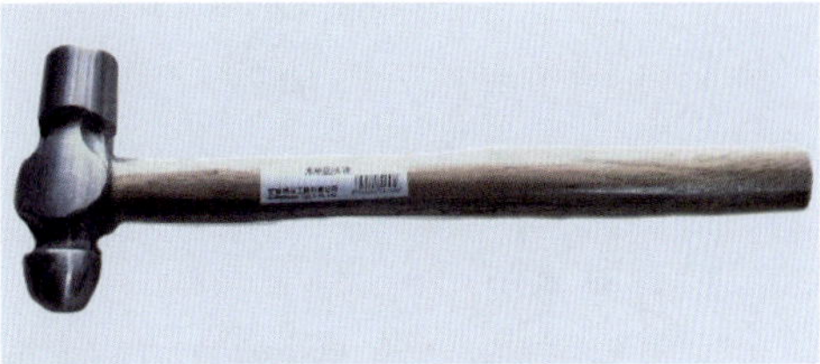

图 1-15 木柄圆头铁锤

1. 使用方法

(1)握锤:以右手五指紧握锤柄,并使大拇指贴在食指上,虎口对准锤头方向,锤柄尾部露出 15～30 mm。

从挥锤到击锤的全部过程中,五指始终紧握锤柄,这种握锤方法叫作紧握法,如图 1-16(a)所示;只用大拇指和食指始终握紧锤柄,在挥锤时,小指、无名指和中指依次放松,而在锤击时,又以相反的方向依次收拢握紧,这种握锤方法叫作松握法,如图 1-16(b)所示;右手在前,左手在后,用双手五指分别紧握锤柄,在挥锤到击锤的全部过程中,五指始终紧握锤柄,这种握锤方法叫作双手紧握法。

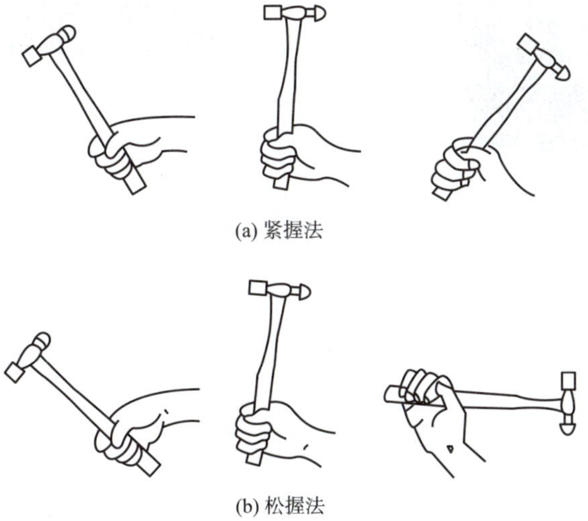

(a) 紧握法

(b) 松握法

图 1-16 握锤方法

(2)挥锤:由于实际工作时,对锤击力量大小的要求不同,故有手挥、肘挥、臂挥三种不同挥锤法。

挥锤时，只用手腕上下弯曲的力量，这种挥锤方法锤击力度小，叫作手挥(也称手腕挥)，如图 1-17(a)所示；挥锤时，肘和手腕协同用力，上臂不动，这种挥锤方法锤击力度较大，叫作肘挥(也称小臂挥)，如图 1-17(b)所示；挥锤时，手腕和肘向后弯曲并将上臂稍微扬起，这种挥锤方法锤击力度最大，叫作臂挥(也称大臂挥)，如图 1-17(c)所示。

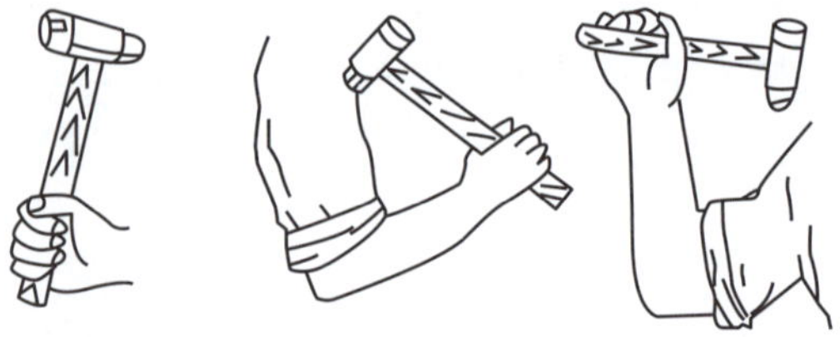

(a) 手挥　(b) 肘挥　(c) 臂挥

图 1-17　挥锤方法

2. 注意事项

锤头与手柄连接不能松动；锤柄不能有裂纹、劈裂、倒刺；锤头、手柄及手上不能有油污，防止打滑；锤击时前后均不准站人，注意周围人员安全。

十二、橡胶锤

橡胶锤的锤头为橡胶材质，手柄一般采用胶柄或木柄，如图 1-18 所示。铁路车辆钳工主要使用橡胶锤对制动管系及风缸敲打除锈。

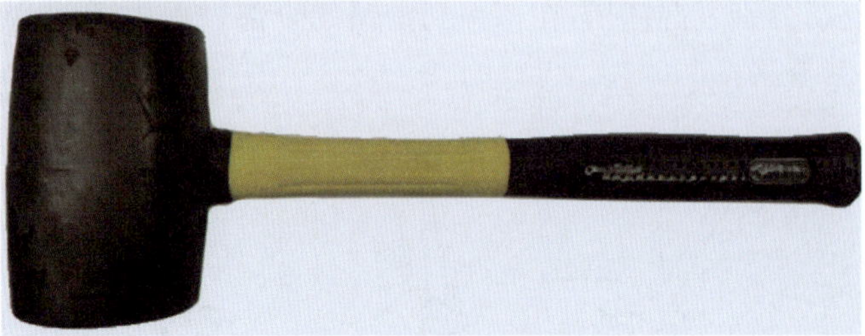

图 1-18　胶柄橡胶锤

1. 使用方法

以右手五指紧握锤柄，并使大拇指贴在食指上，虎口对准锤头方向，锤柄尾部露出 15～30 mm，紧握橡胶锤对制动管系及风缸进行敲打除锈。

2. 注意事项

锤头与锤柄连接牢固、不能有裂纹；使用时锤头、手柄及手上不能有油污，防止打滑；敲打时橡胶锤头会反弹，注意自身及周围人员安全。

十三、撬棍

撬棍有圆棍、六棱棍和扁棍三种类型。铁路车辆钳工常用的撬棍是圆棍，采用 45 钢锻造而成，主要用于基础制动圆销和开口销分解与组装，如图 1-19 所示。

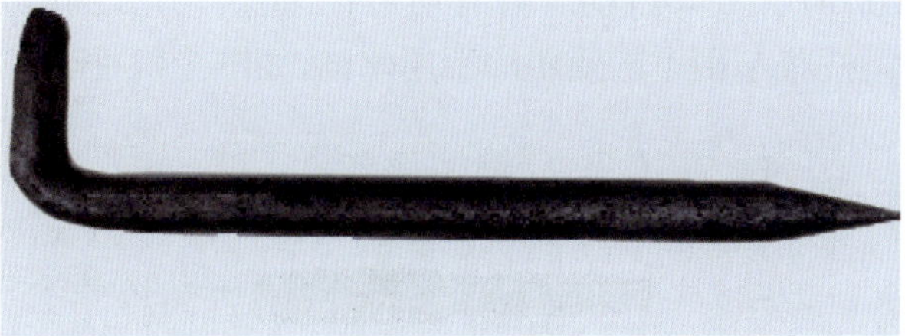

图 1-19 圆棍

扫一扫

视频：手锤与撬棍组合使用

1. 使用方法

五指紧握靠近扁平部位或靠近锥形部位的圆柱部分。

2. 注意事项

撬棍不能有裂纹，扁平部位及锥形部位不能有崩断；使用时撬棍及手上不能有油污，脚部不能处于撬棍下方，并注意周围人员安全，防止撬棍滑落伤人。

十四、丝套

丝套（即板牙）用于在圆杆上制作或修正外螺纹。这里介绍铁路车辆钳工使用的手动套丝板牙，如图 1-20 所示。

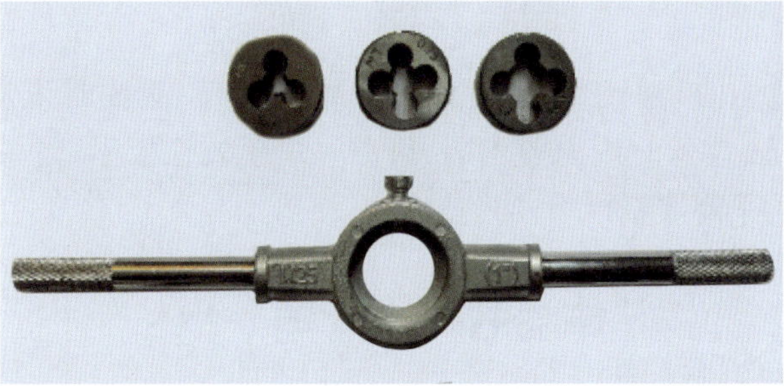

图 1-20 板牙

1. 使用方法

板牙装在板牙架上，用顶丝进行紧固。开始套丝时要使板牙的端面和圆杆中心线保持垂直，用手掌按住板牙中心，适当施加压力并转动板牙架。切入 1～2 圈后，目测检查、校正板牙位置；切入 3～4 圈时，应停止加压，以免损坏螺纹和板牙。

2. 注意事项

使用前要将板牙上的切屑清除干净；套丝时板牙端面应与圆杆垂直，操作时用力要均匀；套丝过程中应不时反转以便于断屑，必要时可加冷却液和润滑剂润滑；不能徒手清除切屑。

十五、丝攻

丝攻也叫丝锥，用于切制或修正内螺纹，分单支和成组，攻中小规格的通孔螺纹时可用单支丝锥一次攻成，攻盲孔或大尺寸螺孔时则常用成组丝锥。丝锥由工作部分和柄部构成，工作部分又分切屑部分和校准部分，前者磨有切屑锥，担负切屑工作，后者用以校准螺纹的尺寸和形状。这里介绍铁路车辆钳工使用的手用丝锥，如图 1-21 所示。

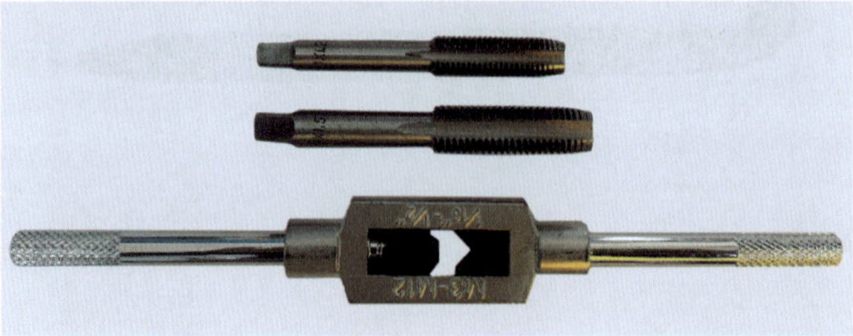

图 1-21 丝锥

1. 使用方法

攻丝时，把丝锥装在绞(扳)手上，插入丝锥并使丝锥中心线与孔的中心线一致；均匀地旋转丝锥并略加压力使丝锥进刀，进刀后不再施加压力；每转动丝锥一次反转约 45°以割断切屑，以免阻塞；攻丝过程中如果丝锥出现旋转困难时应立即停止，向后倒退 1/4 转，以清除丝锥切削部分和孔眼周围所积存的切屑，然后再继续向前攻，防止丝锥折断；攻丝完毕倒旋出丝锥时，用扳手松动丝锥后，不能连带着扳手一起后退，防止损坏螺孔中的螺纹和丝锥。

2. 注意事项

工件上螺纹底孔的孔口要倒角，通孔螺纹两端都倒角；必要时可加冷却液和润滑剂润滑，不能徒手清除切屑；攻丝时用力要均匀，可以一只手按住扳手，另一只手扶着丝锥，均匀地用力旋转，或者两手平衡按着扳手，均匀地用力旋转。

第二节 专 用 类

一、检车锤

检车锤也叫检查锤、检点锤、列检锤，是铁路专用检验锤。广泛用于对铁路车辆进行质量检查，主要作用是检查连接件是否有松动，也可根据敲击声检查钢质部件是否有裂纹。目前普遍使用的检车锤的锤头为铁质尖头，锤柄为硬质木材，如图 1-22 所示。

1. 使用方法

以右手五指紧握锤柄，并使大拇指贴在食指上，虎口对准锤头方向，锤柄尾部露出 15～30 mm。

2. 注意事项

锤头与锤柄连接牢固、不能有裂纹；使用时手柄及手上不能有油污，防止打滑；敲击时力度要适当，非钢质和压力部件不能敲。

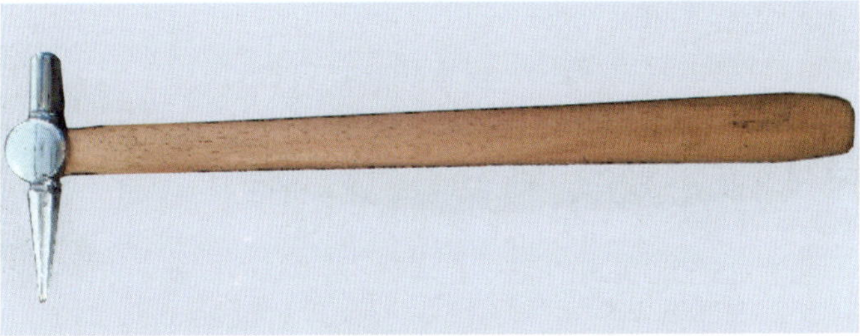

图 1-22 检车锤

二、铅封钳

铅封钳为铸件组装而成,铅封钳的压头上刻有单位代号及简称,用于对铅封进行压刻并上锁,如图 1-23 所示。

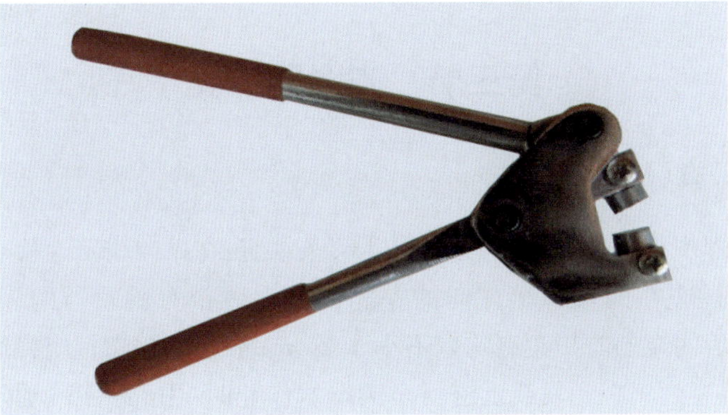

图 1-23 铅封钳

1. 使用方法

手握铅封钳手把尾部,将铅封置于铅封钳的两个圆柱形压头之间,用力压紧铅封,使铅封钳压头上的字样压刻在铅封上。

2. 注意事项

使用前检查铅封钳动作应灵活,圆柱压头安装无松动且字样完好清晰;使用时脚部不能处于铅封钳下方,防止铅封钳脱落伤人。

三、ST1-600 型闸调器试验垫板

ST1-600 型闸调器试验垫板是一块 15 mm 厚、340 mm 长、60 mm 宽、弧度为 R420 mm 的铁垫板,为了操作方便,其一端焊有把手,专用于车辆整车落成后 ST1-600 型闸调器的性能试验,如图 1-24 所示。

1. 使用方法

在 ST1-600 型闸调器性能试验中减小间隙试验时,将其放入任一闸瓦与车轮之间,试验

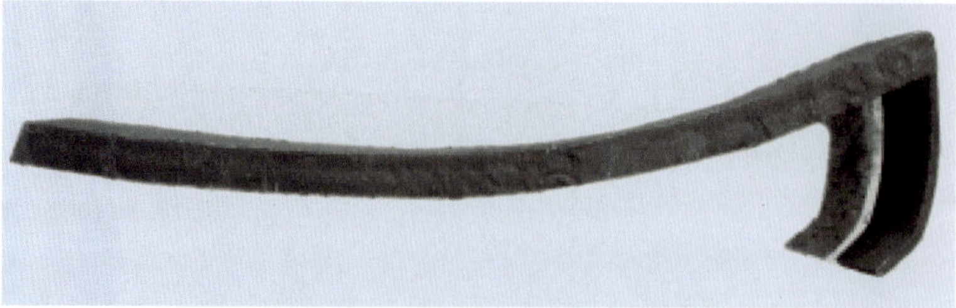

图 1-24　ST1-600 型闸调器试验垫板

完毕后撤出。

2. 注意事项

ST1-600 型闸调器试验垫板放置及撤出时必须是手抓住把手操作，严禁手抓其他部位进行操作，严禁身体任何部位处于车轮与闸瓦之间。

第三节　安全防护类

一、红色信号旗(灯)

《铁路技术管理规程(普速铁路部分)》第 437 条规定：在站内线路上检查、修理、整备车辆或进行装卸作业时，应在两端来车方向的左侧钢轨设置带有脱轨器的固定或移动信号牌(灯)进行防护，前后两端的防护距离均应不小于 20 m；不足 20 m 时，应将道岔锁闭在不能通往该线的位置。旅客列车在到发线上进行车辆技术作业时，用红色信号旗(灯)进行防护，可不设脱轨器。

1. 红色信号旗(灯)的设置

(1)机车摘挂相关作业时，在机次一位客车非站台侧设置。

(2)技术检查作业时，在机次一位客车前端非站台侧和尾部客车后端站台侧设置。车辆乘务员单班单人值乘列车，在无客列检车站进行站折技术检查作业时，仅在来车端一位客车前端站台侧设置。

(3)处理车辆故障时，在故障车辆站台侧设置。

2. 注意事项

红色信号旗常用于白天作业防护，设置时需垂直展开不可卷起，确保信号清晰可见，如图 1-25 所示。红色信号灯常用于夜间作业防护，夜间使用确保信号红灯显示正常且时刻关注信号灯电量情况，以防出现信号指示错误导致事故发生，如图 1-26 所示。

二、橡胶止轮器

橡胶止轮器用于车辆无停放制动装置或在平直道上无动力停留或停放时，可以使用止轮器进行防溜，如图 1-27 所示。

图 1-25 红色信号旗使用示意

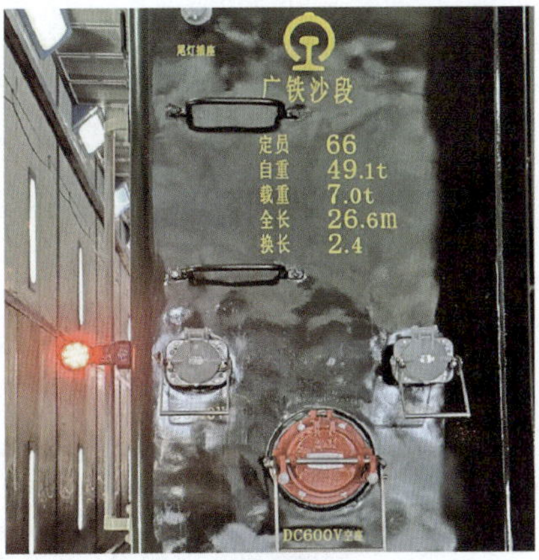

图 1-26 红色信号灯使用示意

图 1-27 橡胶止轮器使用示意

1. 使用方法

止轮器设置时，应紧贴车轮，在列车一端头车第一根轴单侧车轮的前、后端各设置一个止轮器。

2. 注意事项

止轮器撤除时，须确认车辆处于制动施加状态。

三、铁鞋

铁鞋是用于放在静止状态的机车车辆车轮下对其进行阻挡的安全防溜装置，如图 1-28、图 1-29 所示。

1. 使用要求

(1)车轮踏面密贴在防溜铁鞋踏面上时，碾压点应在其鞋尖向后 45～50 mm 处。

(2)防溜铁鞋底面及尖部应平直与轨面密贴，尖部上翘量不超过 2 mm。

(3)防溜铁鞋应有防盗装置，使锁闭、开启方便。防盗装置不应影响线路车辆设备安全。

2. 注意事项

防溜铁鞋有专门的管理台账，明确铁鞋配置位置、数量及编号，进行定置、定位管理。

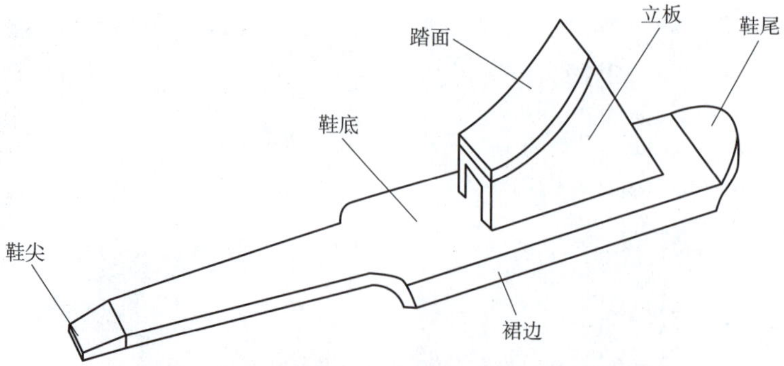

图 1-28 防溜铁鞋示意

图 1-29 防溜铁鞋使用示意

复习思考题

1. 简述普通扳手使用注意事项。
2. 简述风动扳手使用注意事项。
3. 简述手锤使用注意事项。
4. 简述丝攻的作用。
5. 简述套丝机的功能。
6. 铁路运输作业人员夜间使用什么防护信号？
7. 简述橡胶止轮器的使用方法。
8. 简述铁鞋的使用要求。
9. ST1-600 型闸调器试验垫板的厚度、长度、宽度以及弧度分别是多少？

第二章
铁路车辆钳工常用量具

铁路车辆钳工的常用量具包括通用类、专用类共两大类别。下面按类别进行详细说明。

第一节 通 用 类

一、卷尺

卷尺主要由尺带、盘式弹簧(发条弹簧)、卷尺外壳三部分组成,如图 2-1 所示。当拉出刻度尺时,盘式弹簧被卷紧,产生向回卷的力,当松开刻度尺时,刻度尺就被盘式弹簧的拉力拉回。

1. 使用方法

以钢卷尺为例,一手压下卷尺上的按钮,一手拉住卷尺的头,就能拉出来测量了。测量时钢卷尺零刻度对准测量起始点,施以适当拉力,直接读取测量终止点所对应的尺上刻度。

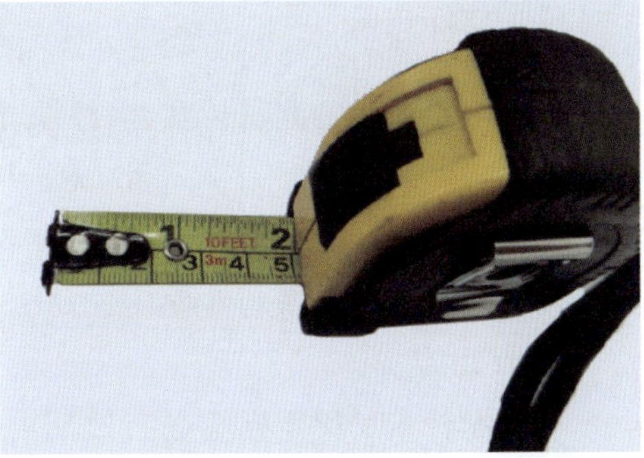

图 2-1 卷尺

2. 注意事项

使用前:首先要检查卷尺的各个部位,对自卷式和制动式卷尺来说,拉出和收入卷尺时,应轻便、灵活、无卡滞现象。制动式卷尺的按钮装置应能有效地控制尺带收卷,不得有阻滞失灵现象。

使用时:卷尺应以"0"点为测量基准,这样便于读数。当以非"0"点为基准测量工件时,要特别注意起始端的数字,不然在读数时易读错。使用自卷式或制动式卷尺时,拉出尺条不得用力过猛,而应缓缓拉出,用完后也应使其徐徐退回。对于制动式卷尺,应先按下制动按钮,然后缓缓拉出尺条,用完后按下制动按钮,尺条自动收缩。

根据所要测量尺寸的精度和范围选择合格的卷尺,保证所用卷尺合格且带合格标识。

二、钢直尺

钢直尺是用来测量长度的一种量具,由不锈钢片制成,由尺身、侧边刻度、悬挂孔组成,如图 2-2 所示。常用规格普通钢直尺的标称规格:0～150 mm;0～300 mm 等。

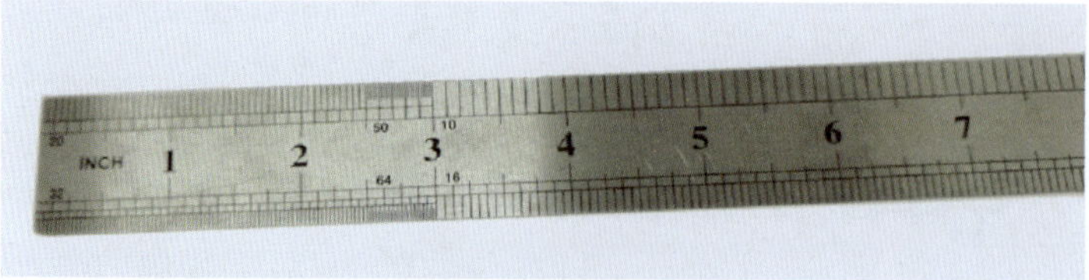

图 2-2　钢直尺

1. 使用方法

(1)使用钢直尺时,应以左端的零刻度线为测量基准,这样不仅便于找正测量基准,而且便于读数。测量时,尺要放正,不得前后左右歪斜。否则,从钢直尺上读出的数据会有较大误差。

(2)用钢直尺测圆截面直径时,被测面应平整,使尺的左端与被测面的边缘相切,移动尺子另一端找出最大尺寸,即为所测直径。

2. 注意事项

钢直尺的端边、侧边及背面应光滑平直,不应有毛刺、锋口和锉痕弯曲等现象;钢直尺的刻线面及刀口平面不应有碰伤、锈迹及影响使用。

三、游标卡尺

游标卡尺是一种测量长度、内外径、深度及高度的量具。游标卡尺由主尺和游标尺两部分构成,如图 2-3 所示。主尺一般以毫米为单位,而游标上有 50 个分格,每分格 0.02 mm。游标卡尺有两副活动量爪,分别是内测量爪和外测量爪,内测量爪通常用来测量内径,外测量爪通常用来测量长度和外径。

1. 使用方法

检查游标卡尺检定标签在有效期内,用软布将量爪擦干净,使其并拢,游标和主尺身的零刻度线须对齐,如果不对齐就调整至对齐。

2. 注意事项

测量时:右手拿住尺身,大拇指移动游标,左手拿待测外径(或内径)的物体,使待测物位于外测量爪之间,当与量爪相贴时,即可读数。

读数时:首先以游标零刻度线为准在尺身上读取毫米整数,即以毫米为单位的整数部分。然后看游标上第几条刻度线与尺身的刻度线对齐,如图 2-4 所示。如第 5 条刻度线与尺身刻度线对齐,则小数部分即为 0.1 mm,读数结果为整数部分+小数部分。

图 2-3 游标卡尺

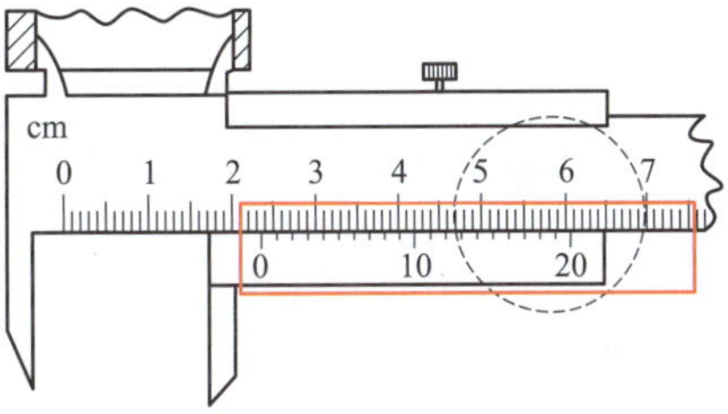

图 2-4 游标卡尺读数示意

四、数显式扭矩仪

1. 使用方法

将被检物的四方测头放入该检定仪的承力四方孔内，同时将被检物另一端的手桥置于高度调节块上方(若长度不够时，可自由调节整套加载装置)，如图 2-5 所示。

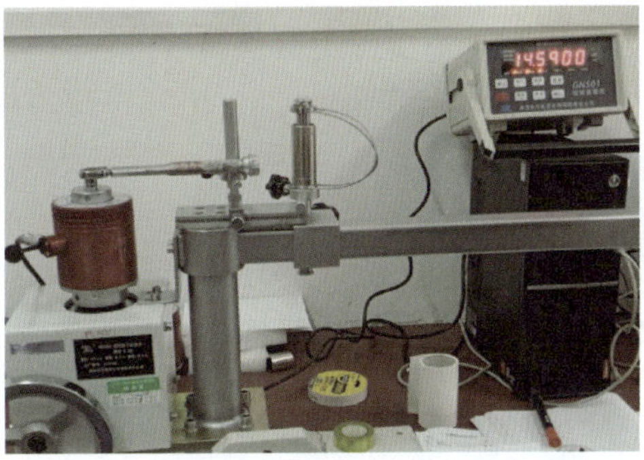

图 2-5 数显式扭矩仪

打开电源开关，显示的扭矩值为零，如果不为零，则按清零键，将扭矩值清零。

测试前：需设置好上下限值、最小存储值、最小峰值保持值、自动峰值时间、自动关机时间、重力加速度等。

2. 注意事项

在使用数显扭矩测试仪之前，先检查仪器电量是否充足，若电量不足，请先充电(充电时也可使用)。

五、塞尺

塞尺是一种测量工具，主要用于间隙间距的测量，是由一组具有不同厚度，不同级差的薄钢片组成的量规，如图 2-6 所示。

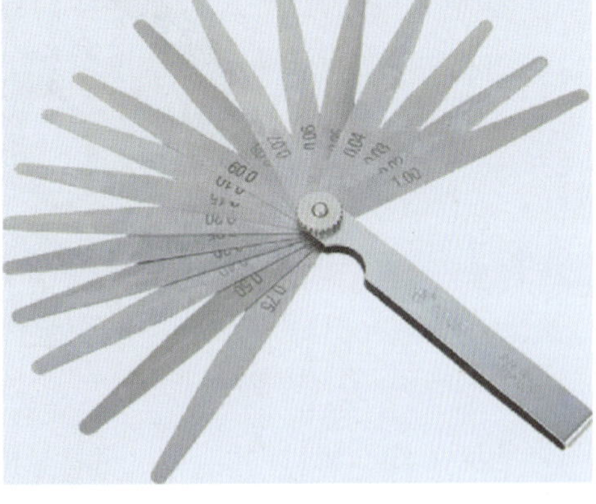

图 2-6 塞尺

1. 使用方法

测量时，根据结合面间隙的大小，用一片或数片重选在一起塞进间隙内。例如测量间隙不大于 0.04 mm，就用 0.04 mm 的一片不能插入间隙，即为合格，所以塞尺也是种界限量规。

2. 注意事项

首先在使用塞尺前，应用干净的布将塞尺表面擦拭干净，不能在塞尺有污渍的情况下进行测量，若在塞尺不干净时进行测量，将会影响测量结果的准确性，将塞尺插入被测间隙中，对其进行来回塞拉，多次循环进行，当感到稍微有些阻力时，说明间隙值接近塞尺上所标出的数值，这时的测量结果，说明测量并不准确，需要将塞尺进行调整，如果在塞尺感到有阻力时，应赶紧拧紧螺母，记录此时塞尺所标出的数值。

六、螺纹塞规

螺纹塞规用于测量内螺纹尺寸的正确性，一端为通端，一端为止端，如图 2-7 所示。当尺寸在 100 mm 以上时，螺纹塞规为双柄螺纹塞规形式。规格分为粗牙、细牙、管子螺纹三种。

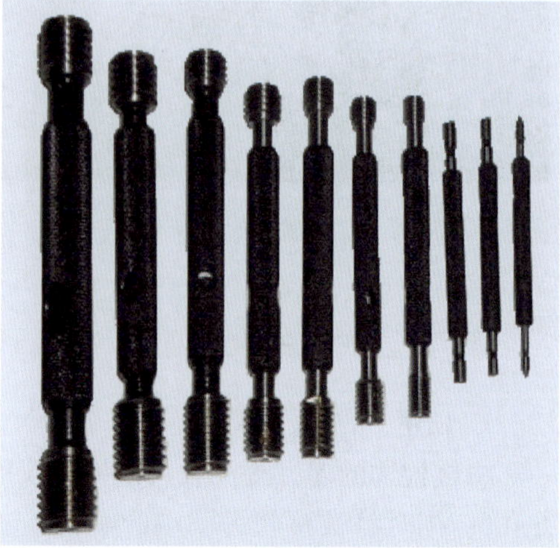

图 2-7　螺纹塞规

1. 使用方法

首先要清理干净被测螺纹油污及杂质，然后在塞规与被测螺纹对正后，用大拇指与食指转动环规。通规能通过，止规能止住为合格。

2. 注意事项

使用前：应经相关检验计量机构检验计量合格后，方可投入生产现场使用。

使用时：应注意被测螺纹公差等级及偏差代号与塞规标识的公差等级、偏差代号相同。

七、螺纹环规

螺纹环规用于测量外螺纹尺寸的正确性，通端为一件，止端为一件，如图 2-8 所示。规格分为粗牙、细牙、管子螺纹三种。

图 2-8　螺纹环规

1. 使用方法

首先要清理干净被测螺纹油污及杂质，然后在环规与被测螺纹对正后，用大拇指与食指转动环规。通端能通过，止端能止住为合格。

2. 注意事项

使用前：应经相关检验计量机构检验计量合格后，方可投入生产现场使用。

使用时：应注意被测螺纹公差等级及偏差代号与环规标识的公差等级、偏差代号相同。

八、风压表

风压表通常分为高压表和低压表两种，风压表结构如图 2-9 所示。

图 2-9　风压表

1. 精确度等级

风压表的精度等级是以它的允许误差占表盘刻度值的百分数来划分的，其精度等级数越大允许误差占表盘刻度极限值越大。风压表的量程越大，同样精度等级的风压表，它测得压力值的绝对值允许误差越大。经常使用的风压表的精度为 2.5、1.5 级。1.0、0.5 级的则属于高精度风压表，现在有的高精度数字风压表已经达到 0.25 级。

2. 外径规格

表盘所指示的整个盘面。一般分大、中、小三种规格。小规格为 60 mm 以下，中规格为 60～150 mm，大规格为 150 mm 以上。

九、水压表

使用水压表接到水管上来测量，测量工具就是水压表，如图 2-10 所示。

图 2-10　水压表

水压表按其指示压力的基准不同，分为一般水压表、绝对水压表、不锈钢水压表、差压表。一般水压表以大气压力为基准；绝压表以绝对压力零位为基准；差压表测量两个被测压力之差。水压表按其使用功能不同可分为就地指示型水压表和带电信号控制型水压表。

十、秒表

1. 使用方法

使用时：用拇指指关节或用食指第二指关节扣住按键，不在任何的摆臂动作中完成按键，秒表结构如图 2-11 所示。

2. 注意事项

按表时不要用力过猛，以防损坏机件；回表后，如秒针不指零，应记下其数值（零点读数），试验后从测量值中将其减去（注意符号）；按键时尽量用正确的角度和适合的力量，不要按在按钮的边缘或斜角度按，避免卡住或损坏按钮。

计时开启后不要将秒表挂在脖子上或放在口袋内跑动，防止跑的过程中秒表按键与身体相撞，造成意外的停止或开启。

图 2-11　秒表

第二节　专　用　类

一、转向架导柱测量尺

导柱纵向、横向、相邻、对角、偏移尺寸测量方式如图 2-12～图 2-16 所示。

扫一扫

视频：构架导柱尺寸测量

图 2-12　纵向尺寸测量

图 2-13　横向尺寸测量

图 2-14　相邻纵向尺寸测量

图 2-15　对角尺寸测量

图 2-16　偏移尺寸测量

转向架导柱的具体尺寸要求见《铁路客车段修规程》4.3 轴箱定位装置部分。

二、车辆倾斜测量尺

车辆倾斜测是在枕外距枕梁中心(200±20)mm 的车顶雨檐下平面(或侧墙顶部)至侧墙板下边缘测量车体左右倾斜,如图 2-17 所示。段修车辆要求不大于 30 mm,厂修车辆要求不大于 20 mm。

三、车钩中心高度测量尺

15 号系列车钩(含托梁式车钩)的车钩高度段修时为 860~890 mm,厂修时为 875~890 mm;密接式车钩高度为 850~880 mm。同一辆车两端钩高差:15 号系列车钩(含托梁式车钩)不大于 10 mm,密接式车钩不大于 30 mm;一端为密接钩、另一端为托梁钩的不大于 40 mm。车钩中心高度测量方法如图 2-18 所示。

图 2-17　车辆倾斜测量

图 2-18　车钩中心高度测量

四、摇枕吊上下孔磨耗面距离检查量具

测量说明:在衬套合格的情况下测量。

测 206、209 型转向架摇枕吊如图 2-19 所示。松动滑块背面紧固螺钉,移动右侧活动测头,将两个测头插入摇枕吊上下孔,量具基准面贴靠摇枕吊,推动活动测头正面高头螺钉,移动活动测头,使两测头测量面密贴吊孔磨耗面,紧固滑块背面紧固螺钉,取下读尺,滑块上方为副尺刻度(分度值 0.1 mm)对正主标尺的尺寸值即为磨耗值。图 2-19 均为新品时(摇枕吊孔最小极限尺寸)磨耗尺寸值为零。

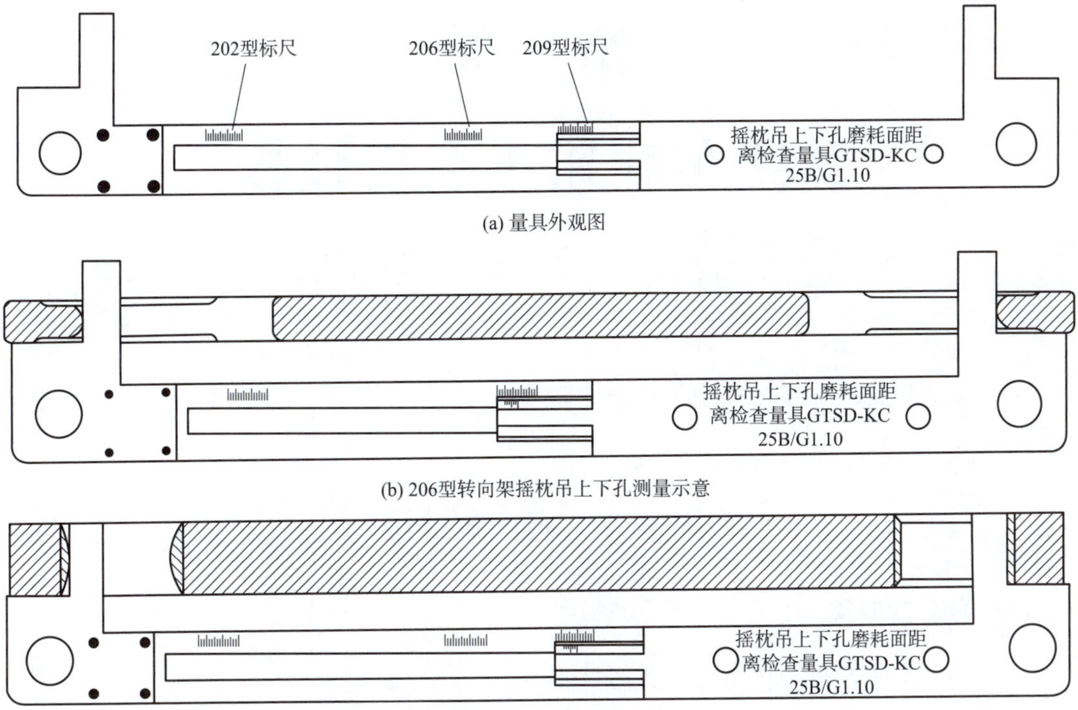

(a) 量具外观图

(b) 206型转向架摇枕吊上下孔测量示意

(c) 209型转向架摇枕吊上下孔测量示意

图 2-19 摇枕吊上下孔磨耗面距离检查量具

主标尺零值左侧留有－5 mm 刻线。

各摇枕吊上下孔磨耗面距离全部检测后，比较差值。

复习思考题

1. 简述测量车体倾斜的方法及相关标准。

2. 简述测量导柱纵向尺寸的方法及相关标准。

3. 简述卷尺、钢直尺、游标卡尺、数显式扭矩仪、塞尺、螺纹塞规、螺纹环规使用注意事项。

4. 简述风压表、水压表、秒表使用注意事项。

第三章

铁路车辆钳工专用样板

样板是车辆检修中较为常用的、高效的器具。下面按客车类样板、货车类样板进行详细说明。

第一节　客　车　类

一、客车转向架

（一）基础制动销套检查量规（图 3-1）

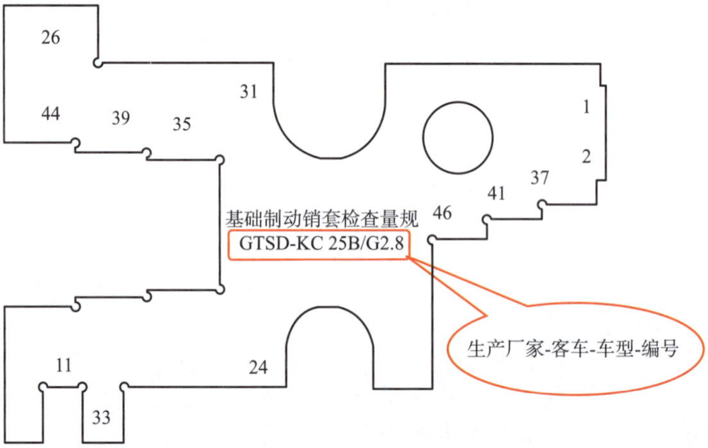

序号	标记尺寸	测量部位	实际测量尺寸	备　　注
1	44	制动圆销外径	43.8	止端
2	39	制动圆销外径	38.8	止端
3	35	制动圆销外径	34.8	止端
4	31	制动圆销外径	30.8	止端
5	24	制动圆销外径	23.8	止端
6	11	闸片托挡销外径		止端
7	46	制动圆销衬套内径	46.3	止端

序号	标记尺寸	测量部位	实际测量尺寸	备　注
8	41	制动圆销衬套内径	41.3	止端
9	37	制动圆销衬套内径	37.3	止端
10	33	制动圆销衬套内径	33.3	止端
11	26	制动圆销衬套内径	26.2	止端
12	2	衬套凹入基体深度		止端(不大于)(参考)
13	1	衬套凸出基体高度		通端(不大于)(参考)

图 3-1　基础制动销套检查量规示意(单位:mm)

测量说明:实际测量尺寸栏为量规的测量面实际制造尺寸,是参照圆销、套制造尺寸公差的极限偏差值确定,在摩擦副选配时,应使用对应的销套配合间隙检查量规检查,防止配合间隙过限。

(二)闸瓦厚度、闸瓦插销、闸瓦托检查量规(图 3-2)

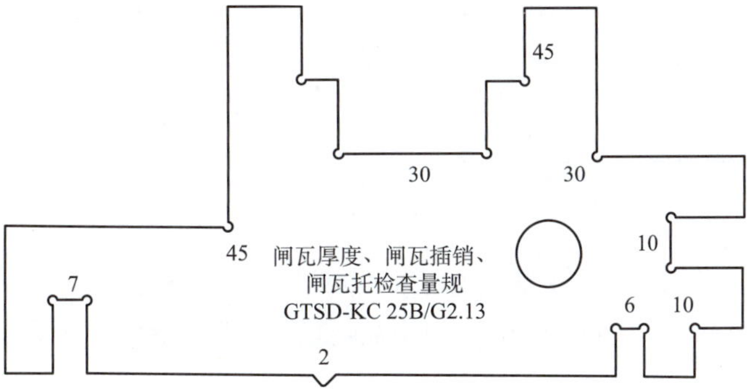

序号	测量尺寸	测量部位	备　注
1	45		基本尺寸
2	30	闸瓦(最薄处)厚度	段修止端
3	10	闸瓦(最薄处)厚度	运用止端
4	10	闸瓦插销头部厚	止端
5	6	闸瓦插销中部厚	止端
6	2	闸瓦托外侧平面磨耗深度	止端(不大于)(参考)
7	7	闸瓦托插销孔壁厚	止端

图 3-2　闸瓦厚度、闸瓦插销、闸瓦托检查量规示意(单位:mm)

左上 45 mm、右上 30 mm、右下 10 mm 三处开口尺寸是为在侧面贴靠检测使用而设计,各对应修程均要求不小于该尺寸。

(三)闸瓦托检查样板(图 3-3)

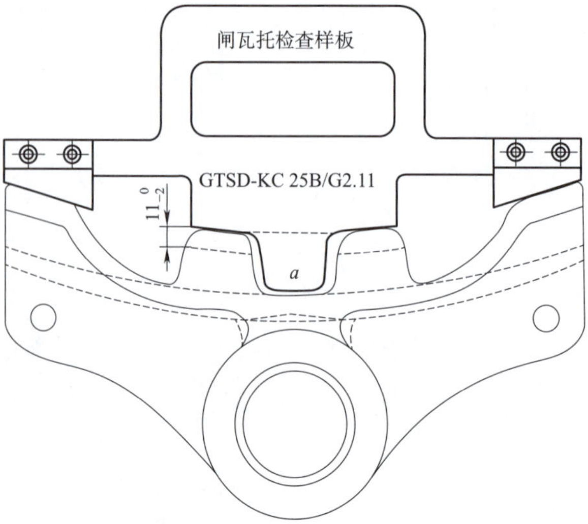

序号	测量尺寸	测量部位	备　注
1	1.5	三爪接触时局部间隙	不大于
2	2	不接触间隙	不大于

图 3-3　闸瓦托检查样板使用示意(单位:mm)

测量说明:图 3-3 中闸瓦托各部磨耗要求不超过 2 mm,图示 a 面处不能触底;插销孔壁厚(基本尺寸 $11_{-2}^{\ 0}$ mm)不小于 7 mm,须用闸瓦托插销孔壁厚测量;三爪接触目测检验;局部间隙用塞尺测量。

(四)闸片燕尾检查量规(图 3-4)

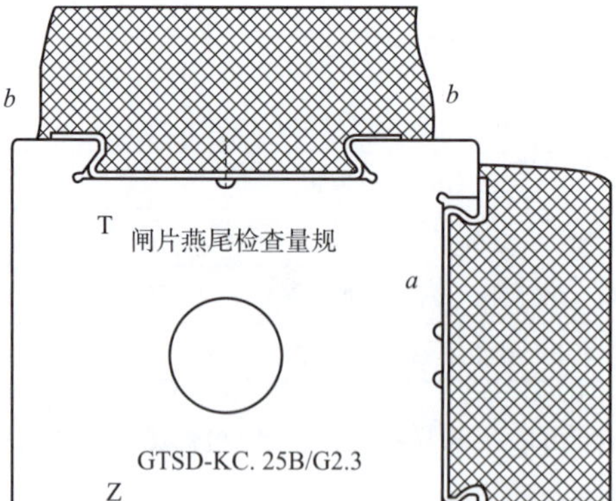

图 3-4　闸片燕尾检查量规使用示意

应用范围:段修、运用

测量说明:新造和检修的闸片燕尾均可检测。

量规通端 T(上端有一个半圆开口)与闸片燕尾对应面 *bb* 面保持密贴,并能顺利通过燕尾。

量规止端 Z 从燕尾两端均不能套入。

量规右侧带有两个半圆开口的矩形凹槽与闸片燕尾 *a* 面保持密贴,并能顺利通过燕尾。

满足上述 3 个条件为合格。否则为不合格。

确认闸片燕尾和闸片托燕尾槽合格后,如出现两者组装后间隙过大或组装困难的情况,应与闸片托检查样板配合使用,视闸片和托与各自通端 T 量规的间隙大小,选配组装。

(五)闸片托尾槽检查量规(图 3-5)

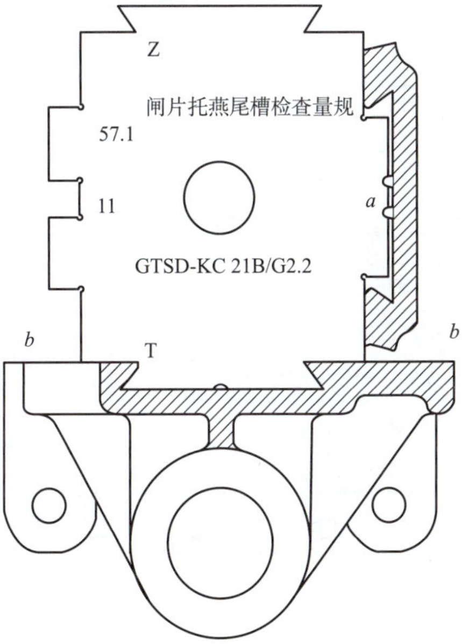

序号	测量尺寸	测量部位	备　注
1	57.1	闸片托燕尾槽口宽	止端
2	11	闸片托挡销外径	止端

图 3-5　闸片托燕尾槽检查量规使用示意(单位:mm)

测量说明:新造和检修的闸片托燕尾槽均可检测;检修件尚须用 57.1 mm 尺寸检测闸片托燕尾槽口宽。

量规通端 T(下端有一个半圆开口)与闸片托燕尾槽对应面 *bb* 面保持密贴,并能顺利通过燕尾槽。

量规止端 Z 从燕尾槽两端均不能插入,并须将止端在燕尾槽中部斜插入测试 1 次,此时样板不能插入或斜插入后不能转至与燕尾槽纵轴呈垂直位置。

量规右侧带有两个半圆开口的矩形凸台与闸片托燕尾槽底 *a* 面保持密贴,并能顺利通过燕尾槽。

满足上述 3 个条件为合格。否则为不合格。

确认闸片燕尾和闸片托燕尾槽合格后，如出现两者组装后间隙过大或组装困难的情况，应与闸片检查样板配合使用，视闸片和托与各自通端 T 量规的间隙大小，选配组装。

（六）制动梁、拉杆、闸瓦托、吊检查量规（图 3-6）

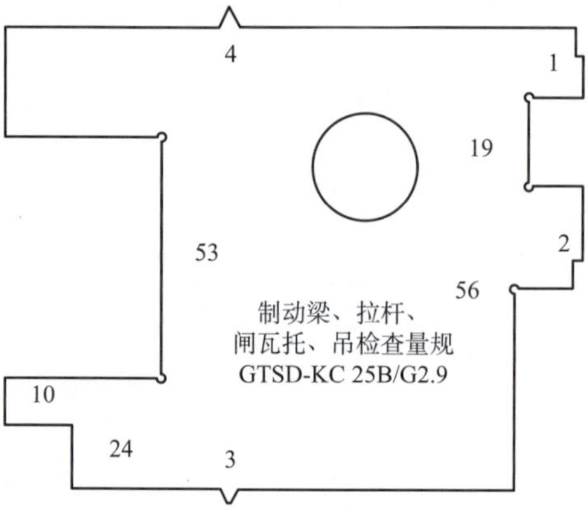

序号	标记尺寸	测量部位	实际测量尺寸	备　注
1	4	制动梁表面锈蚀深度		止端(不大于)(参考)
2	3	制动梁表面磨耗深度		止端(不大于)(参考)
3	53	209 制动梁端轴、206 制动梁端轴套外径	52.6	止端
4	19	制动拉杆外径		止端
5	10	制动梁端轴方孔(宽)		止端
6	24	制动梁端轴方孔(长)		止端
7	56	闸瓦托吊、闸瓦托衬套内径	56.4	止端
8	2	衬套凹入基体深度		止端(不大于)(参考)
9	1	衬套凸出基体高度		通端(不大于)(参考)

图 3-6　制动梁、拉杆、闸瓦托、吊检查量规示意(单位:mm)

测量说明:实际测量尺寸栏为量规的测量面实际制造尺寸，是参照圆销、套制造尺寸公差的极限偏差值确定，在摩擦副选配时，应使用对应的销套配合间隙检查量规检查，防止配合间隙过限。

（七）弹簧托梁与安全吊、轴箱顶部与构架、制动梁下部与缓解弹簧间隙检查量规（图 3-7）

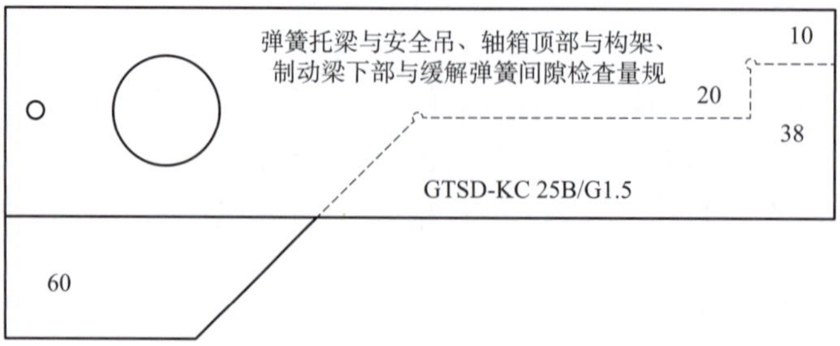

序号	测量尺寸	测量部位	备　注
1	38	轴箱顶部与构架侧梁下部间隙	通端
2	20	弹簧托梁底面与安全吊间隙	通端
3	60	弹簧托梁底面与安全吊间隙	止端
4	10	制动梁下部与缓解弹簧间隙	通端

图 3-7　弹簧托梁与安全吊、轴箱顶部与构架、制动梁下部与缓解弹簧间隙检查量规示意(单位:mm)

(八)上下心盘直径差检查量具(图 3-8)

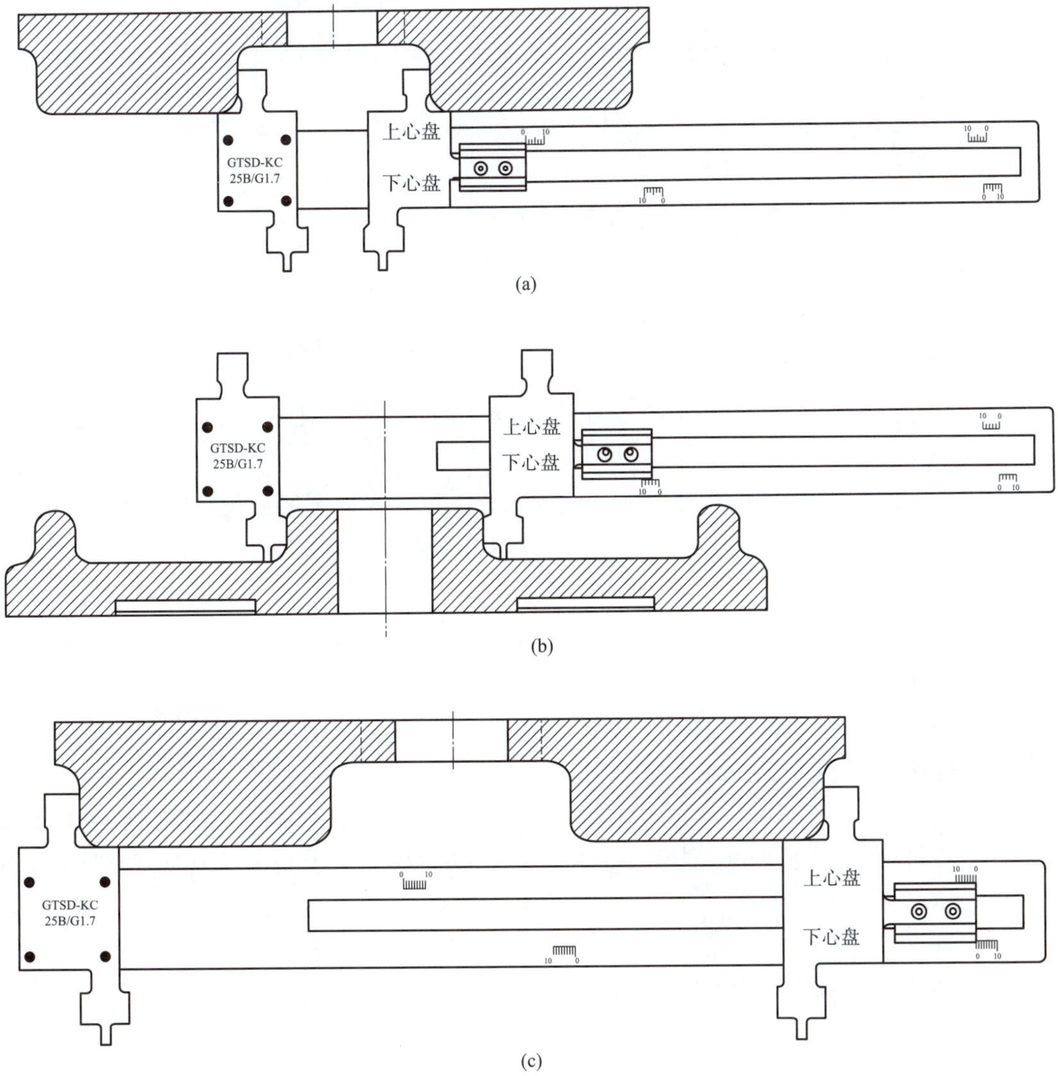

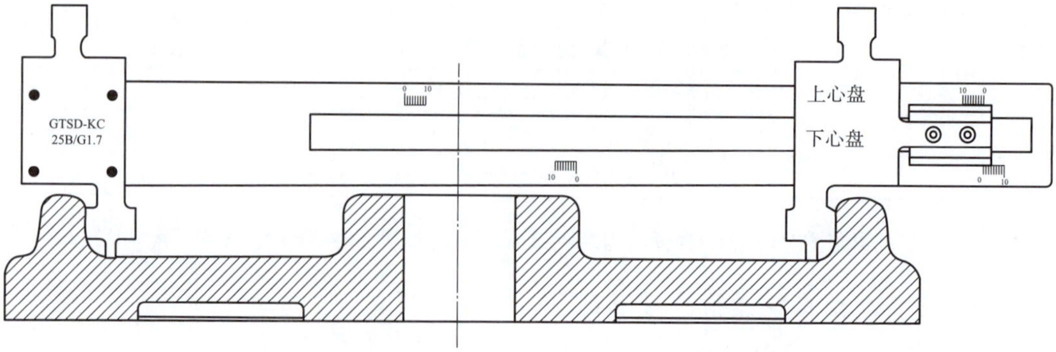

(d)

序号	测量尺寸	测量部位	备　　注
1	4	下心盘直径磨耗	极限尺寸(不大于)
2	8	上下心盘直径差	极限尺寸(不大于)

图 3-8　上下心盘直径差检查量具使用示意(单位:mm)

要求下心盘磨耗不大于 4 mm,上下心盘直径差不大于 8 mm。

测量说明:

(1)测内圆

测上心盘情况:图 3-8(a)中滑块上刻线指示为上心盘内圆磨耗值,图示所指零,表示上心盘内圆未磨耗状态。

测下心盘情况:图 3-8(b)中滑块上刻线指示为上下心盘内圆原始设计间隙与下心盘内圆磨耗值之和,图示所指 2 mm,表示下心盘内圆未磨耗状态;上下心盘内圆间隙为两刻尺所读数值之和。

使用时须测试 3 处以上,以上下心盘对应磨耗最严重之处为准。

(2)测外圆

测上心盘情况:图 3-8(c)中滑块上刻线指示为上心盘外圆磨耗值,图示所指零,表示上心盘外圆未磨耗状态。

测下心盘情况:图 3-8(d)中滑块上刻线指示为上下心盘外圆原始设计间隙与下心盘外圆磨耗值之和,图示所指 4 mm,表示下心盘外圆未磨耗状态;上下心盘外圆间隙为两刻尺所读数值之和。

使用时须测试 3 处以上,以上下心盘对应磨耗最严重之处为准。

(3)Ⅱ型量具为读取滑块副尺上(分度值为 0.1 mm)刻度对正的主标尺的尺寸值。

(九)上下心盘深度磨耗检查样板(图 3-9)

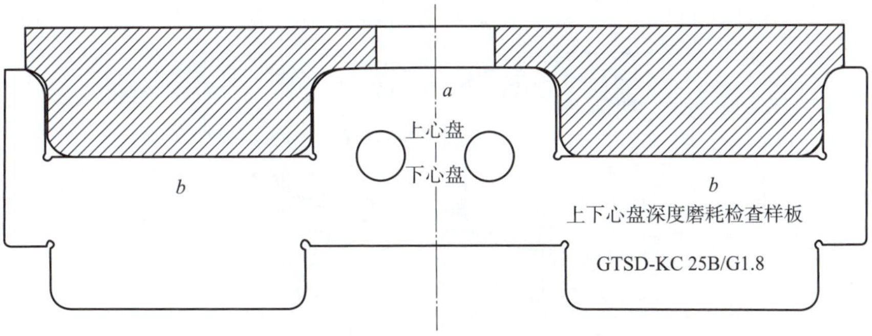

(a)

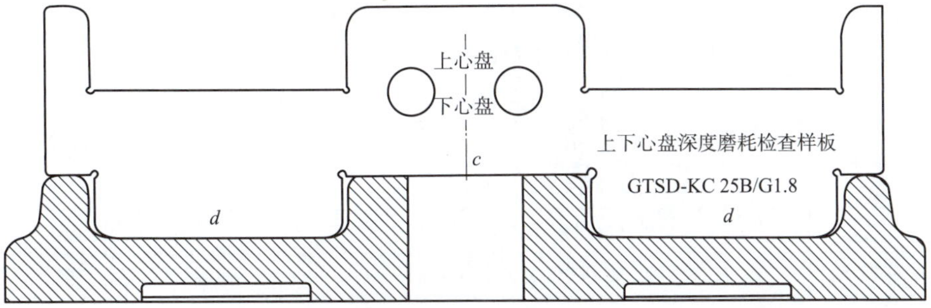

(b)

序号	测量尺寸	测量部位	备　注
1	2	心盘磨耗面发生垂直偏磨时,磨耗面垂直凹凸差	极限尺寸(不大于)
2	3	组装后上下心盘边缘垂直间隙	极限尺寸(不小于)

图 3-9　上下心盘深度磨耗检查样板使用示意(单位:mm)

要求心盘磨耗面发生垂直偏磨时,磨耗面垂直凹凸差不大于 2 mm。

测量说明:

测上心盘磨耗面情况:图 3-9(a)中 *a* 面为基准面,*bb* 面为磨耗面,用塞尺测量 *bb* 面上心盘磨耗面与样板的间隙,即为上心盘磨耗面磨耗值。

测下心盘磨耗面情况:图 3-10(b)中 *c* 面为基准面,*dd* 面为磨耗面,用塞尺测量 *dd* 面下心盘磨耗面与样板的间隙,即为下心盘磨耗面磨耗值。

使用时须将样板旋转一周检测,以磨耗最严重之处为准。

组装后用对应的客车段修多功能塞尺测量上下心盘边缘垂直间隙。

(十)209 摇枕吊、吊轴、吊销检查量规(图 3-10)

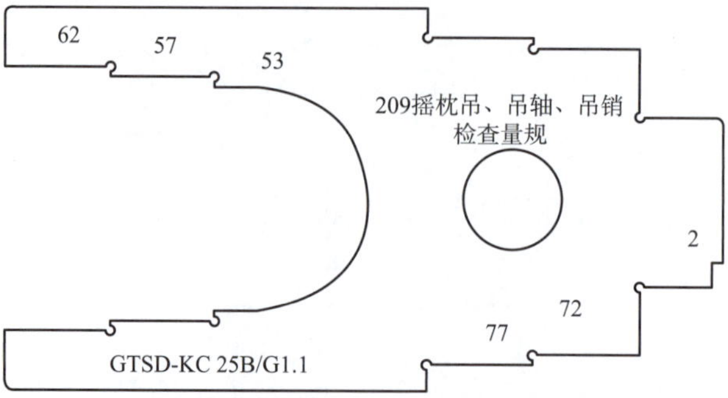

序号	测量尺寸	测量部位	备　　注
1	77	摇枕吊下部衬套内径	止端
2	72	摇枕吊上部衬套圆弧中部内径	止端
3	62	摇枕吊销两端部外径	止端
4	57	摇枕吊销圆弧中部外径	止端
5	53	摇枕吊轴轴颈外径	止端
6	2	衬套凹入基体深度	止端(不大于)(参考)
7	*R*2	轴颈根部圆弧半径	通端(不小于,应能密贴)(参考)

图 3-10　209 摇枕吊、吊轴、吊销检查量规示意(单位:mm)

(十一)206 摇枕吊、吊销检查量规(图 3-11)

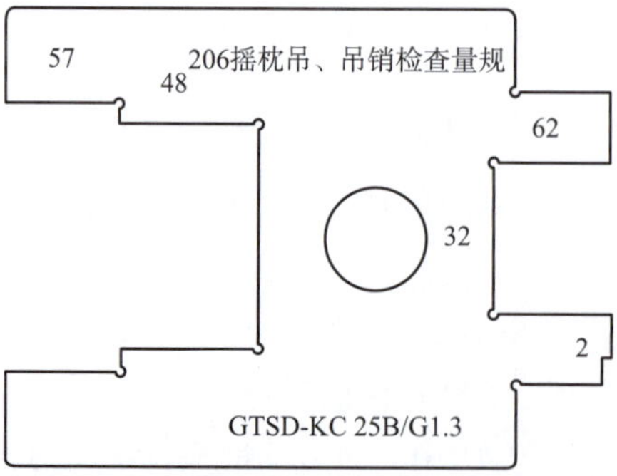

序号	测量尺寸	测量部位	备　　注
1	62	摇枕吊销衬套内径	止端
2	57	摇枕吊销外径	止端
3	48	摇枕吊孔支承处断面高	止端
4	32	摇枕吊孔侧面宽	止端
5	2	衬套凹入基体深度	止端(不大于)(参考)

图 3-11　206 摇枕吊、吊销检查量规示意(单位:mm)

（十二）206摇枕吊环座检查量规（图3-12）

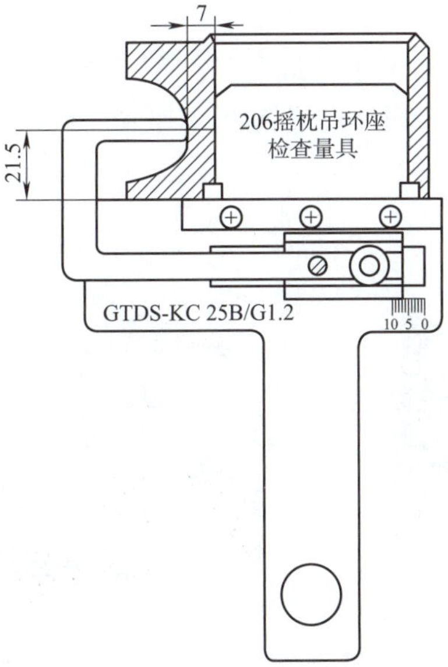

序号	测量尺寸	测量部位	备　注
1	5	摇枕吊环座支承处厚度	极限尺寸（不小于）

图3-12　206摇枕吊环座检查量具使用示意（单位：mm）

测量说明：松动滑块背后紧钉用滚花高头螺钉，推动正面滚花高头螺钉，使曲尺向左移动，将量具定位轴从摇枕吊环座薄边（21.5 mm）方向插入吊环座孔并密贴量具定位板。向右滑动曲尺，使测头抵住吊环座支承处，紧固背面紧定用螺钉，读取滑块右边线所指读数，即为吊环座支承处厚度。

Ⅱ型量具为读取滑块副尺上（分度值为0.1 mm）刻度对正的主标尺的尺寸值。

图3-12中吊环座为新品，测量读数为7 mm。

二、客车钩缓

（一）钩舌上下牵引台检查量规（通端）

应用范围：厂修、段修。

测量说明：将钩舌上下牵引台检查量规（通端）的转轴插入钩舌对应侧的销孔内，如图3-13所示。转动量规，应能顺利通过钩舌上下牵引台各部且无卡死现象。

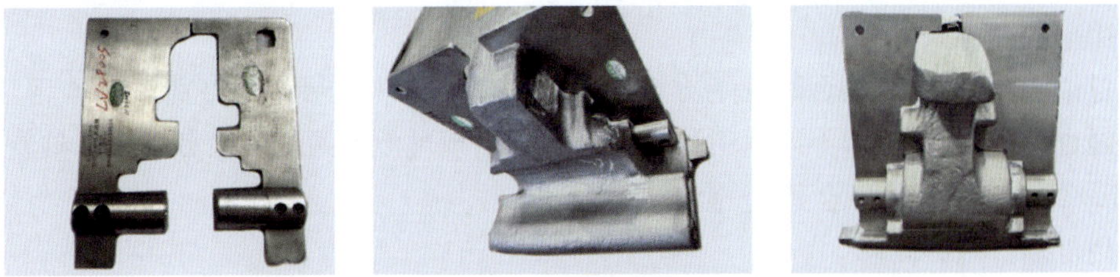

图3-13　钩舌上下牵引台检查量规（通端）使用示意

(二)钩舌上下牵引台检查量规(止端)

应用范围:厂修、段修。

测量说明:将钩舌上下牵引台检查量规(止端)的转轴插入钩舌对应侧的销孔内,如图 3-14 所示。其上牵引台量规(止端)a 面部位不能插入,下牵引台量规(止端)b 面部位不能插入,同时应沿钩舌上下牵引台作用面范围试插 3 处(沿全程均分)以上,并对目视或触摸发现的缺损处再做检测,均不可插入。检测磨耗部位配合塞尺测量。

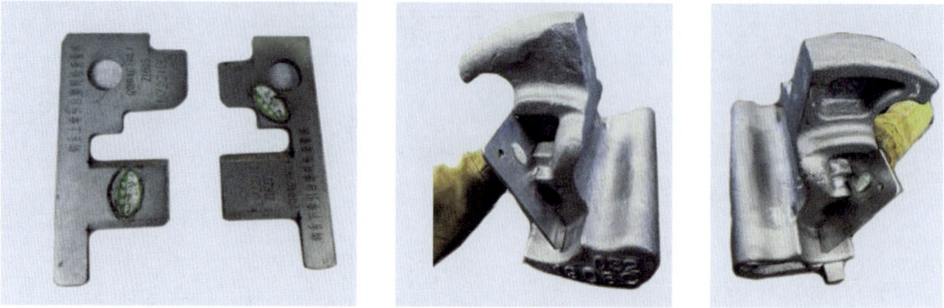

图 3-14　钩舌上下牵引台检查量规(止端)使用示意

(三)钩舌冲击台检查量规(通、止)

应用范围:厂修、段修。

测量说明:将钩舌冲击台检查量规(通、止)的转轴插入钩舌销孔,如图 3-15 所示。量规通端 T 可沿钩耳作用面转动。翻转量规用止端 Z 时,则转轴不能插入钩舌销孔,并应沿钩耳作用面范围试插 3 处(沿全程均分)以上,对目视或触摸发现的缺损处再做检测,均不可插入。检测磨耗部位配合塞尺测量(注意:钩舌上下冲击台检测方式相同,有铸造编码侧为上)。

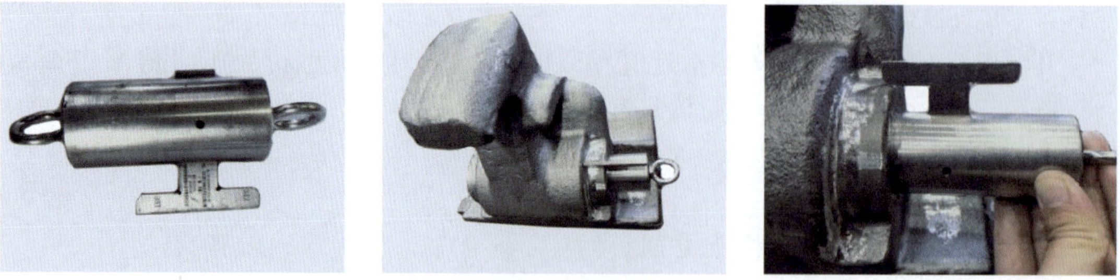

图 3-15　钩舌冲击台检查量规(通、止)使用示意

(四)钩舌上下耳孔同轴度检查量规

应用范围:厂修、段修。

测量说明:将量规从钩舌耳孔上方插入孔内,如图 3-16 所示。并直通至下钩舌耳孔,应能完全通过上下钩舌耳孔,不应有卡死情况(注意:量规可上下两端耳孔分别插入检查)。

(五)钩体上下牵引台检查量规(通端)

应用范围:厂修、段修。

测量说明:将钩体上下牵引台检查量规(通端)的转轴插入钩体对应侧的销孔内,如图 3-17

所示。转动量规，应能顺利进入钩体腔内而无卡死现象（注意：钩体上下牵引台检查量规不能同时检测，同时检测会造成量规卡死在钩腔内）。

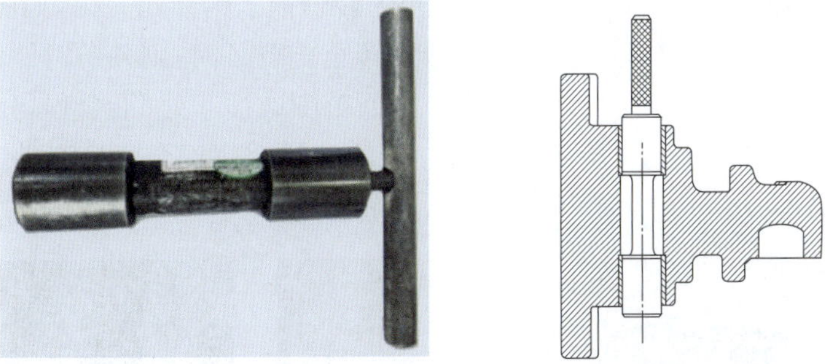

图 3-16 钩舌上下耳孔同轴度检查量规使用示意

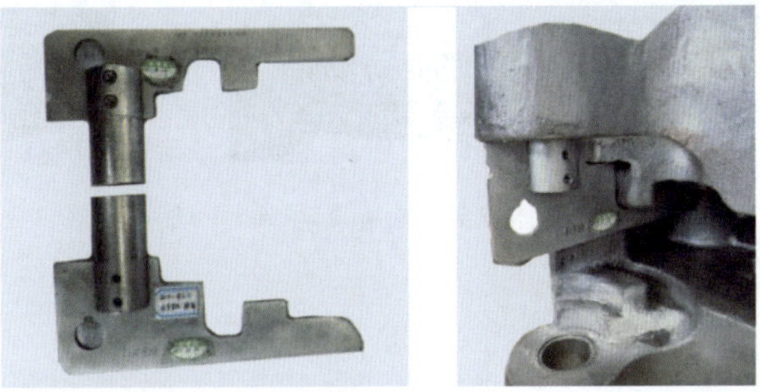

图 3-17 钩体上下牵引台检查量规（通端）使用示意

（六）钩体上下牵引台检查量规（止端）

应用范围：厂修、段修。

测量说明：将钩体上下牵引台检查量规（止端）的转轴插入钩体对应侧的销孔内，如图 3-18 所示。其上牵引台量检查规（止端）a 面部位不能插入，下牵引台量规（止端）b 面部位不能插入，同时应沿钩体上下牵引台作用面范围试插 3 处（沿全程均分）以上，并对目视或触摸发现的缺损处再做检测，均不可插入。检测磨耗部位配合塞尺测量（注意：钩体上下牵引台检查量规不能同时检测，同时检测会造成量规卡死在钩腔内）。

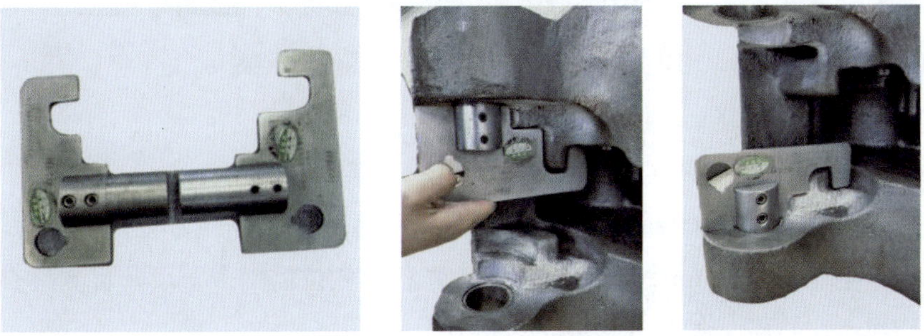

图 3-18 钩体上下牵引台检查量规（止端）使用示意

（七）钩体冲击台检查量规（通、止）

应用范围：厂修、段修。

测量说明：将钩体冲击台检查量规（通、止）的转轴插入钩体销孔内，如图 3-19 所示。量规通端 T 可沿钩体冲击台作用面转动。当量规转至止端 Z 时，则其顺时针和逆时针方向均不能转入冲击台作用面，并应沿钩体冲击台作用面范围试插 3 处（沿全程均分）以上，对目视或触摸发现的缺损处再做检测，均不可插入。检测磨耗部位配合塞尺测量（注意：钩体上下冲击台检测方式相同）。

图 3-19　钩体冲击台检查量规（通、止）使用示意

（八）钩体防跳台检查样板

应用范围：厂修、段修。

测量说明：将样板通过端 T 沿车钩中心线、贴靠钩腔内座锁面向内推入，如图 3-20 所示。样板 a、b 面应能密贴车钩防跳台对应部位。将样板通过端 Z 沿车钩中心线、贴靠钩腔内座锁面向内推入，应不能插入，即 $a1$、$b1$ 面均不能密贴车钩对应边。

图 3-20　钩体防跳台检查样板使用示意

（九）钩锁口及钩腔内导向挡尺寸检查样板

应用范围：厂修、段修。

测量说明：钩锁口垂直方向尺寸止端为 83 mm。钩腔内导向挡基本尺寸为 32 mm（导向挡厚 12 mm＋钩口部厚 20 mm）如图 3-21 所示。各磨耗位需配合塞尺及目测检查。

（十）钩尾框扁销孔检查修复样板

应用范围：厂修、段修。

测量说明：使用样板的“105”端垂直插入检查钩尾框扁销孔的长度，如图 3-22 所示。

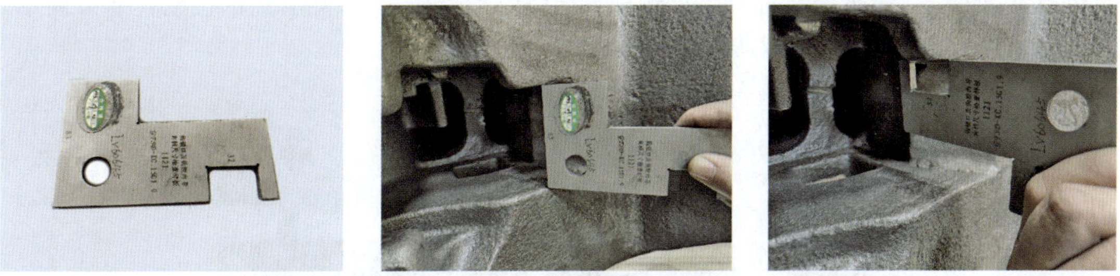

图 3-21　钩锁口及钩腔内导向挡尺寸检查样板使用示意

“105”为止端，不能插入。“100”为钩尾框扁销孔长的基本尺寸下偏差，“102”为钩尾框扁销孔长的基本尺寸上偏差。

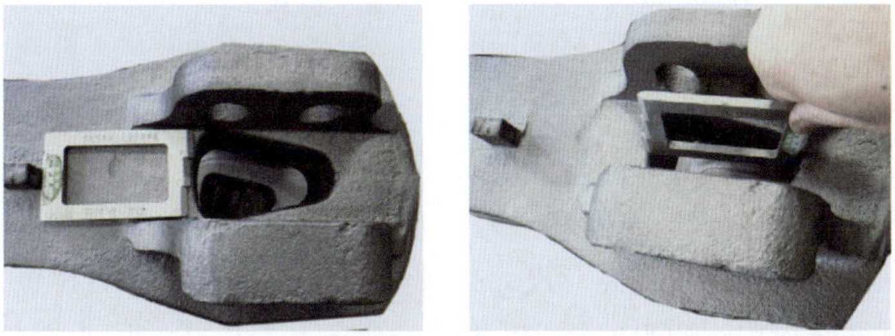

图 3-22　钩尾框扁销孔检查修复样板使用示意

(十一)推铁外形、厚度检查样板

应用范围：厂修、段修。

测量说明：外形检测，将样板套入钩舌推铁，如图 3-23 所示，样板应能顺利通过(外形不能通过时报废)，检测磨耗部位配合塞尺测量；厚度检测，用样板通端 T(21 mm)开口处沿钩舌推铁四周检查，开口处应能顺利插入各部位无卡死状态，用样板止端 Z(19 mm)开口处插入钩舌推铁任意位置，开口处均不得插入。

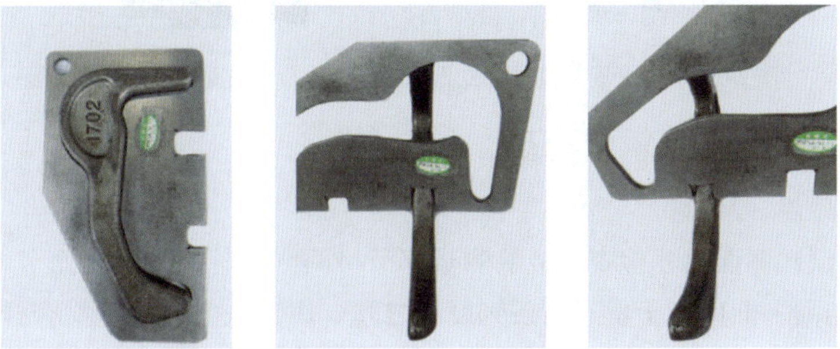

图 3-23　推铁外形、厚度检查样板使用示意

(十二)下锁销外形、厚度检查样板

应用范围：厂修、段修。

测量说明：分别用锁提外形、厚度检查样板的通端 T(18.9 mm)和止端 Z(17 mm)测量下

锁销厚度，如图 3-24 所示。通端 T 检测任意部位时均能通过，检测磨耗部位配合塞尺测量。止端 Z 检测任意部位时均不得插入。

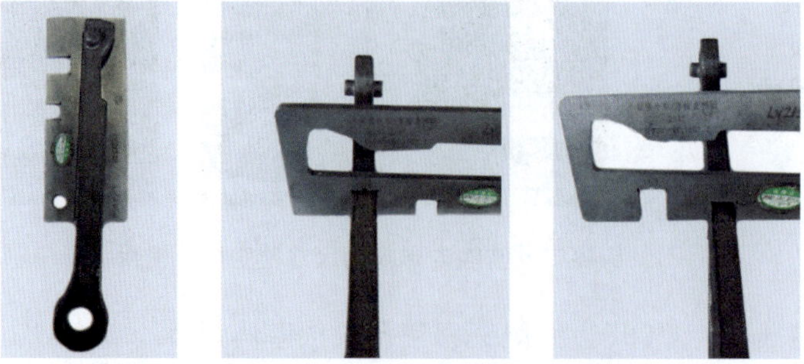

图 3-24　下锁销外形、厚度检查样板使用示意

（十三）锁提耳部位置（“23”、“24.5”尺寸）检查量规

应用范围：新品。

测量说明：检测锁提“23”尺寸时，将下锁销的轴线呈水平位置，如图 3-25 所示。十字销必须贴靠在量规的 V 形槽内（标记 *a* 和—），用塞尺检查下防脱止端与量规挡块 *a* 边之间的间隙不应大于 2 mm。检测锁提“24.5”尺寸时，将下锁销的轴线呈垂直位置，如图 3-25 所示。十字销必须贴靠在量规的 V 形槽内（标记 *b* 和⊥），用塞尺检查下防脱止端与量规挡块 *b* 边之间的间隙不应大于 2 mm。

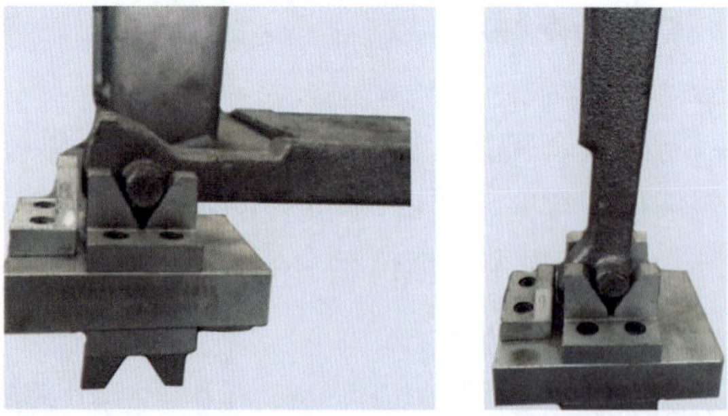

图 3-25　锁提耳部位置（“23”、“24.5”尺寸）检查量规使用示意

（十四）锁铁侧面尺寸检查样板

应用范围：厂修、段修。

测量说明：锁铁侧面尺寸检查样板的测量部叉口两侧对着钩锁铁侧面卡入，如图 3-26 所示。钩锁铁导向面平面应止于量规两条刻度线之间。用锁铁侧面尺寸检查样板的通端 T 插入作用槽，能顺利插入到底。将止端 Z 从作用槽任意三点（沿作用槽均分）插入，止端 Z 每次检测均不得插入。

（十五）锁铁槽检查量规

应用范围：厂修、段修。

测量说明：分别用锁铁槽检查量规的通端 T 和止端 Z 插入十字销凹槽，如图 3-27 所示。

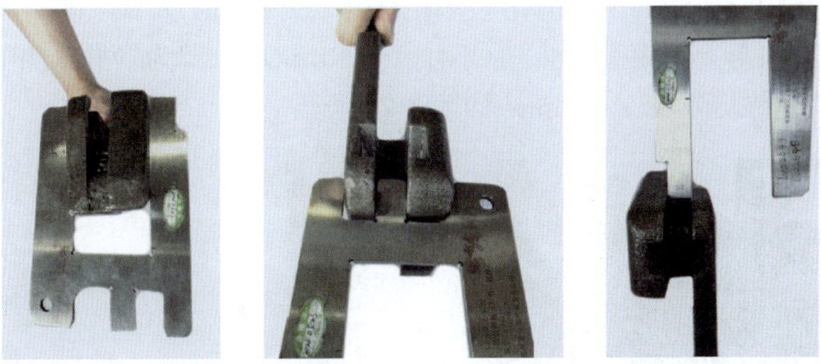

图 3-26　锁铁侧面尺寸检查样板使用示意

通端 T 测头能顺利插入凹槽底部，止端 Z 测头不能插入凹槽。

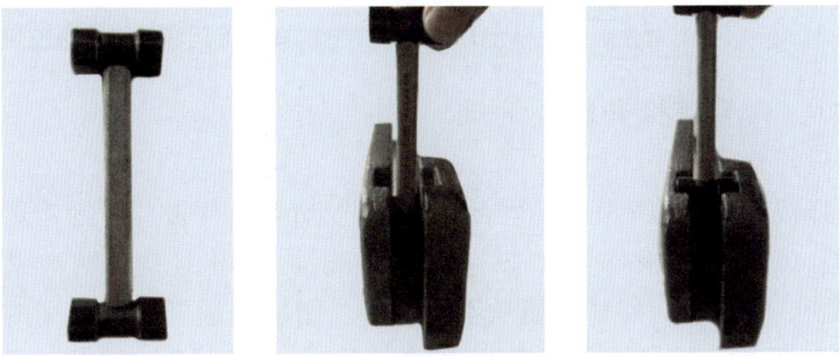

图 3-27　锁铁槽检查量规使用示意

（十六）锁铁尾部全开作用面外形检查样板

应用范围：厂修。

测量说明：将检查样板套入全开作用面，样板能顺利套入并通过锁铁，如图 3-28 所示，用塞尺检查周边间隙。用此样板的“98”开口处卡住钩锁铁端部，“98”开口处为止端，不得通过。

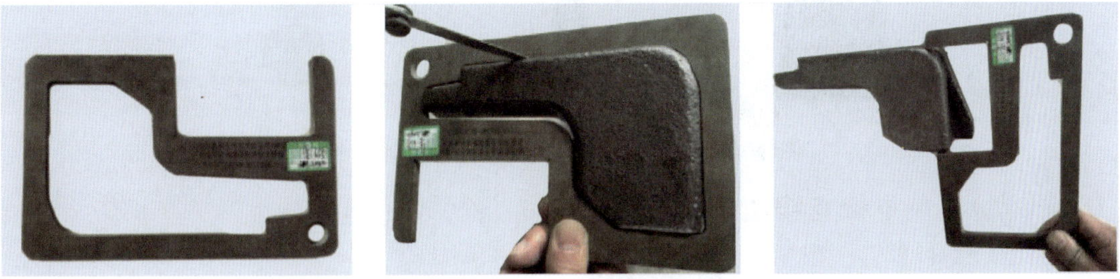

图 3-28　锁铁尾部全开作用面外形检查样板使用示意

（十七）锁铁（导向角外形）、锁铁全开作用面至导向角上部距离检查样板

应用范围：厂修、段修。

测量说明：将检查样板套入钩锁铁导向角面，并用塞尺检查周边间隙，检查样板顺利套入钩锁铁导向面。用锁铁导向角面外形/钩锁铁全开作用面至导向角上部距离检查样板的

“20”端检测钩锁铁全开作用面至导向角上部距离，“20”测量面顶端与钩锁铁密贴，“18”为锁铁全开作用面至导向角上部距离的止端（不小于 18 mm），“21”为锁铁全开作用面至导向角上部距离的通端（焊修后不大于 21 mm）如图 3-29 所示。

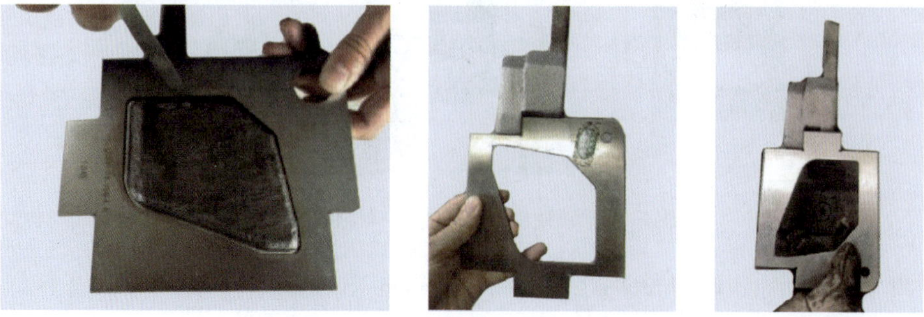

图 3-29　锁铁（导向角外形）、锁铁全开作用面至导向角上部距离检查样板使用示意

（十八）钩尾销、舌销检查修复量规

应用范围：段修。

测量说明：样板“94”为钩尾扁销（宽）的基本尺寸上偏差，样板“34”为钩尾框扁销（厚）的基本尺寸上偏差。分别用样板“89”和“29”止端的内测量卡面卡住钩尾销，如图 3-30 所示，分别检测钩尾销宽和厚，任意一处样板测量不得插入。用检查量规“39”止端的内测量面卡住钩舌销，如图 3-30 所示。检测钩舌销直径（沿全长检查，端部倒角处除外），任意一处样板测量不得插入。

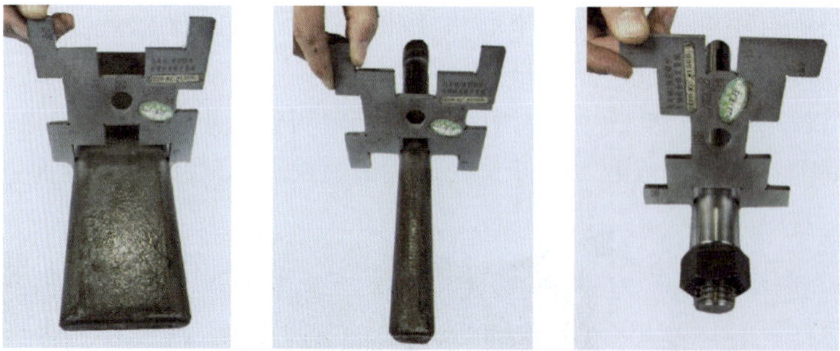

图 3-30　钩尾销、舌销检查修复量规使用示意

（十九）摆块吊检查修复样板

应用范围：段修。

测量说明：沿摆块吊长度方向，用摆块吊检查（修复）样板的“35”尺寸测量摆块吊直径，如图 3-31 所示，任何位置均不能卡入，直径符合要求。用摆块吊检查（修复）样板的“35”尺寸测量端头厚度，如图 3-31 所示，样板应不可插入摆块吊端头。用摆块吊检查（修复）样板的“252”尺寸检测摆块吊端头内侧面距离，不能通过；同时用样板的“245”端测量时能顺利通过无卡滞，此处符合要求。

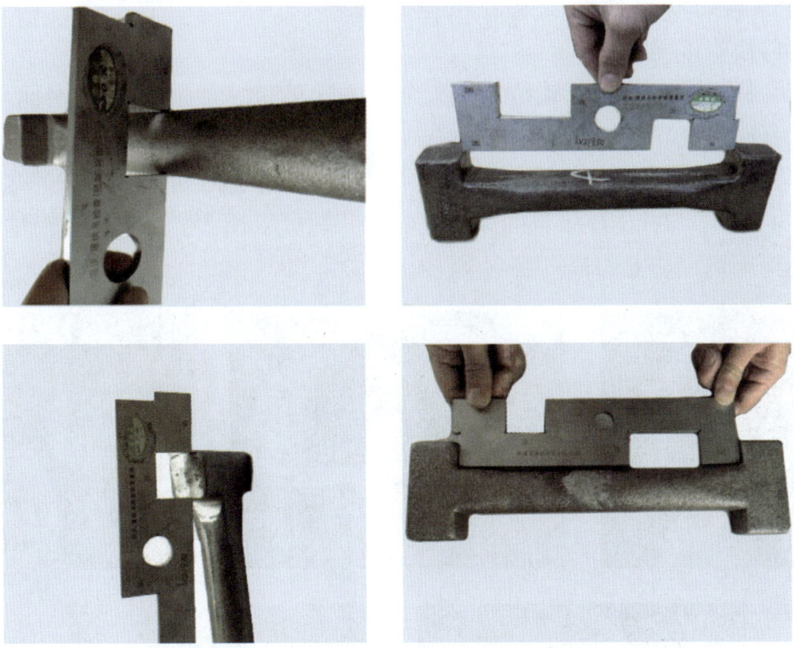

图 3-31 摆块吊检查修复样板使用示意

(二十)锁铁搭接量检查量规

应用范围:厂修、段修。

测量说明:测量钩锁铁导向角在钩腔内搭接处距钩口上边缘距离。将检查样板上弯平板密贴搭靠在装配好的车钩锁铁导向角平面上,如图 3-32 所示。样板侧立板上小弯头上部不能露出钩口(上弯平板下面到小弯头上面尺寸为 5 mm)。

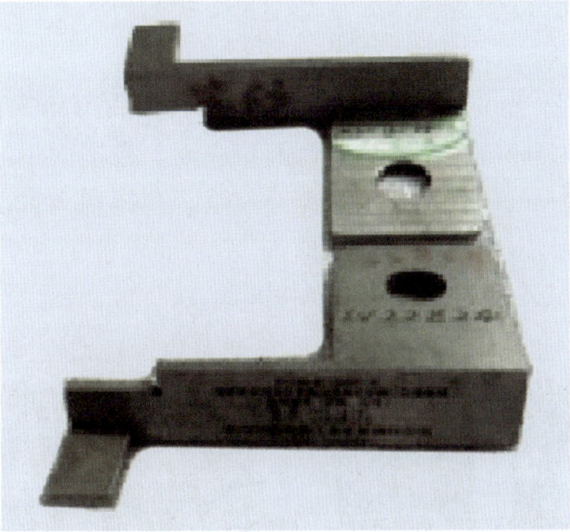

图 3-32 锁铁搭接量检查量规使用示意(单位:mm)

（二十一）车钩零部件配合尺寸检查量规

应用范围：段修。

测量说明：样板检查车钩闭锁位“130”、全开位“245”时钩舌与钩腕内侧面距离，上中下各至少检查一处，量规均不得插入，如图 3-33 所示。闭锁位时，向上托起锁铁，用样板“15”插入检查钩锁移动量，不得插入。检查钩身上平面与冲击座间隙，用样板的“20”端和“48”端分别插入检查钩身上部与冲击座下部间隙量规的“20”端可以插入，“48”端不能插入时为合格。用样板“6”端检测钩舌与上钩耳间隙，不得插入。

图 3-33　车钩零部件配合尺寸检查量规

（二十二）小间隙车钩检查量规（*A*、*B*、*C* 尺寸）

应用范围：厂修、段修。

测量说明：*A* 尺寸（120 mm），小间隙车钩闭锁位置钩舌与钩腕内侧面距离，“120”为止端。以样板下侧折线型为基准面，密贴车钩钩腕对应面。检测面不能通过为合格，通过时 *A* 尺寸不合格。*B* 尺寸（86 mm），小间隙车钩钩舌内侧面磨耗剩余量，“86”为止端。以样板下侧折线及弧线型为基准面，密贴车钩钩腕对应面，检测面不能通过为合格，通过时 *B* 尺寸不合格。*C* 尺寸（76.5 mm），小间隙车钩钩舌内侧磨耗剩余量，“76.5”为止端。以样板左侧折线为基准面，密贴小间隙钩舌对应面，检测面不能通过为合格，通过时 *C* 尺寸不合格。

图 3-34　小间隙车钩检查量规使用示意

(二十三)密接钩钩舌检查样板

应用范围:段修。

测量说明:先将钩舌用垫板摆平,再将基准板密贴在钩舌外圆面上,用量规测量钩舌外表面与基准板间的间隙,如图 3-35 所示。钩舌外圆表面磨耗深度(局部),"3"为止端,钩舌外圆表面磨耗深度(整体),"1"为止端。

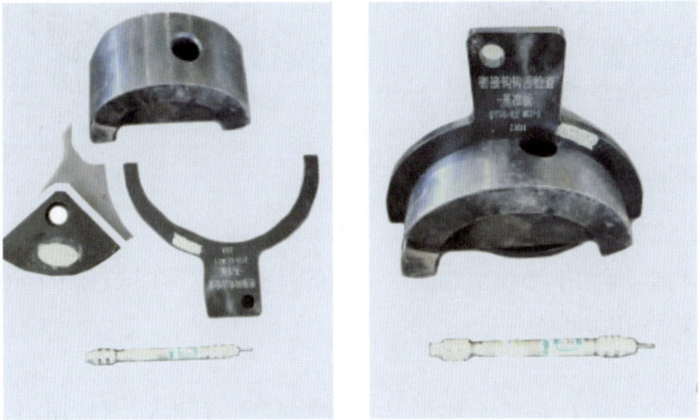

图 3-35 密接钩钩舌检查样板

第二节 货 车 类

一、车体

(一)上心盘检测样板(图 3-36)

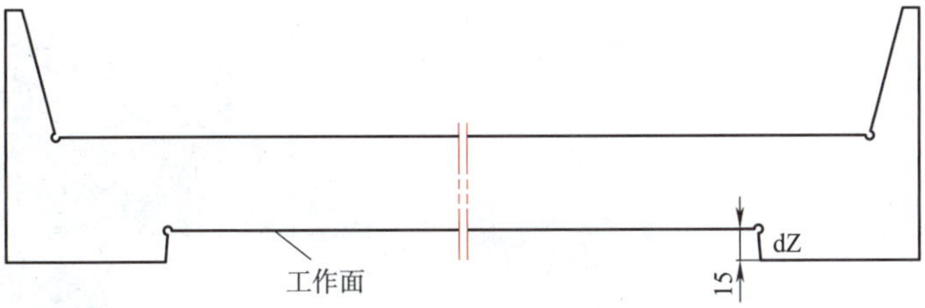

图 3-36 上心盘检测样板(单位:mm)

1. 检测部位

上心盘直径磨耗检测。

2. 检修限度(段修)

(1)转 K2、转 K4 型,平面上心盘直径原形 ϕ338 mm,直径磨耗≤3 mm。

(2)转 K5、转 K6 型,平面上心盘直径原形 ϕ358 mm,直径磨耗≤3 mm。

3. 检测说明

使用样板前先检查确认校验合格证是否齐全(检验日期在有效期内),确认性能状态良

好;将量规工作面与上心盘下平面贴靠,量规 dZ 端分别沿前后、左右方向移动,dZ 端通过时上心盘直径磨耗超限。

上心盘直径磨耗测量如图 3-37 所示。

图 3-37　上心盘直径磨耗测量

4. 检测要求

以上心盘下平面定位,向上 15 mm 处沿前后、左右方向检测上心盘的直径。

(二)车钩中心高度检测尺(图 3-38)

1. 检测部位

车钩中心高度检测。

2. 检修限度(段修)

除特殊设计者外,车钩中心线至轨面水平面的垂直距离为(880±10)mm;同一辆车两车钩中心高度差不大于 10 mm。

3. 检测说明

使用样板前先检查确认校验合格证是否齐全(检验日期在有效期内),确认性能状态良好。

(1)将测量尺放置轨面,底板与轨面贴靠,立起主尺立柱,使其与轨面垂直。

(2)移动测量尺,将可转测头两爪斜面夹在钩舌的上下端,使可转测头两爪端面与钩舌端面相互平行,滑动尺框刻线所对应主尺上的示值为车钩中心高。

车钩中心高度检测如图 3-39 所示。

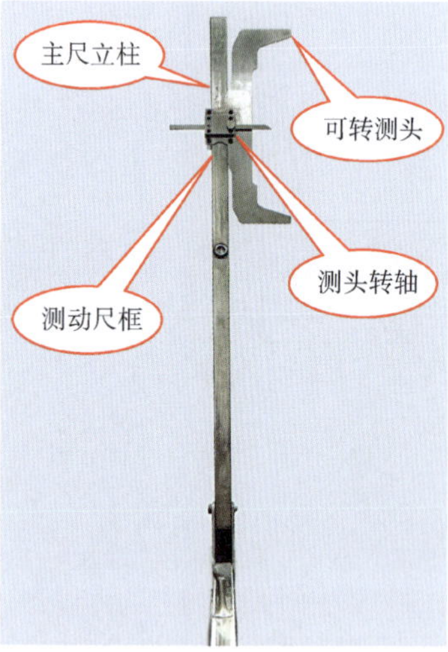

图 3-38　车钩中心高度检测尺

图 3-39　车钩中心高度检测

4. 检测要求

以轨面为基准,测量车钩中心线至轨面的垂直距离,即为车钩中心高度。

(三)上旁承下平面与下旁承滚子间隙塞尺(图 3-40)

1. 检测部位

上旁承下平面与下旁承滚子间隙测量。

2. 检修限度(段修)

装转 K2、转 K6 型转向架,上旁承下平面与下旁承滚子间隙(5±1)mm。

3. 检测说明

使用样板前先检查确认校验合格证是否齐全(检验日期在有效期内),确认性能状态良好;用符合规定上下限的塞尺分别插入对应车型上旁承下平面与下旁承滚子之间,下限塞尺通过,上限塞尺止住为合格。

滚子间的间隙如图 3-41 所示。

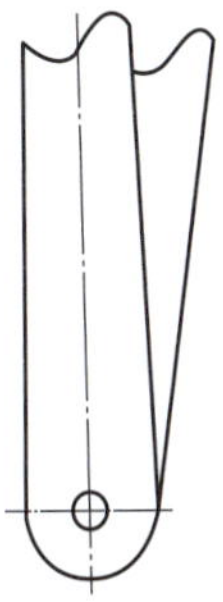

图 3-40 上旁承下平面与下旁承滚子间隙塞尺

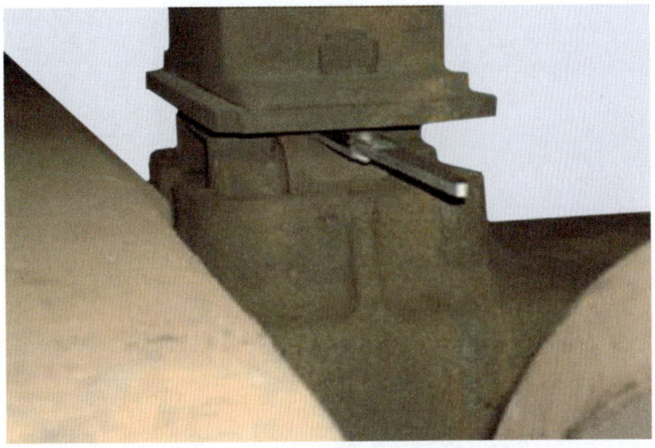

图 3-41 检测上旁承下平面与下旁承滚子间的间隙

4. 检测要求

检测上旁承下平面与下旁承滚子间的最小间隙。

(四)线坠(图 3-42)

1. 检测部位

有棚顶车辆车体侧壁与侧梁外侧倾斜检测。

2. 检修限度(段修)

有棚顶铁路货车车体倾斜不大于 30 mm。

3. 检测说明

将车辆置于平直线路上,将线坠自车体倾斜的棚顶侧壁上端作铅垂线,用钢直尺测量侧梁与铅垂线间的水平距离,即为车体倾斜尺寸。

倾斜量如图 3-43 所示。

4. 检测要求

车辆在平直线路上,测量有棚顶车辆车体侧壁与侧梁外侧倾斜量。

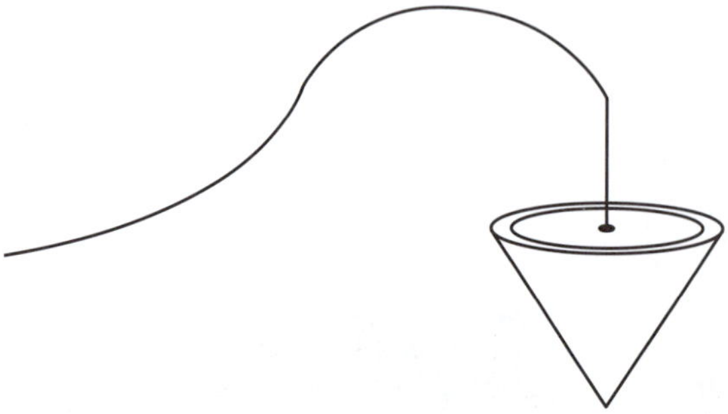

图 3-42　线坠

图 3-43　测量车体侧壁与侧梁外侧倾斜量

二、转向架

(一)侧架导框深度磨耗检测样板(图 3-44)

1. 检测部位

铸钢侧架导框两侧摩擦面单侧磨耗深度检测。

2. 检修限度(段修)

转 K6 型侧架导框两侧摩擦面单侧磨耗深度(含局部磨耗),段修磨耗≤2 mm。

3. 检测说明

使用样板前先检查确认校验合格证是否齐全(检验日期在有效期内),确认性能状态良好;将量规 2Z 端放置磨耗最深处,量规工作面与导框摩擦面未磨耗面贴靠,单侧磨耗(含局部磨耗)超限。

单侧磨耗深度检测如图 3-45 所示。

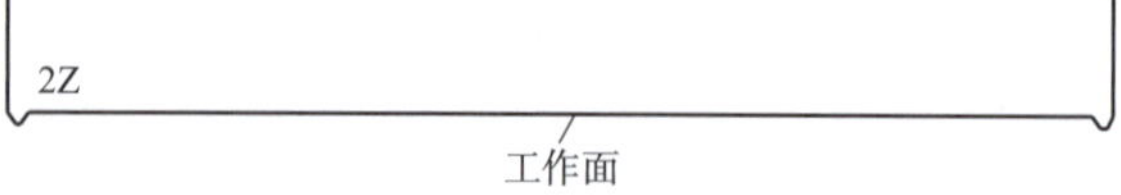

图 3-44　侧架导框单侧检测样板

图 3-45　侧架导框两侧摩擦面单侧磨耗深度检测

4. 检测要求

以侧架导框两侧摩擦面未磨耗部位为准,检测导框磨耗处最大深度。

(二)侧架导框磨耗之和检测样板(图 3-46)

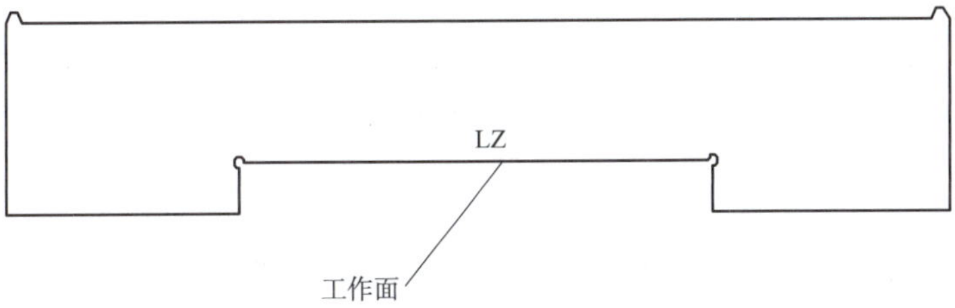

图 3-46 侧架导框磨耗之和检测样板

1. 检测部位

铸钢侧架导框两侧磨耗深度之和检测。

2. 检修限度(段修)

转 K6 型侧架导框两侧摩擦面磨耗深度之和原形 141 mm,段修磨耗≤3 mm。

3. 检测说明

使用样板前先检查确认校验合格证是否齐全(检验日期在有效期内),确认性能状态良好;将量规 LZ 端插入导框两侧摩擦面磨耗最深部位,工作面与导框内侧面贴靠,两侧磨耗之和超限。

磨耗深度之和检测如图 3-47 所示。

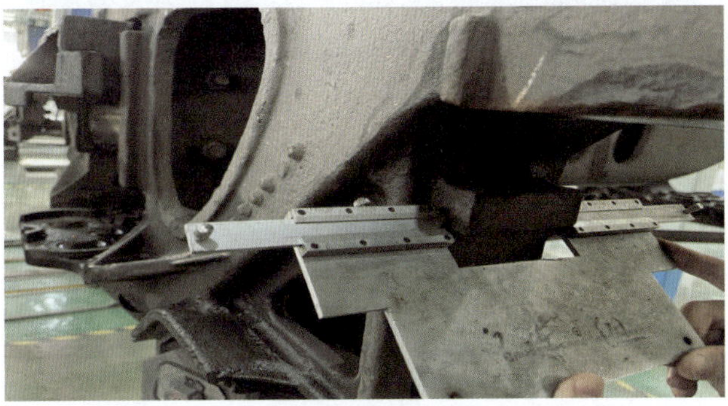

图 3-47 铸钢侧架导框两侧磨耗深度之和检测

4. 检测要求

深入侧架导框两侧摩擦面边缘 5 mm,检测导框两侧摩擦面最小距离。

(三)侧架制动梁滑槽磨耗板检测样板(图 3-48)

1. 检测部位

侧架制动梁滑槽磨耗板磨耗深度检测。

2. 检修限度(段修)

侧架制动梁滑槽磨耗板(卡入式磨耗板)磨耗深度,段修磨耗≤3 mm。

3. 检测说明

使用样板前先检查确认校验合格证是否齐全(检验日期在有效期内),确认性能状态良

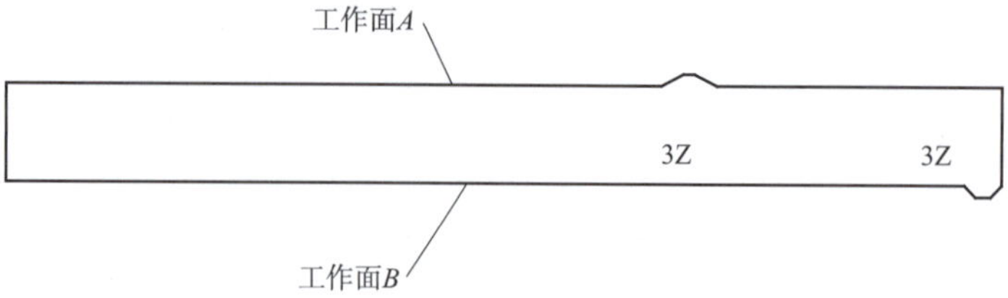

图 3-48 侧架制动梁滑槽磨耗板磨耗检测样板

好;将量规 3Z 端放置磨耗最深处,如量规工作面与滑槽磨耗板未磨耗部位贴靠,则磨耗超限。

磨耗深度检测如图 3-49 所示。

图 3-49 侧架制动梁滑槽磨耗板磨耗深度检测

4. 检测要求

以侧架制动梁滑槽磨耗板未磨耗部位为准,检测磨耗处最大深度。

(四)侧架立柱磨耗板检测样板(图 3-50)

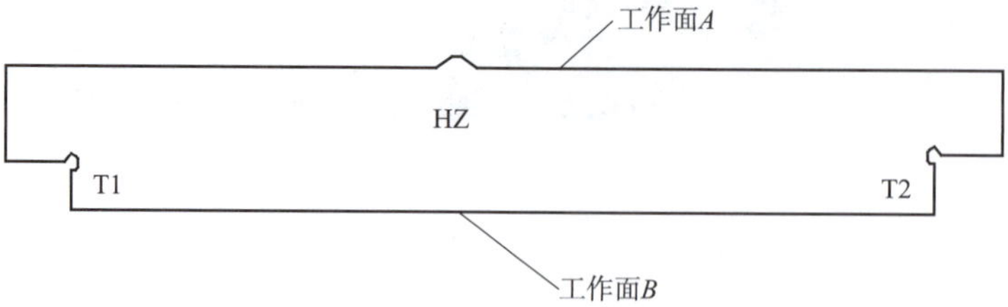

图 3-50 侧架立柱磨耗板检测样板

1. 检测部位

铸钢侧架立柱磨耗板厚度、深度磨耗检测。

2. 检修限度(段修)

转 K6 型侧架立柱磨耗板磨耗深度,原形 10 mm,段修磨耗≤3 mm。

3. 检测说明

使用样板前先检查确认校验合格证是否齐全(检验日期在有效期内),确认性能状态良好。

(1)用量规 T1 或 T2 端伸入侧架立柱磨耗板两侧磨耗最深处,量规工作面 B 与侧架立柱接触为磨耗超限。

(2)用量规 HZ 端落在立柱磨耗板磨耗最深处,量规工作面 A 与立柱磨耗板贴靠为磨耗超限。

磨耗板磨耗测量如图 3-51 所示。

图 3-51 侧架立柱磨耗板磨耗测量

4. 检测要求

以侧架立柱磨耗板安装面为准,深入磨耗板边缘 15 mm 处,检测磨耗板最小剩余厚度;以侧架立柱磨耗板未磨耗部位为准,检测磨耗处最大深度。

(五)侧架导框中心距检测尺(图 3-52)

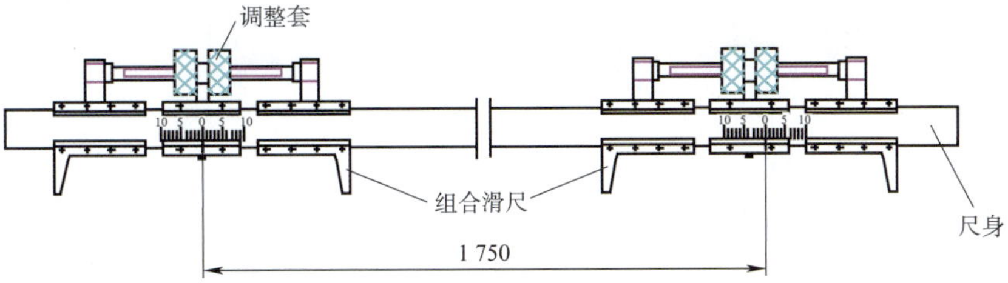

图 3-52 侧架导框中心距检测尺(单位:mm)

1. 检测部位

铸钢两侧架导框固定轴距差检测。

2. 检修限度(段修)

转 K6 型同一转向架两侧架导框固定轴距差,段修≤2 mm。

3. 检测说明

使用样板前先检查确认校验合格证是否齐全(检验日期在有效期内),确认性能状态良好。

(1)拧动调整套将组合滑尺分别卡在两导框内、外导框上。

(2)将尺身一侧的 0 刻度线,对准滑尺中心线。

(3)记住另一侧滑尺 0 刻度线对应尺身上的示值。

(4)然后,再测量另一侧架的导框中心距。

(5)计算两实测值之差。

固定轴距检测如图 3-53 所示。

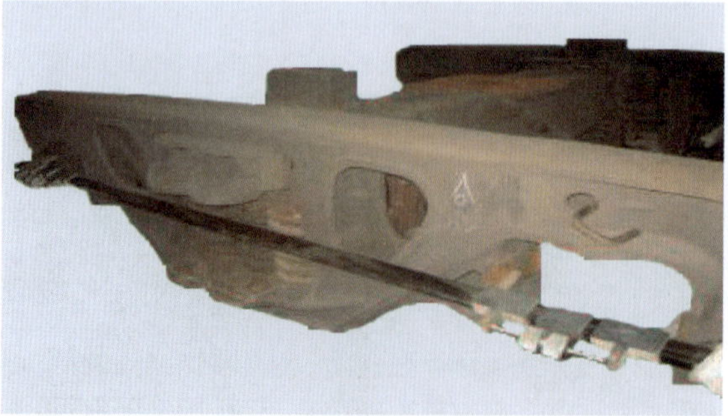

图 3-53 转向架两侧架导框固定轴距检测

4. 检测要求

测量两侧架导框(导台)中心的距离,同一转向架两侧架导框(导台)中心距之差为固定轴距差。

(六)交叉杆检测样板(图 3-54)

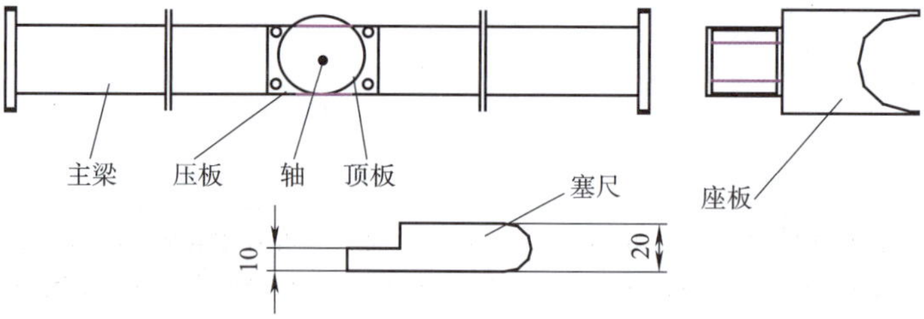

图 3-54 交叉杆弯曲检测样板(单位:mm)

1. 检测部位

交叉杆弯曲变形检测。

2. 检修限度(段修)

交叉杆变形,段修弯曲变形≤20 mm。

3. 检测说明

使用样板前先检查确认校验合格证是否齐全(检验日期在有效期内),确认性能状态良好。

(1)将量具两座板分别与交叉杆两端贴靠,顶板与交叉支撑组成下盖板间隙在 0~10 mm 之间合格,在 10~20 mm 之间时调修,大于 20 mm 时报废。

(2)将量具两座板与交叉杆两端贴靠,顶板与交叉支撑组成下盖板接触,顶板与压板间隙在 10~20 mm 时合格,间隙在 0~10 mm 之间时调修。

(3)当顶板与交叉支撑组成下盖板接触,与压板也接触,量具两座板与交叉杆任一侧不接触时报废。

交叉杆弯曲变形检测如图 3-55 所示。

图 3-55 交叉杆弯曲变形检测

4. 检测要求

以交叉杆杆体两端向内 10 mm 处对应两点连线为准，检测交叉杆杆体的弯曲变形量。

(七)斜楔检测样板(图 3-56)

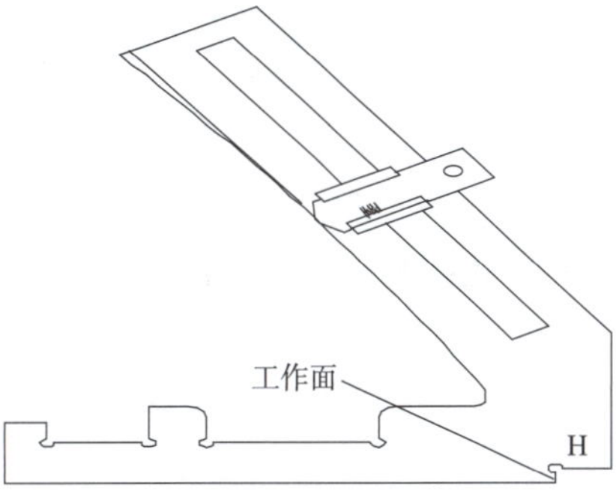

图 3-56 组合式斜楔检测样板

1. 检测部位

组合式斜楔主摩擦板厚度磨耗检测。

2. 检修限度(段修)

组合式斜楔主摩擦板厚度原形 10 mm，段修磨耗≤3 mm。

3. 检测说明

使用样板前先检查确认校验合格证是否齐全(检验日期在有效期内)，确认性能状态良好；量规 H 端与主摩擦板顶面、侧面贴靠，工作面超过主摩擦板厚度为磨耗超限。

主摩擦板厚度检测如图 3-57 所示。

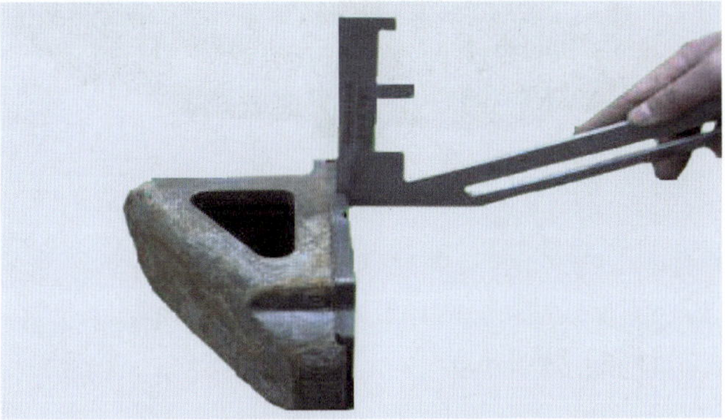

图 3-57 组合式斜楔主摩擦板厚度检测

4. 检测要求

深入斜楔主摩擦板边缘 15 mm 处，检测磨耗处最小剩余厚度。

（八）承载鞍鞍面检测样板（图 3-58）

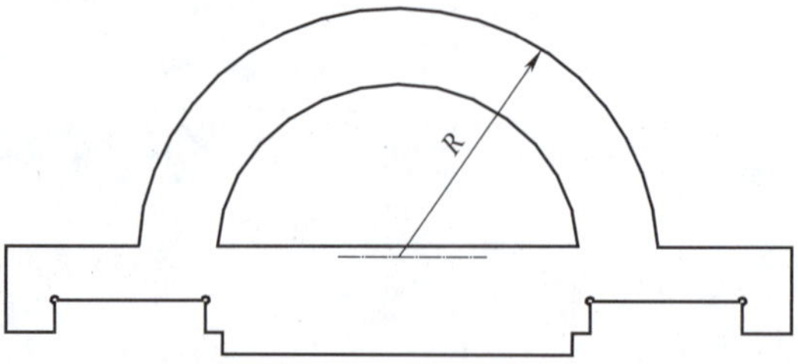

图 3-58　承载鞍鞍面径向检测样板

1. 检测部位

承载鞍鞍面径向（半径）磨耗检测。

2. 检修限度（段修）

转 K6 型承载鞍鞍面原形 250 mm，段修磨耗≤0.5 mm。

3. 检测说明

使用样板前先检查确认校验合格证是否齐全（检验日期在有效期内），确认性能状态良好；用量规 R 圆弧落入承载鞍鞍面，量规圆弧测量面与鞍面如有间隙时，用 0.5 mm 针规能插入时为磨耗超限。

磨耗检测如图 3-59 所示。

图 3-59　承载鞍鞍面径向（半径）磨耗检测

4. 检测要求

以原形轮廓为准，检测承载鞍鞍面两环带圆弧中部的磨耗量。

（九）制动梁检测样板（图 3-60）

1. 检测部位

组合式制动梁全长检测。

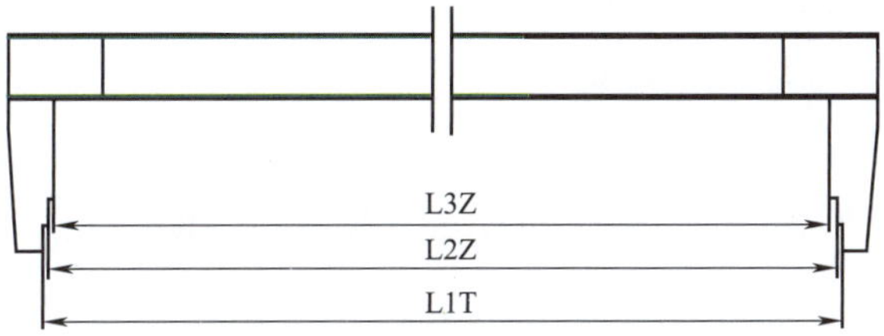

图 3-60 制动梁全长检测样板

2. 检修限度(段修)

组合式制动梁全长原形 1 770$_{-5}^{0}$ mm,段修全长为 1 770$_{-8}^{+1}$ mm。

3. 检测说明

使用样板前先检查确认校验合格证是否齐全(检验日期在有效期内),确认性能状态良好;量规通止端分别卡在槽钢制动梁滚子轴两端面或组合式制动梁两闸瓦托滑块端面顶点,L1T 端通过,且 L3Z 端止住,合格。制动梁全长超限时报废。

制动梁全长检测如图 3-61 所示。

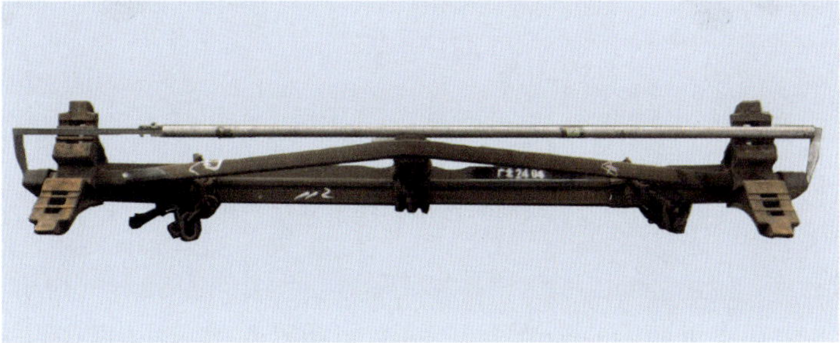

图 3-61 制动梁全长检测

4. 检测要求

组合式制动梁检测两闸瓦托滑块端面间最大距离。

(十)闸瓦托中心离检测尺(图 3-62)

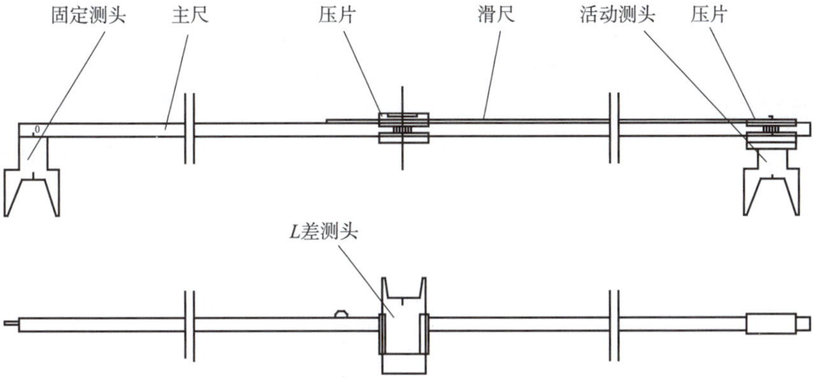

图 3-62 两闸瓦托中心距、制动梁 *L* 差测量尺

1. 检测部位

两闸瓦托中心距、制动梁 L 差检测。

2. 检修限度(段修)

组合式制动梁原形 L 差(1 524±3)mm,段修 L 差 1 524^{+6}_{-4} mm。

3. 检测说明

使用样板前先检查确认校验合格证是否齐全(检验日期在有效期内),确认性能状态良好;将测量尺固定测头和活动测头分别放置闸瓦托上中部和支承面中部,活动测头压片刻线所对应主尺上的刻线示值,为两闸瓦托中心距离。制动梁两闸瓦托中心距超限时报废。

两闸瓦托中心距离检测如图 3-63 所示。

图 3-63　制动梁两闸瓦托中心距差检测

4. 检测要求

以两闸瓦托上中部支承面中心为测量点,检测制动梁两闸瓦托中心距。

三、车钩缓冲装置

(一)车钩全开位检测样板(图 3-64)

1. 检测部位

车钩全开位钩舌鼻部与钩腕内侧距离检测。

2. 检修限度(段修)

17 型车钩全开位置时钩舌内侧面与钩腕内侧面距离,段修≥219 mm。

3. 检测说明

使用样板前先检查确认校验合格证是否齐全(检验日期在有效期内),确认性能状态良好;钩舌转动到全开位置,钩舌全张开,将量规垂直于钩舌牵引面插入钩舌与钩腕内侧之间,至少三处(不包括距上下面 10 mm 范围内),219T 端通过为合格。

车钩全开位检测如图 3-65 所示。

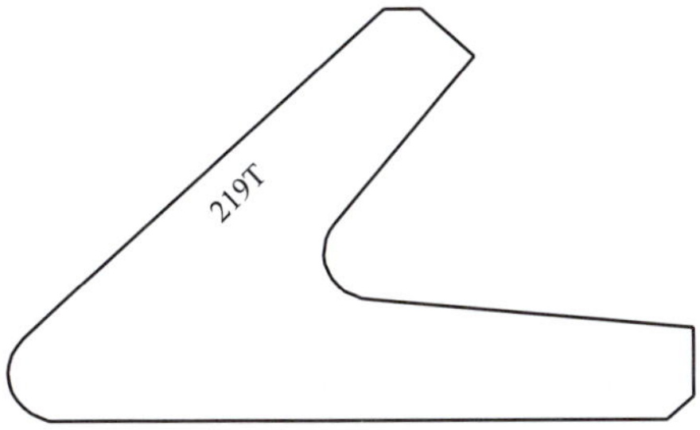

图 3-64 17 型车钩全开位段修检测样板

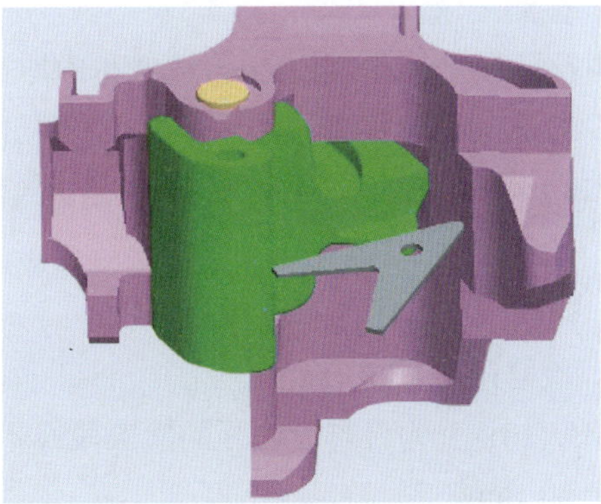

图 3-65 17 型车钩全开位检测

4. 检测要求

车钩全开状态，钩舌张开最大量时，测量钩舌鼻部与钩腕的最小距离。测量不少于三处，不包括上下面圆角处。17 型车钩全开位置时钩舌内侧面与钩腕内侧面距离不小于 219 mm。

(二)车钩闭锁位检测样板(图 3-66)

1. 检测部位

17 型车钩闭锁位置时钩舌鼻部与钩体正面距离检测。

2. 检修限度(段修)

17 型车钩闭锁位置时钩舌内侧面与钩体正面距离，段修 82～97 mm。

3. 检测说明

使用样板前先检查确认校验合格证是否齐全(检验日期在有效期内)，确认性能状态良好；钩舌呈牵引状态，将量规垂直于车钩正面插入钩舌鼻部到钩体正面之间，至少三处(圆角处除外)，82T 端通过且 97Z 端止住，则合格。

车钩闭锁位检测如图 3-67 所示。

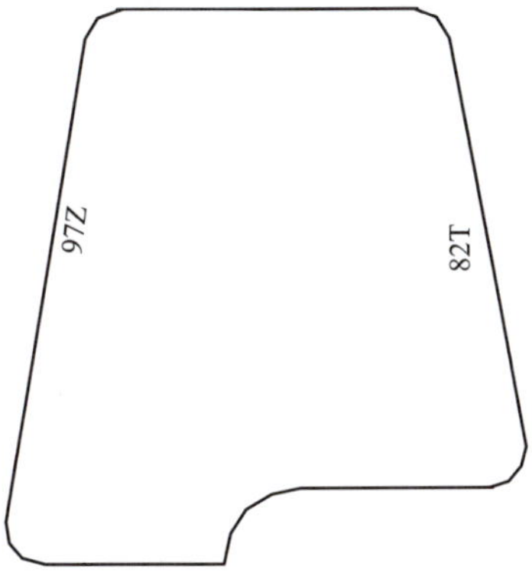

图 3-66 17 型车钩闭锁位段修检测样板

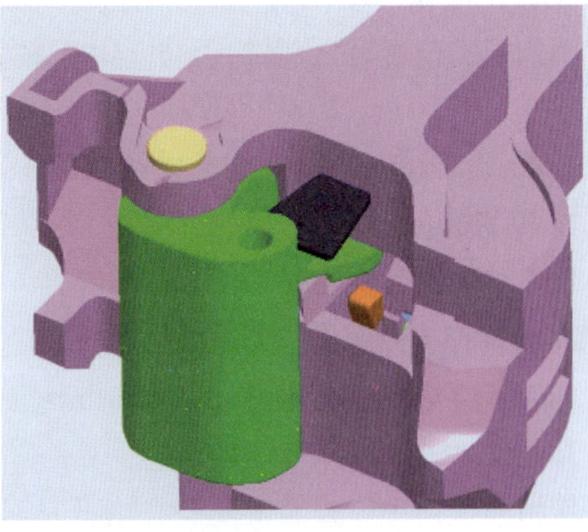

图 3-67 17 型车钩闭锁位检测

4. 检测要求

钩舌呈牵引状态，测量钩舌鼻部与钩体正面的垂直距离。测量三处，不包括上下面圆角处。17 型车钩闭锁位置时钩舌鼻部与钩体正面距离不大于 97 mm。

(三)钩舌与上钩耳间隙检测塞尺(图 3-68)

1. 检测部位

车钩钩舌与上钩耳间隙检测。

2. 检修限度(段修)

13A、13B 型钩舌与上钩耳的间隙段修不大于 8 mm；16、17 型钩舌与上钩耳的间隙段修不大于 10 mm。

3. 检测说明

使用样板前先检查确认校验合格证是否齐全(检验日期在有效期内)，确认性能状态良好；用塞尺 tZ 端从三个不同方向插入钩舌上平面与钩体上钩耳下平面之间，有一处无法停滞，则间隙超限。

钩舌与上钩耳间隙检测如图 3-69 所示。

图 3-68　钩舌与上钩耳间隙检测塞尺

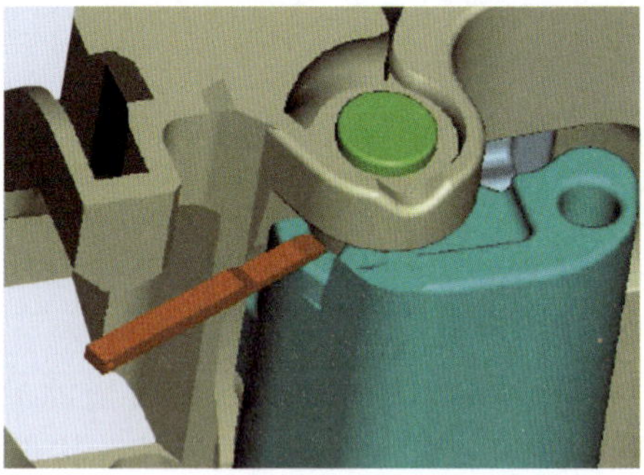

图 3-69　钩舌与上钩耳间隙检测

4. 检测要求

车钩闭锁位置时，检测钩舌与上钩耳垂直方向的最大间隙。钩舌与上钩耳的间隙：13A、13B 型不大于 8 mm；16、17 型钩舌与上钩耳的间隙不大于 10 mm。

(四)钩舌鼻部磨耗检测样板(图 3-70)

1. 检测部位

钩舌鼻部磨耗检测。

2. 检修限度(段修)

16 型钩舌鼻部磨耗段修不大于 5 mm。

3. 检测说明

使用样板前先检查确认校验合格证是否齐全(检验日期在有效期内)，确认性能状态良好；将量规分别距钩舌上下边缘各 60 mm 及中部测量三处；量规 A、B、C 三处分别与钩舌鼻部外侧、钩舌鼻部和钩舌内腕贴靠，滑动滑尺与钩舌内侧曲面接触，测量磨耗量，一处超过

5 mm 时报废。

钩舌鼻部磨耗检测如图 3-71 所示。

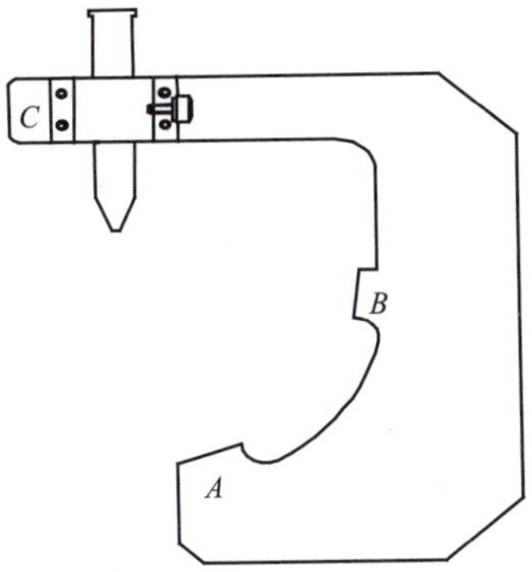

图 3-70 16 型钩舌鼻部磨耗检测样板

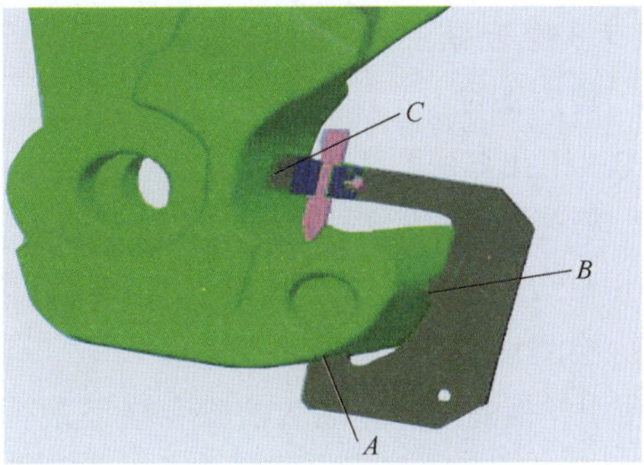

图 3-71 钩舌鼻部磨耗检测

4. 检测要求

以距钩舌上下边缘 60 mm 及中部三处为准,测量钩舌鼻部厚度最大磨耗量。16 型钩舌鼻部磨耗不大于 5 mm。

(五)钩舌外胀检测样板(图 3-72)

1. 检测部位

钩舌外胀检测。

2. 检修限度(段修)

钩舌外胀段修不大于 6 mm。

3. 检测说明

使用样板前先检查确认校验合格证是否齐全(检验日期在有效期内),确认性能状态良好;将量规 A、B 处分别与钩舌尾端、钩舌正面弯曲部贴靠,C 处与钩舌鼻部外侧面接触时,钩舌外胀超限。

钩舌外胀检测如图 3-73 所示。

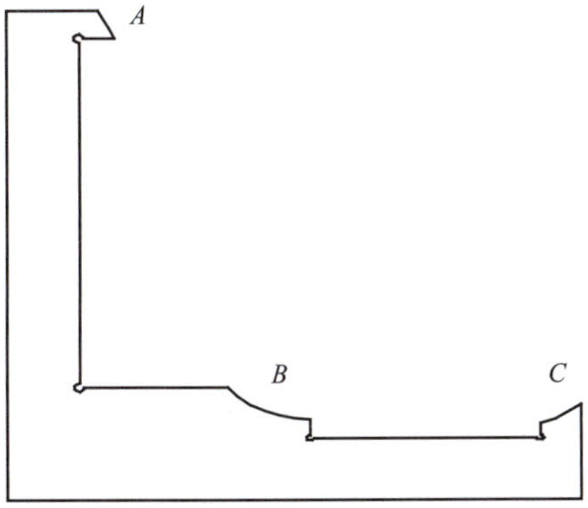

图 3-72 钩舌外胀检测样板

图 3-73 钩舌外胀检测

4. 检测要求

以钩舌尾端、钩舌正面弯曲部为基准，测量钩舌鼻部外侧与原形尺寸的外胀量。钩舌外胀不大于 6 mm。

（六）钩舌销孔磨耗检测样板（图 3-74）

1. 检测部位

钩舌销孔直径磨耗检测。

2. 检修限度（段修）

16 型钩舌销孔直径原形 ϕ42 mm，段修磨耗不大于 2 mm。

3. 检测说明

使用样板前先检查确认校验合格证是否齐全（检验日期在有效期内），确认性能状态良好；用量规 44Z 端检查钩舌销孔，插入深度超过 20 mm 无法停滞，钩舌销孔磨耗超限。

钩舌销孔直径磨耗检测如图 3-75 所示。

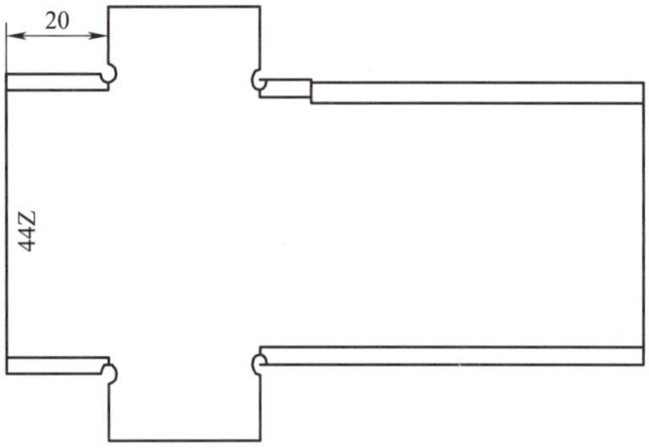

图 3-74　16 型钩舌销孔直径磨耗检测样板（单位：mm）

图 3-75　钩舌销孔直径磨耗检测

4. 检测要求

以深入孔内 20 mm 处为准，测量钩舌销孔的最大内径。距钩舌销孔凸缘顶部 20 mm 处检测钩舌销孔内径，原形 ϕ42 mm，磨耗大于 2 mm 时超限。

（七）钩舌推铁检测样板（图 3-76）

1. 检测部位

钩舌推铁弯曲变形检测。

2. 检修限度（段修）

16 型钩舌推铁弯曲变形段修恢复原形。

3. 检测说明

使用样板前先检查确认校验合格证是否齐全（检验日期在有效期内），确认性能状态良好；将样板 A、B 处与钩舌推铁贴靠，用塞尺检查 C 处间隙，间隙不大于 1.5 mm。

钩舌推铁弯曲变形检测如图 3-77 所示。

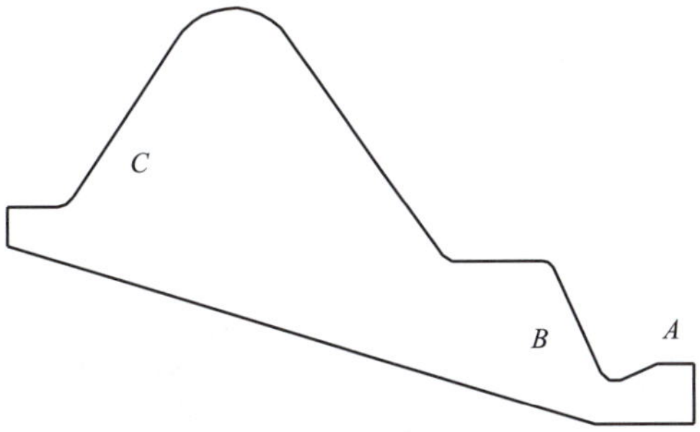

图 3-76　型钩舌推铁检测样板

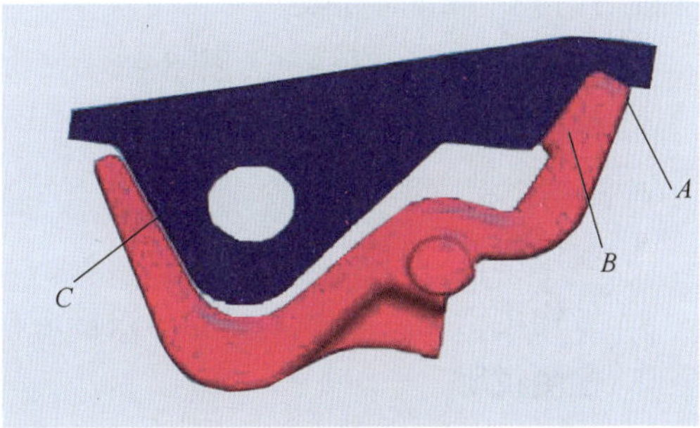

图 3-77　钩舌推铁弯曲变形检测

4. 检测要求

将量规 A、B 处与钩舌推铁贴靠，用塞尺检查 C 处间隙，间隙不大于 1.5 mm。

(八)钩舌销直径磨耗检测样板(图 3-78)

1. 检测部位

钩舌销径向磨耗检测。

2. 检修限度(段修)

钩舌销原形直径为 ϕ41 mm，段修磨耗不大于 2 mm。

3. 检测说明

使用样板前先检查确认校验合格证是否齐全(检验日期在有效期内)，确认性能状态良好；用量规 39Z 端插入钩舌销磨耗严重处，插入量超半径时为磨耗超限。

钩舌销直径磨耗检测如图 3-79 所示。

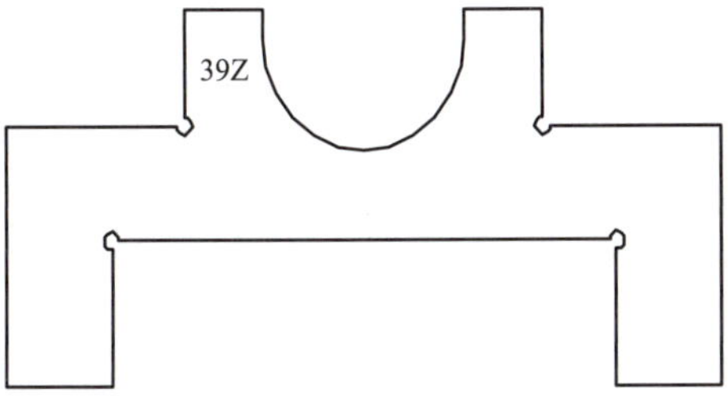

图 3-78　钩舌销直径磨耗检测样板

图 3-79　钩舌销直径磨耗检测

4. 检测要求

测量钩舌销磨耗部位直径最小剩余量，钩舌销原形直径为 ϕ41 mm，使用样板检测径向磨耗后小于 39 mm 时超限。

(九)钩尾销检测样板(图 3-80)

1. 检测部位

检测钩尾销宽度磨耗。

2. 检修限度(段修)

13 号钩尾销宽度原形 100 mm,段修磨耗不大于 3 mm。

3. 检测说明

使用样板前先检查确认校验合格证是否齐全(检验日期在有效期内),确认性能状态良好;用量规 97Z 沿宽度方向插入钩尾销磨耗严重处,无法停滞,磨耗超限。

13 号钩尾销宽度磨耗检测如图 3-81 所示。

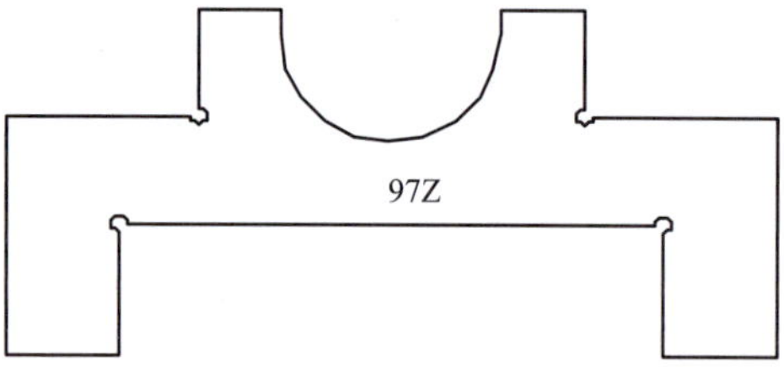

图 3-80 13 号钩尾销检测样板

图 3-81 13 号钩尾销宽度磨耗检测

4. 检测要求

测量钩尾销磨耗部位最小剩余宽度,13 号钩尾销宽度原形 100 mm,使用样板检测磨耗大于 3 mm 时超限。

(十)钩舌锁面磨耗检测样板(图 3-82)

1. 检测部位

16 型钩舌锁面磨耗检测。

2. 检修限度(段修)

16 型钩舌锁面厚度原形 163 mm,段修磨耗不大于 3 mm。

3. 检测说明

使用样板前先检查确认校验合格证是否齐全(检验日期在有效期内),确认性能状态良好;将量规 L160 端对准钩舌尾部与钩舌锁面之间,插入时舌锁面磨耗深度超限。

钩舌锁面磨耗检测如图 3-83 所示。

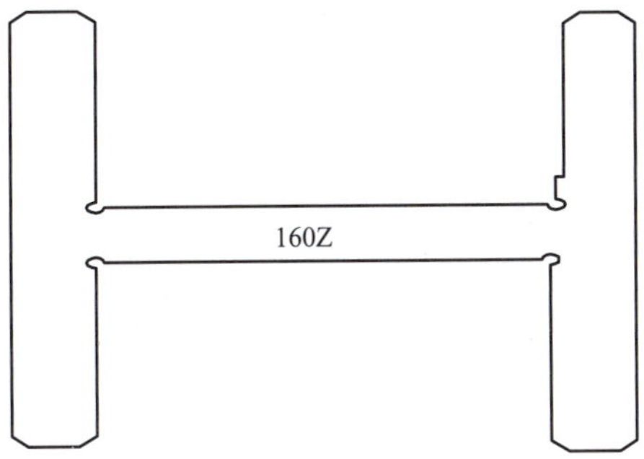

图 3-82　16 型钩舌锁面样板

图 3-83　钩舌锁面磨耗检测

4. 检测要求

测量钩舌尾部后面至钩舌锁面的距离，16 型钩舌锁面厚度原形 163 mm，使用样板检测磨耗大于 3 mm 时超限。

（十一）钩舌钩锁座入量检测样板（图 3-84）

1. 检测部位

16 型钩舌钩锁座入量检测。

2. 检修限度（段修）

16 型钩舌钩锁坐入量原形为（58±1.4）mm，段修不小于 45 mm。

3. 检测说明

使用样板前先检查确认校验合格证是否齐全（检验日期在有效期内），确认性能状态良好；用量规“45”端检测，*A* 面与钩舌副座锁面贴靠，*B* 面和钩舌锁面贴靠，沿锁面前后移动，*C* 面不能接触到钩舌主座锁面，为合格。

钩舌钩锁座入量检测如图 3-85 所示。

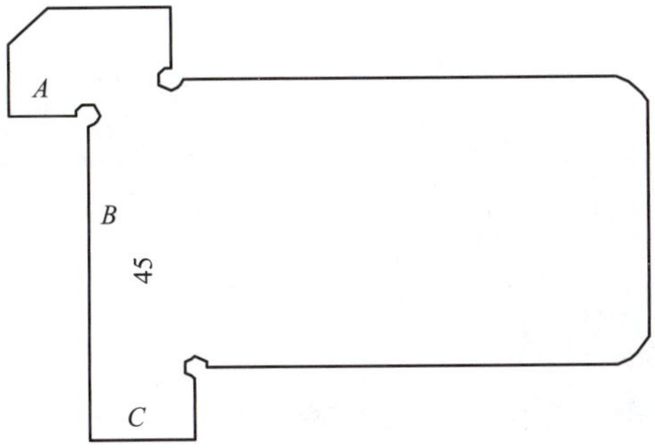

图 3-84　16 型钩舌钩锁座入量检测样板

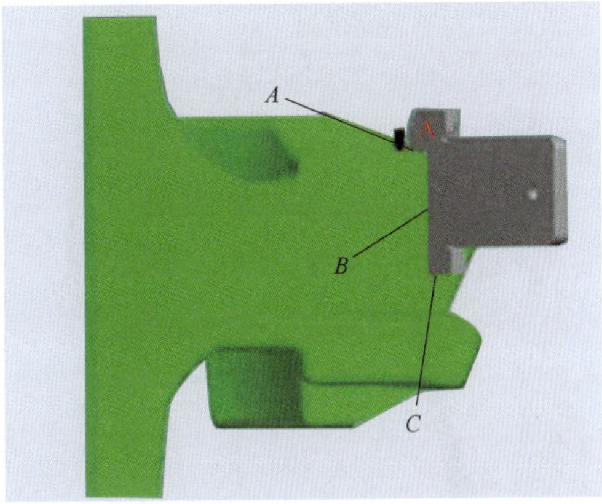

图 3-85　钩舌钩锁座入量检测

4. 检测要求

测量钩舌副座锁面与主座锁面的距离，16 型钩舌钩锁坐入量原形为(58±1.4)mm，小于 45 mm 时超限。

(十二)上锁销杆磨耗及组成间隙检测样板(图 3-86)

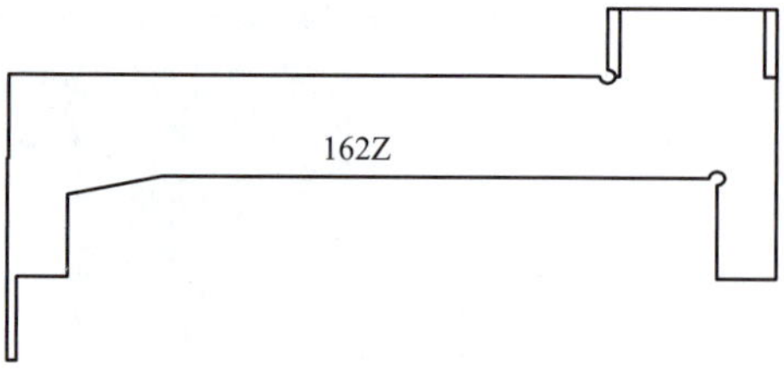

图 3-86　上锁销杆磨耗及组成间隙检测样板

1. 检测部位

上锁销杆上端面防跳部位磨耗、上锁销杆挂钩口磨耗、上锁销与上锁销杆组装间隙、上锁销铆钉露出长度检测。

2. 检修限度(段修)

(1)上锁销杆上端面防跳部位磨耗：上锁销杆全长原形 165 mm，上锁销杆上端面防跳部位段修磨耗不大于 3 mm。

(2)上锁销杆挂钩口磨耗：上锁销杆挂钩口原形尺寸为 39 mm，段修磨耗不大于 2 mm。

(3)上锁销与上锁销杆组装间隙：上锁销与上锁销杆组装间隙段修不小于 2.5 mm。

(4)上锁销铆钉露出长度：上锁销铆钉露出长度段修不大于 0.5 mm 时超限。

3. 检测说明

使用样板前先检查确认校验合格证是否齐全(检验日期在有效期内)，确认性能状态良好。

(1)上锁销杆上端面防跳部位磨耗检测如图 3-87 所示：用样板 162Z 端测量上锁销杆全长，能插入时为磨耗超限。

(2)上锁销杆挂钩口磨耗检测如图 3-88 所示：用量规 41Z 端对准挂钩口长度处插入，能贯通插入时为磨耗超限。

图 3-87　上锁销杆上端面防跳部位磨耗检测

图 3-88　上锁销杆挂钩口磨耗检测

(3)上锁销与上锁销杆组装间隙检测如图 3-89 所示:将上锁销杆挂钩推向上锁销一侧,用量规 2.5T 塞检上锁销与上锁销杆的组装间隙,通过时为合格。

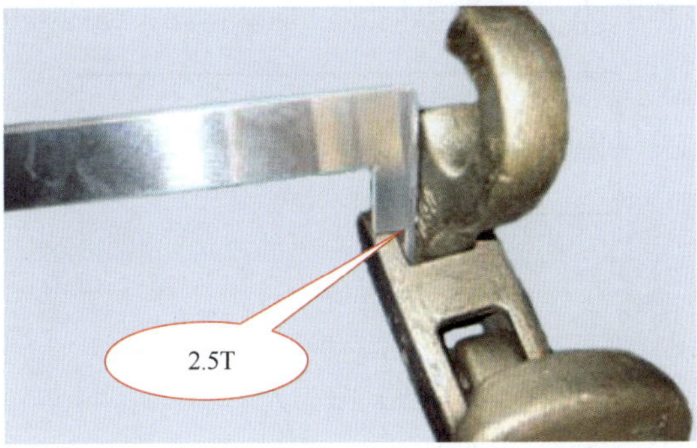

图 3-89 上锁销与上锁销杆组装间隙检测

(4)上锁销铆钉露出长度检测如图 3-90 所示:用量规 *B* 处贴靠上锁销表面,*A* 处铆钉头与量规有间隙为合格。

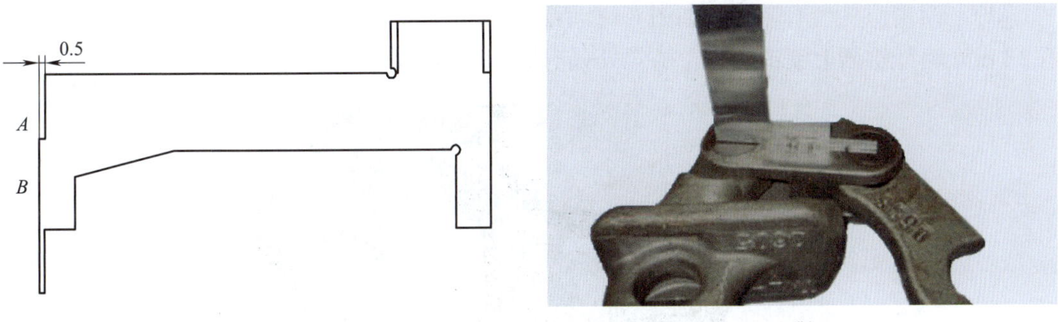

图 3-90 上锁销铆钉露出长度检测(单位:mm)

4. 检测要求

(1)上锁销杆上端面防跳部位磨耗检测:测量挂钩口下端外部弧面至上端防跳部位的最长距离,上锁销杆上端面的防跳台部位磨耗大于 3 mm 时超限。

(2)上锁销杆挂钩口磨耗检测:沿上锁销杆挂钩口两内圆弧面长度方向,贯通测量上锁销杆挂钩口处的间距;上锁销杆挂钩口原形尺寸为 39 mm,磨耗大于 2 mm 时超限。

(3)上锁销与上锁销杆组装间隙检测:测量锁销与上锁销杆的装配间隙;上锁销与上锁销杆组装间隙小于 2.5 mm 时超限。

(4)上锁销铆钉露出长度检测:以上锁销平面为基准,测量铆钉头部超出上锁销平面的长度;上锁销铆钉露出长度大于 0.5 mm 时超限。

(十三)上锁销防跳台及铆钉轴磨耗检测样板(图 3-91)

1. 检测部位

上锁销防跳台磨耗、上锁销组成铆钉轴磨耗检测。

2. 检修限度(段修)

(1)上锁销防跳台磨耗:上锁销防跳台磨耗段修不大于 2 mm。

(2)上锁销组成铆钉轴磨耗:上锁销组成铆钉轴直径原形 ϕ16 mm,段修不小于 13 mm。

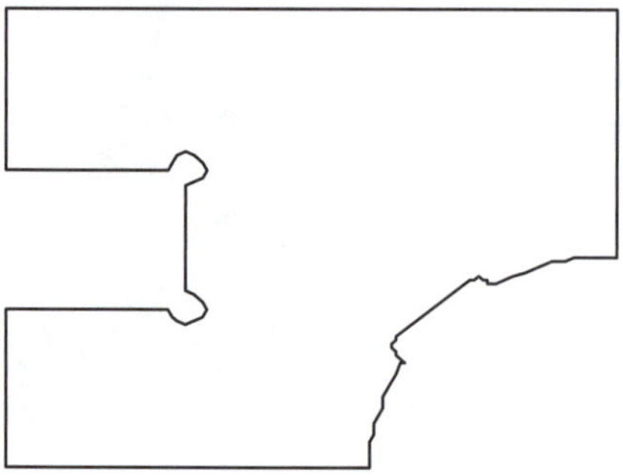

图 3-91 上锁销防跳台及铆钉轴磨耗检测样板

3. 检测说明

使用样板前先检查确认校验合格证是否齐全(检验日期在有效期内),确认性能状态良好。

(1)上锁销防跳台磨耗检测如图 3-92 所示:用量规圆弧处与上锁销防跳台处圆弧贴靠,用 ϕ2 mm 钢针检测上锁销防跳台磨耗处,能插入时为磨耗超限。两侧分别测量。

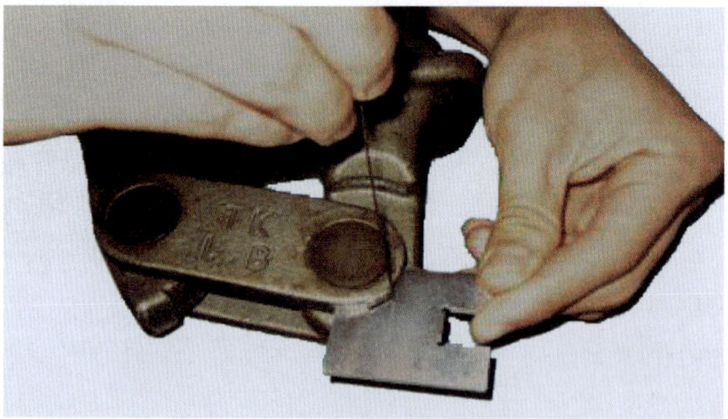

图 3-92 上锁销防跳台磨耗检测

(2)上锁销组成铆钉轴磨耗检测如图 3-93 所示:用量规 13Z 端检测铆钉轴直径,无法停滞,磨耗超限。

图 3-93 上锁销组成铆钉轴磨耗检测

4. 检测要求

(1)上锁销防跳台磨耗检测:分别检测上锁销防跳台(两侧)与原形轮廓的减少量;上锁销防跳台磨耗大于 2 mm 时超限。

(2)上锁销组成铆钉轴磨耗检测:在上锁销杆两侧,分别测量铆钉轴直径的剩余量;上锁销组成铆钉轴直径小于 13 mm 时超限。

(十四)下锁销杆防跳台样板(图 3-94)

1. 检测部位

17 型下锁销杆防跳台尺寸磨耗检测。

2. 检修限度(段修)

17 型下锁销杆防跳台磨耗段修恢复原形。

3. 检测说明

使用样板前先检查确认校验合格证是否齐全(检验日期在有效期内),确认性能状态良好;量规的 A 面贴靠下锁销杆防跳台的侧面,用针规检查样板曲面与防跳台曲面之间的间隙,不大于 1 mm。

17 型下锁销杆防跳台磨耗检测如图 3-95 所示。

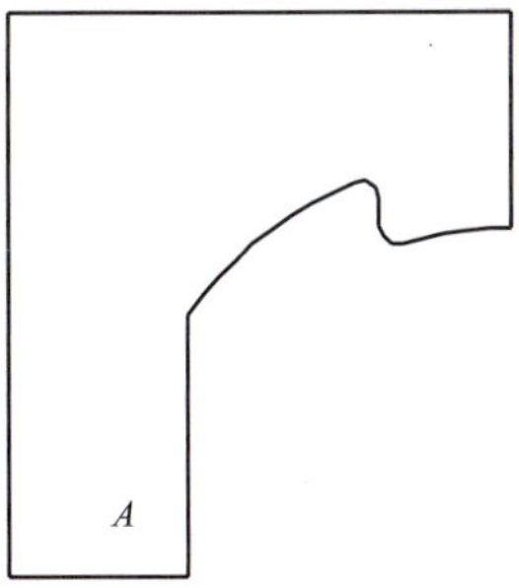

图 3-94　17 型下锁销杆防跳台样板

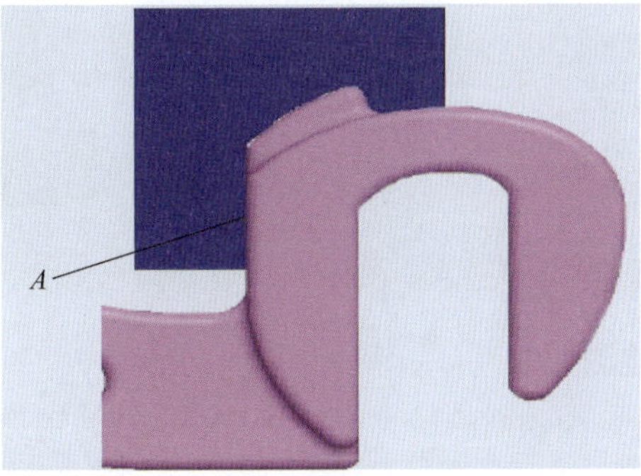

图 3-95　17 型下锁销杆防跳台磨耗检测

4. 检测要求

检测下锁销杆防跳台与原形轮廓的减少量。

(十五)车钩锁铁磨耗检测样板(图 3-96)

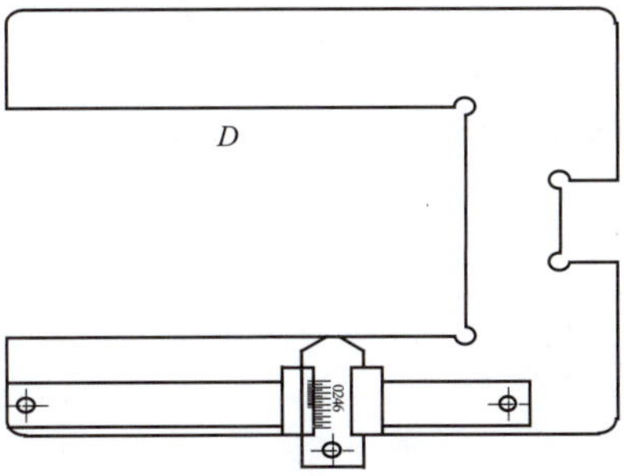

图 3-96　车钩锁铁锁面磨耗检测样板

1. 检测部位

车钩锁铁锁面磨耗检测。

2. 检修限度(段修)

(1)13 号钩锁厚度原形(76±1)mm,段修恢复原形。

(2)16 型钩锁厚度原形 83.5～85 mm,段修恢复原形。

3. 检测说明

使用样板前先检查确认校验合格证是否齐全(检验日期在有效期内),确认性能状态良好;将量规插入钩锁立面,将 *D* 面与钩锁一侧接触,滑尺对准磨耗最大处,推动主尺与磨耗面接触,示值为钩锁剩余厚度;13 号钩锁厚度小于 75 mm、16 型钩锁厚度小于 83.5 mm 时恢复原形。

车钩锁铁锁面磨耗检测如图 3-97 所示。

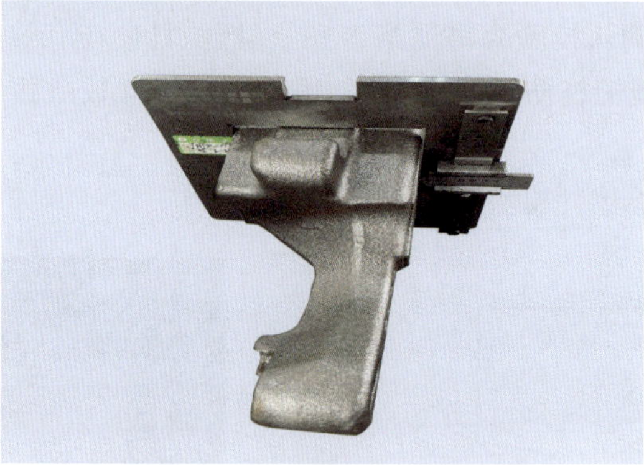

图 3-97　车钩锁铁锁面磨耗检测

4. 检测要求

测量钩锁锁面的最大磨耗深度;13 号钩锁厚度小于 75 mm、16 型钩锁厚度小于 83.5 mm 时超限。

四、制动装置

(一)制动杠杆、拉杆圆销孔或衬套孔样板(图 3-98)

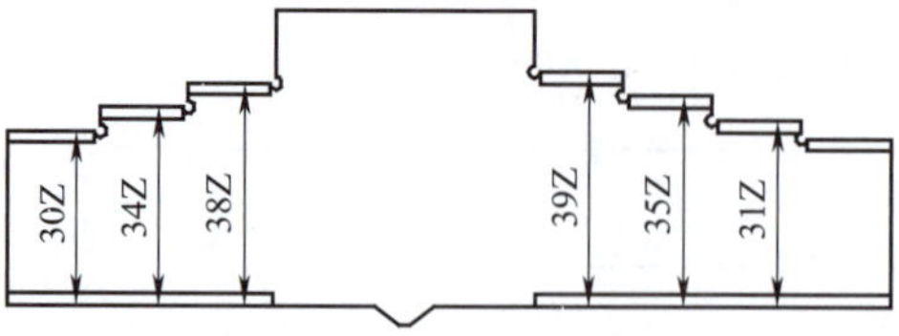

图 3-98　制动杠杆、拉杆圆销孔或衬套孔检测综合样板

1. 检测部位

制动杠杆、拉杆圆销孔或衬套孔检测。

2. 检修限度(段修)

圆销孔、衬套孔磨耗,段修≤2 mm。

3. 检测说明

使用样板前先检查确认校验合格证是否齐全(检验日期在有效期内),确认性能状态良好;用量规 DZ 端分别插入相应圆销孔或衬套孔无法停滞,磨耗超限。

圆销孔或衬套孔检测如图 3-99 所示。

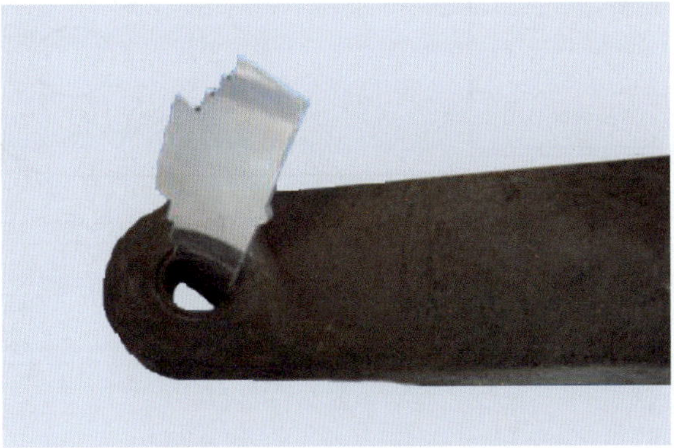

图 3-99 基础制动杠杆、拉杆圆销孔或衬套孔检测

4. 检测要求

深入孔内 1/3,沿周向检测制动圆销孔、衬套孔最大直径。

(二)制动圆销磨耗检测样板(图 3-100)

1. 检测部位

制动圆销磨耗检测。

2. 检修限度(段修)

直径磨耗,段修≤2 mm。

3. 检测说明

使用样板前先检查确认校验合格证是否齐全(检验日期在有效期内),确认性能状态良好;用量规 dZ 端分别插入相应圆销,插入量超过圆销半径,磨耗超限。

制动圆销磨耗深度检测如图 3-101 所示。

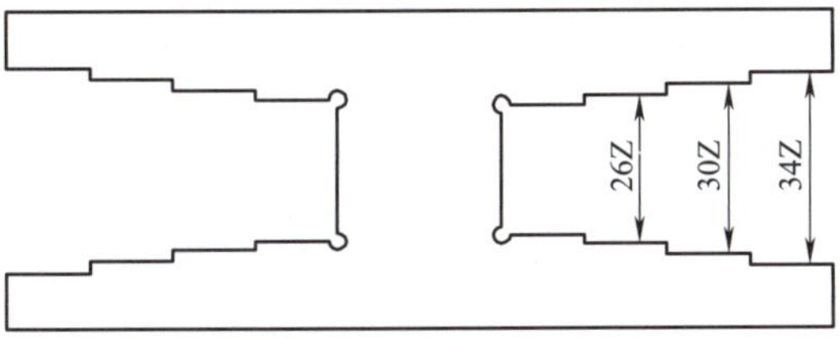

图 3-100 制动圆销磨耗检测综合样板

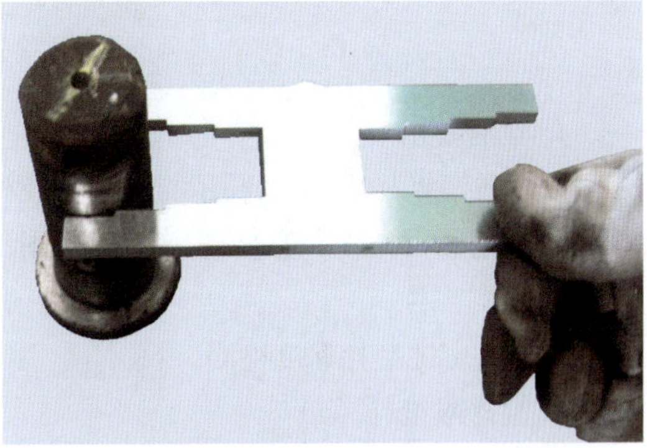

图 3-101 制动圆销磨耗深度检测

4. 检测要求

检测制动圆销的最小剩余直径。

(三)制动圆销与圆销孔或衬套间隙样板(图 3-102)

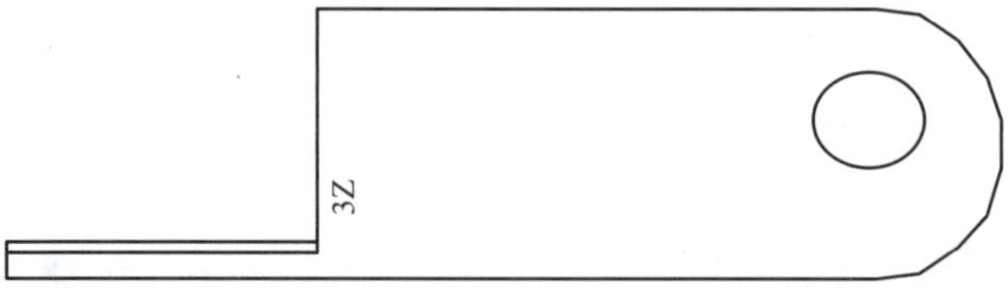

图 3-102 制动圆销与圆销孔或衬套间隙样板

1. 检测部位

制动圆销与圆销孔或衬套间隙检测。

2. 检修限度(段修)

圆销与圆销孔或衬套的间隙,段修≤3 mm。

3. 检测说明

使用样板前先检查确认校验合格证是否齐全(检验日期在有效期内),确认性能状态良好;用 3Z 塞尺插入圆销与圆销孔或衬套之间无法停滞,间隙超限。

制动圆销与圆销孔或衬套间隙之和检测如图 3-103 所示。

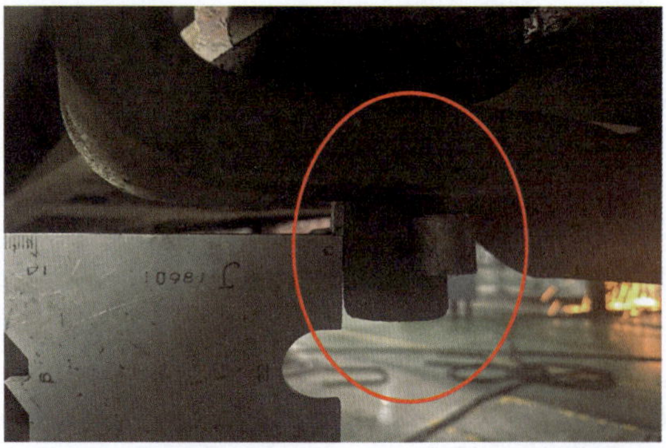

图 3-103 基础制动制动圆销与圆销孔或衬套间隙之和检测

4. 检测要求

制动圆销组装后,检测圆销与圆销孔或衬套间最大间隙。

(四)各杠杆腐蚀磨耗深度样板(图 3-104)

1. 检测部位

各杠杆腐蚀磨耗深度检测。

2. 检修限度(段修)

腐蚀、磨耗深度,段修≤3 mm。

3. 检测说明

使用样板前先检查确认校验合格证是否齐全(检验日期在有效期内),确认性能状态良好。

(1)腐蚀检测:将量规 22Z 端插入腐蚀最大处,插入量大于 15 mm 腐蚀超限。

(2)磨耗检测:将量规 3Z 端落入磨耗最深处,工作面与未磨耗部位均接触,磨耗超限。

各杠杆腐蚀、磨耗深度检测如图 3-105 所示。

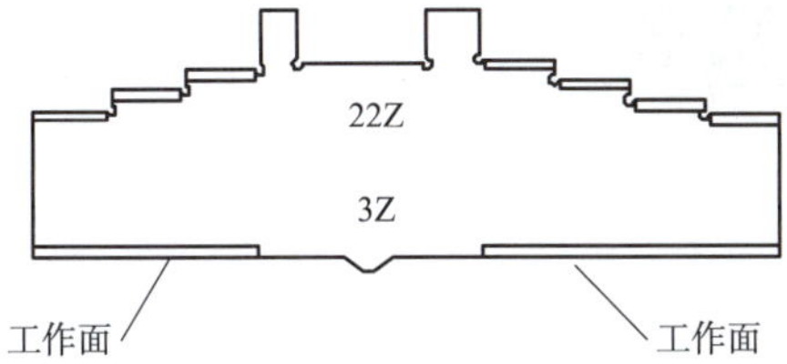

图 3-104 各杠杆腐蚀磨耗深度综合样板

图 3-105 基础制动各杠杆腐蚀、磨耗深度检测

4. 检测要求

(1)腐蚀检测:深入杠杆边缘 15 mm,检测杠杆腐蚀。

(2)磨耗检测:以杠杆未磨耗部位为基准,检测最大磨耗深度。

(五)制动杠杆孔距偏差样板(图 3-106)

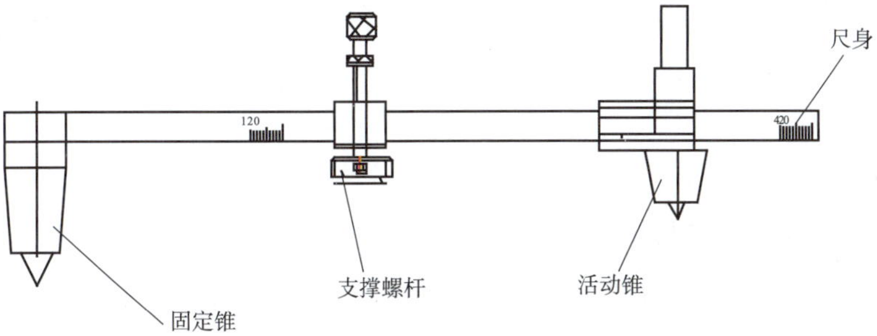

图 3-106 制动杠杆孔距偏差样板

1. 检测部位

制动杠杆孔距偏差检测。

2. 检修限度(段修)

孔距偏差,段修≤3 mm。堵孔新钻孔距偏差,段修±1 mm。

3. 检测说明

使用样板前先检查确认校验合格证是否齐全(检验日期在有效期内),确认性能状态良好。

(1)将固定锥插于中孔。

(2)调整支撑螺杆、使尺身保持水平。

(3)将活动锥分别插入上孔或下孔。

(4)滑尺刻线对应的尺寸即是制动杠杆孔距。

(5)堵孔新钻时,用两个圆尖找圆心。

制动杠杆孔距偏差检测如图 3-107 所示。

图 3-107　制动杠杆孔距偏差检测

4. 检测要求

检测孔中心距离,并与标准值核对。

(六)制动缸缓解弹簧自由高样板(图 3-108)

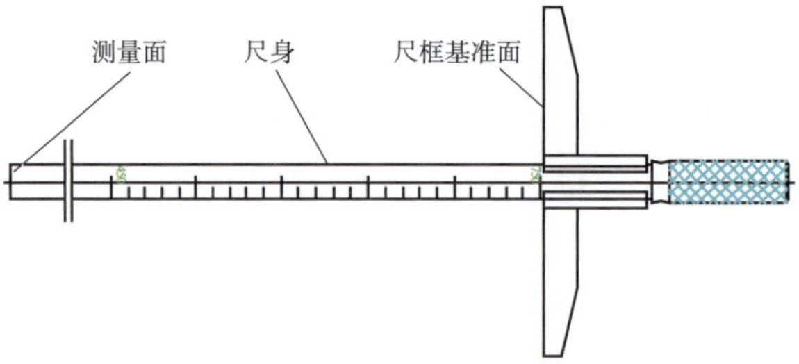

图 3-108　制动缸缓解弹簧自由高样板

1. 检测部位

制动缸缓解弹簧自由高检测。

2. 检修限度(段修)(表 3-1)

表 3-1　检修限度

单位:mm

制动缸规格	钢丝外径	自由高度	自由状态高度差
254×254(密封式) 356×254(HT)	ϕ12	498	−40
305×254(密封式)	ϕ11	571	−40
356×254(苏式)	ϕ11	665	−60
356×254(密封式) 356×254(HT) 254×254(密封式)	ϕ10	555.4	−40

3. 检测方法

使用样板前先检查确认校验合格证是否齐全(检验日期在有效期内),确认性能状态良

好；将被测弹簧立置于平台，尺框基准面与弹簧端面贴靠，移动尺身，使其测量面与平台接触，尺框基准面所对应刻度为弹簧自由高。

制动缸缓解弹簧自由高检测如图 3-109 所示。

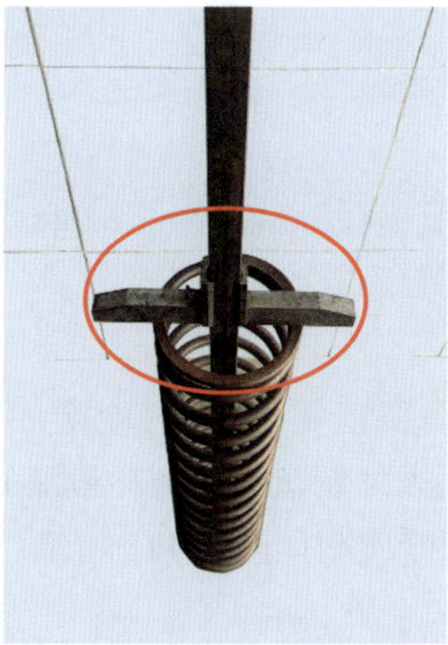

图 3-109 各型制动缸缓解弹簧自由高检测

4. 检测要求

自由状态(零载荷)下，测量缓解弹簧的高度。

(七)KZW 系列支架孔内径磨耗综合样板(图 3-110)

1. 检测部位

KZW 系列支架孔内径磨耗检测。

2. 检修限度(段修)

KZW-4 型支架内孔磨耗，原形 ϕ36 mm，段修≤1 mm，KZW-4G、KZW-A、KZW-4GA 型支架内孔磨耗，原形 ϕ25 mm，段修≤1 mm。

3. 检测说明

使用样板前先检查确认校验合格证是否齐全(检验日期在有效期内)，确认性能状态良好；用量规 37Z 端或 26Z 端分别垂直插入支架内孔，深入孔内 10 mm 无法停滞，磨耗超限。

KZW 系列支架孔内径磨耗深度检测如图 3-111 所示。

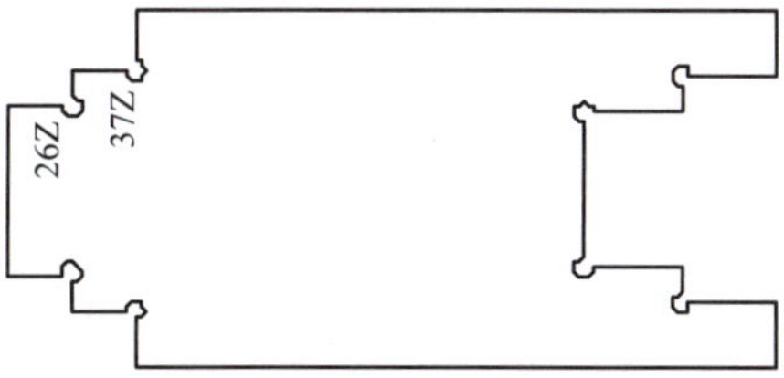

图 3-110 KZW 系列支架孔内径磨耗综合样板

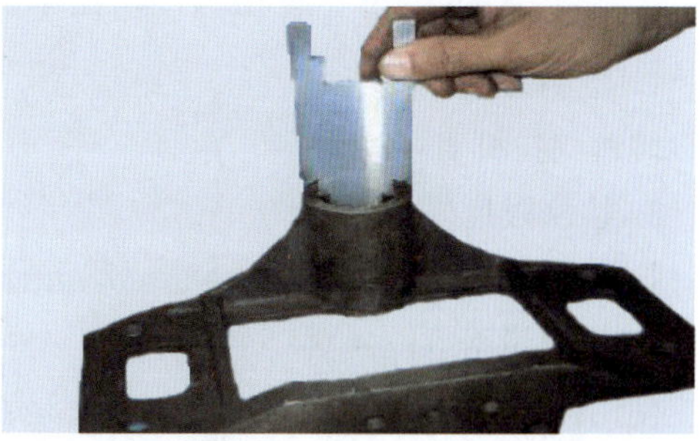

图 3-111 KZW 系列支架孔内径磨耗深度检测

4. 检测要求

深入孔内 10 mm，检测支架内孔最大直径。

（八）KZW 系列抑制盘柱面磨耗样板（图 3-112）

1. 检测部位

KZW 系列抑制盘柱面磨耗检测。

2. 检修限度（段修）

KZW-4 型抑制盘柱面磨耗原形 $\phi36$ mm，段修≤1 mm，KZW-4G、KZW-A、KZW-4GA 型抑制盘柱面孔磨耗原形 $\phi25$ mm，段修≤1 mm。

3. 检测说明

使用样板前先检查确认校验合格证是否齐全（检验日期在有效期内），确认性能状态良好；用量规 35Z 端或 24Z 端分别插入抑制盘柱面磨耗最深处，插入量超半径磨耗超限。

KZW 系列抑制盘柱面磨耗深度检测如图 3-113 所示。

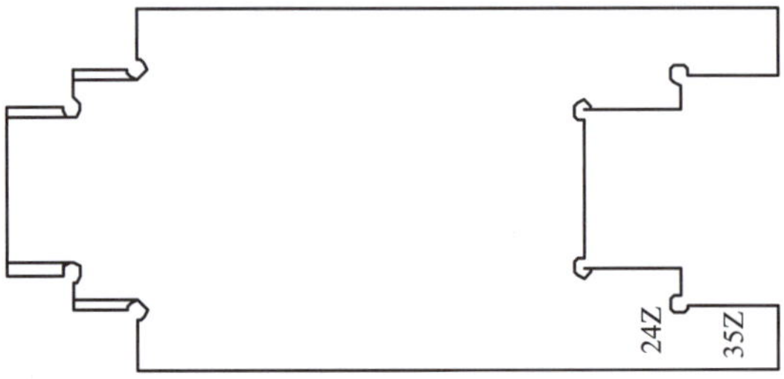

图 3-112　KZW 系列抑制盘柱面磨耗综合样板

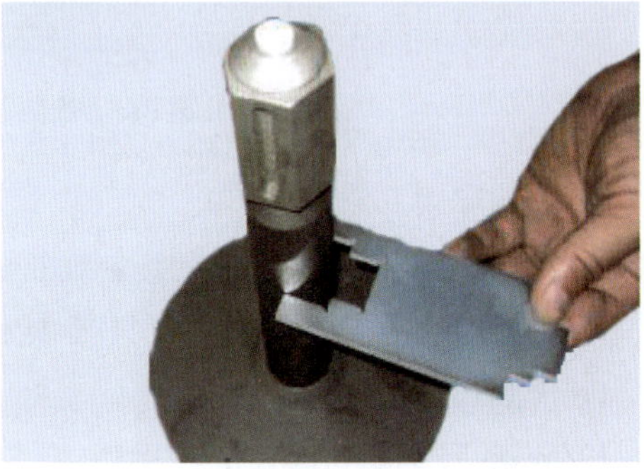

图 3-113　KZW 系列抑制盘柱面磨耗深度检测

4. 检测要求

沿轴向检测抑制盘柱面直径最小剩余量。

（九）缓解阀拉杆直径检测样板（图 3-114）

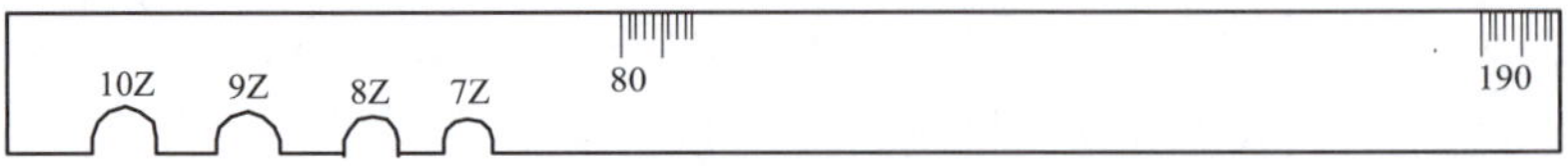

图 3-114　缓解阀拉杆直径检测综合样板

1. 检测部位

缓解阀拉杆直径检测。

2. 检修限度（段修）

拉杆直径原形 $\phi10$ mm，段修≥$\phi7$ mm。

3. 检测说明

使用样板前先检查确认校验合格证是否齐全（检验日期在有效期内），确认性能状态良好；用量规 7Z 端插入缓解阀拉杆直径磨耗最深处，插入量超半径，磨耗超限。

拉杆直径磨耗检测如图 3-115 所示。

图 3-115 半制动缓解阀拉杆直径磨耗检测

(十)人力制动轴链和拉杆链直径磨耗样板(图 3-116)

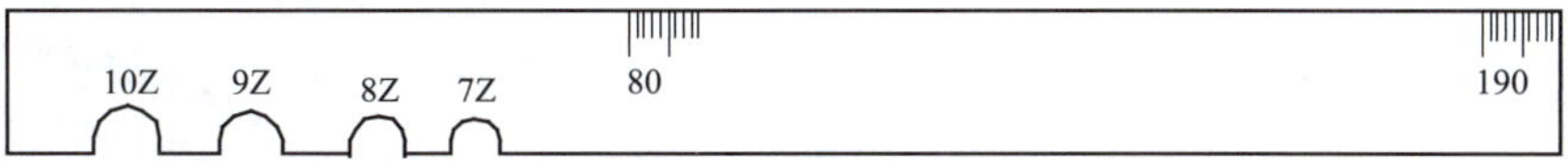

图 3-116 人力制动轴链和拉杆链直径磨耗综合样板

1. 检测部位

人力制动轴链和拉杆链直径磨耗检测。

2. 检修限度(段修)

NSW 型制动链环磨耗原形 ϕ12 mm,段修≤3 mm。其他链环直径磨耗原形 ϕ10 mm 时,段修≤2 mm,原形 ϕ12 mm 时,段修≤2 mm。

3. 检测说明

使用样板前先检查确认校验合格证是否齐全(检验日期在有效期内),确认性能状态良好;用量规 9Z 插入 NSW 型制动链环直径磨耗最大处,或量规 10Z、8Z 端径向插入其他链环直径磨耗最大处,插入量超链环半径,为磨耗超限。

人力制动轴链和拉杆链直径磨耗深度检测如图 3-117 所示。

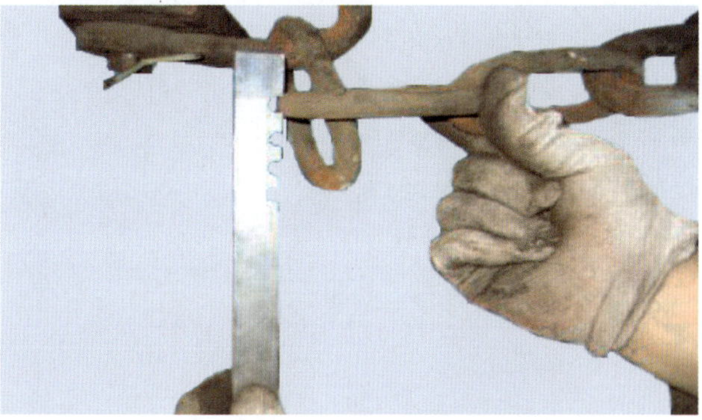

图 3-117 人力制动轴链和拉杆链直径磨耗深度检测

4. 检测要求

检测链环圆钢的最小剩余直径。

(十一)制动软管外径膨胀样板(图 3-118)

1. 检测部位

制动软管外径膨胀检测。

2. 检修限度(段修)

水压试验时外径膨胀原形 ϕ53 mm,段修≤ϕ57 mm。

3. 检测说明

使用样板前先检查确认校验合格证是否齐全(检验日期在有效期内),确认性能状态良好;在制动软管进行水压试验时,用量规 57T 端插入制动软管膨胀最大处,通过为合格。

各型制动软管外径膨胀检测如图 3-119 所示。

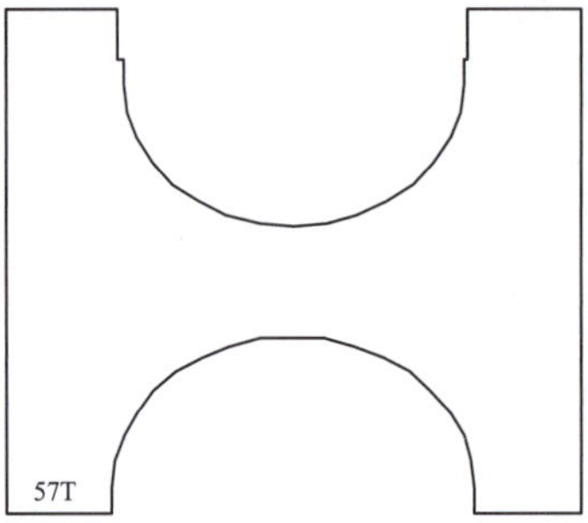

图 3-118 制动软管外径膨胀样板

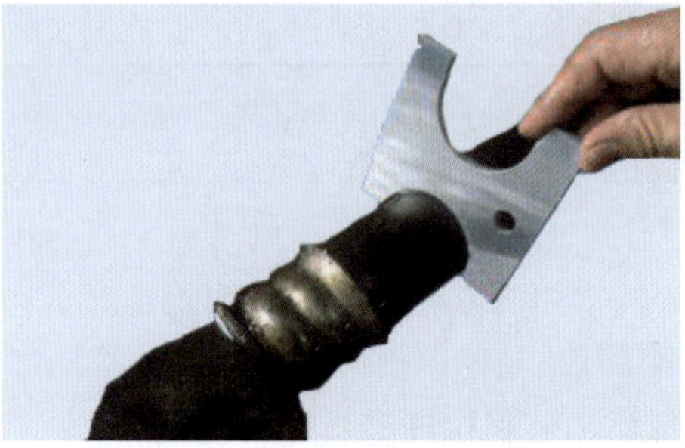

图 3-119 各型制动软管外径膨胀检测

4. 检测要求

在制动软管进行水压试验时,检测制动软管最大膨胀外径。

复习思考题

1. 简述车钩中心高度的检测要求。
2. 简述车钩全开位钩舌鼻部与钩腕内侧距离检测方法。
3. 上锁销杆磨耗及组成间隙检测样板主要用途是什么?
4. 简述组合式制动梁全长检测的检测要求。
5. 简述制动缸缓解弹簧自由高的检测要求。

第四章

铁路车辆钳工专用设备

为了确保车辆检修质量，车辆检修过程中作业者会使用大量的工装设备。下面按客车类设备、货车类设备板进行详细说明。

第一节 客 车 类

一、车体

(一)电动架车机

1. 设备用途

电动架车机用于架起车体，将车体与转向架进行分离，便于后续将转向架从车体下推出，如图 4-1 所示。

图 4-1 电动架车机

2. 注意事项

(1)在架车和落车过程中，车上车下严禁有人。

(2)托头上升或下降，不得利用限位自动停车。

(3)开动架车机前，必须按响电铃，发出警告信号。

(二)抛丸除锈机

1. 设备用途

抛丸除锈机用于对车体及转向架各组成部件进行打砂除锈，去除配件表面及内部油漆、锈垢，如图 4-2 所示。

图 4-2　抛丸除锈机

2. 注意事项

(1)除锈工作过程中，如出现大部件异响(如主除尘系统异响、抛丸器叶片破损、提升机异响或停止、输送器卡死或发出尖叫声)应立即按下紧急停止按钮，然后进入手动工作状态，将小车返回起始位，查明原因并排除故障后方可重新投入使用。

(2)如工件进入室体后不按程序进行抛丸除锈工作，首先检查相应位置的接近开关，确认故障后再按“PLC 复位”按钮，将工作状态转为手动状态，打开室门并将小车返回起始位(此时不必停止主除尘系统)，查明原因并排除故障后方可重新投入使用。

(3)提升机皮带轮轴润滑情况，每周应检查一次，其他润滑点每三个月检查一次，并加满润滑油。

(4)抛丸器叶片磨损出现裂纹、局部破裂时，及时更换。

(5)各处不得有漏洞、漏孔，以防钢丸溅出伤人。

(6)检查抛丸室门安全限位开关作用是否良好，否则必须修复安全限位开关并确认性能良好后方可投入使用。

(7)抛丸除锈物件总质量≤2 t，严禁超载。

二、转向架

(一)构架翻转机

1. 设备用途

构架翻转机用于对转向架构架进行翻转，便于对构架反面进行检修、组装作业，如图 4-3 所示。

图 4-3 构架翻转机

2. 注意事项

(1)非该设备操作人员严禁操控该设备。

(2)作业过程中,如发生液压油管等破裂并造成压力下降时,作业人员应当迅速离开工件至安全位置,在安全措施落实的情况下将工件放下。

(3)翻转作业过程中,如发现人员在构架转动范围或危及人员安全时,应当立即停止作业,直到危险消除方可继续作业。

(二)构架液压镶套机

1. 设备用途

构架液压镶套机用于对转向架构架衬套部位进行镶退套,如图 4-4 所示。

图 4-4 构架液压镶套机

2. 注意事项

(1)非该设备操作人员严禁操控该设备。

(2)严禁将手置于镶套装置的压头部位。

(3)作业过程中,如发生液压油管等破裂并造成压力下降时,作业人员应当迅速离开工件至安全位置,在安全措施落实的情况下将工件放下。

(三)客车钢弹簧分解机

1. 设备用途

钢弹簧分解机用于对转向架摇枕弹簧组成进行压缩,从而对摇枕弹簧组成进行分解,如图 4-5 所示。

图 4-5　客车钢弹簧分解机

2. 注意事项

(1)非该设备操作人员严禁操控该设备。

(2)严禁将手置于装置的压头部位。

(3)作业过程中,如发生液压油管等破裂并造成压力下降时,作业人员应当迅速离开工件至安全位置,在安全措施落实的情况下将工件放下。

(4)分解前需确保弹簧摆放正位。

(四)客车钢弹簧组装机

1. 设备用途

钢弹簧组装机用于对摇枕弹簧进行压缩,便于对摇枕弹簧组成各配件进行组装,如图 4-6 所示。

图 4-6 客车钢弹簧组装机

2. 注意事项

(1)试验台面不得有杂物,弹簧放置必须平稳,以免试验时发生危险。

(2)压装时手必须离开弹簧,严禁将手放在弹簧任何位置,以免伤手。

(3)压力测试及组装前必须进行安全防护,以免弹簧伤人。

(五)客车钢弹簧试验机

1. 设备用途

钢弹簧试验机用于对弹簧承受压力性能进行压力试验,如图 4-7 所示。

图 4-7 客车钢弹簧试验机

2. 注意事项

(1)操作证者必须经过上岗培训,方可独立操作。

(2)操作者须保证弹簧防护筒内清洁,安装牢固。

(3)试验机上不可放置重物及腐蚀性物质。

(4)试验时,须保证弹簧放置平稳。

(六)转向架压磅试验机

1. 设备用途

转向架压磅试验机用于对 25T 型车转向架轴箱弹簧进行压缩,便于后续轴箱定位转臂的组装,如图 4-8 所示。

图 4-8　转向架压磅试验机

2. 注意事项

(1)操作证者必须经过上岗培训,方可独立操作。

(2)推送转向架时必须将压头升到最高位置,防止碰撞设备。

(3)非该设备操作人员严禁操控该设备。

(七)空气弹簧试验机

1. 设备用途

空气弹簧试验机用于对空气弹簧各项性能参数及漏泄情况进行试验,如图 4-9 所示。

图 4-9　空气弹簧试验机

2. 注意事项

(1)风源风压必须≥600 kPa。

(2)操作过程中,注意观察空气弹簧外观的变化,如存在裂纹或鼓化,应当立即停止试验并进行排风处理,在测试过程中,由于空气弹簧带压力严禁进行上升操作。

(八)制动梁镶套机

1. 设备用途

制动梁镶套机用于对206G、209T型转向架制动梁端轴衬套部分进行更换,如图4-10所示。

图4-10 制动梁镶套机

2. 注意事项

(1)非该设备操作人员严禁操控该设备。

(2)严禁将手置于镶套装置的压头部位。

(3)作业过程中,如发生液压油管等破裂并造成压力下降时,作业人员应当迅速离开工件至安全位置,在安全措施落实的情况下将工件放下。

(九)上拉杆及制动梁拉力试验台

1. 设备用途

上拉杆及制动梁拉力试验台用于对206G、209T型转向架制动梁、上拉杆配件的承受拉力的能力进行试验,如图4-11所示。

图4-11 上拉杆及制动梁拉力试验台

2. 注意事项

(1)使用前检查拉力连接头是否作用良好,保证无破损且连接牢固。

(2)使用时先进行点动检查压力表是否作用良好,如不良及时更换。

三、车钩缓冲装置

(一)客车车钩分解组装叉车

1. 设备用途

客车车钩分解组装叉车用于拆、装 15 号车钩缓冲装置,如图 4-12 所示。

图 4-12　客车车钩分解组装叉车

2. 注意事项

(1)持证上岗。

(2)驾驶前检查车辆各重要部位,确保整车状态良好。

(3)驾驶时应严格控制行车速度,严禁超速。

(4)使用液压系统时,注意观察液压表,不能超限。

(5)驾驶后将车开至停车点,挂空挡,拉手刹,熄火并拔出钥匙进行保管。

(二)车钩缓冲装置拆装叉车

1. 设备用途

车钩缓冲装置拆装叉车用于拆、装带污物箱的客车 15 号车钩缓冲装置,如图 4-13 所示。

图 4-13　车钩缓冲装置拆装叉车

2. 注意事项

(1)持证上岗。

(2)驾驶前检查车辆各重要部位,确保整车状态良好。

(3)驾驶时应严格控制行车速度,严禁超速。

(4)使用液压系统时,注意观察液压表,不能超限。

(5)驾驶后将车开至停车点,挂空挡,拉手刹,熄火并拔出钥匙进行保管。

(三)缓冲器分解压力机

1. 设备用途

缓冲器分解压力机用于分解 1 型、G1 型缓冲器,如图 4-14 所示。

2. 注意事项

(1)定期对设备进行维护保养。

(2)使用液压系统时,注意观察液压表,不能超限。

(3)缓冲器外壳分解后,放下防护罩,缩回压力机,通过防护罩前孔,用专用工装将内、外环弹簧依次取下。

(4)工作后,关闭油泵,切断电源。

(四)缓冲器组装压力机

1. 设备用途

缓冲器组装压力机用于组装 1 型、G1 型缓冲器,如图 4-15 所示。

图 4-14 缓冲器分解压力机

图 4-15 缓冲器组装压力机

2. 注意事项

(1)定期对设备进行维护保养。

(2)使用液压系统时,注意观察液压表,不能超限。

(3)缓冲器组装合格后,缩回压力机,确保推送带上无异物。

(4)工作后,关闭油泵,切断电源。

(五)缓冲器环形弹簧清洗机

1. 设备用途

缓冲器环形弹簧清洗机用于清洗缓冲器内环形弹簧、外环形弹簧、半环形弹簧,如图 4-16 所示。

图 4-16 缓冲器环形弹簧清洗机

2. 注意事项

(1)定期对设备进行维护保养。

(2)设备运行前,确认清洗机盖安装螺栓紧固。

(3)设备运行中,不要靠近清洗机,谨防清洗机转动碰伤。

(4)清洗结束后,先关闭电源,再打开清洗机盖取出环形弹簧。

(六)车钩三态试验线

1. 设备用途

车钩三态试验线用于试验 15 号车钩开锁、闭锁、全开三个状态,如图 4-17 所示。

图 4-17 车钩三态试验线

2. 注意事项

(1)应随时观察传送带链条有无松动,发现松动及时拧紧以免脱落伤人。

(2)传送带链条和钩提杆转动部位应定期润滑,以免干摩擦。

(3)车钩检修输送线在运转过程中,禁止人进入车钩检修输送线工作区域。

(七)密接式车钩尾销分解机

1. 设备用途

密接式车钩尾销分解机用于分解密接式车钩钩尾销,如图 4-18 所示。

图 4-18 密接式车钩尾销分解机

2. 注意事项

(1)定期对设备进行维护保养。

(2)使用前检查液压油量、油缸、管路及各机械机构。

(3)密接钩安装座固定在设备上,压力机与钩尾销必须对中。

(4)使用液压系统时,注意观察液压表,不能超限。

(5)工作后,关闭油泵,切断电源。

(八)密接式车钩试验台

1. 设备用途

密接式车钩试验台用于试验密接式车钩连挂、解钩试验,如图 4-19 所示。

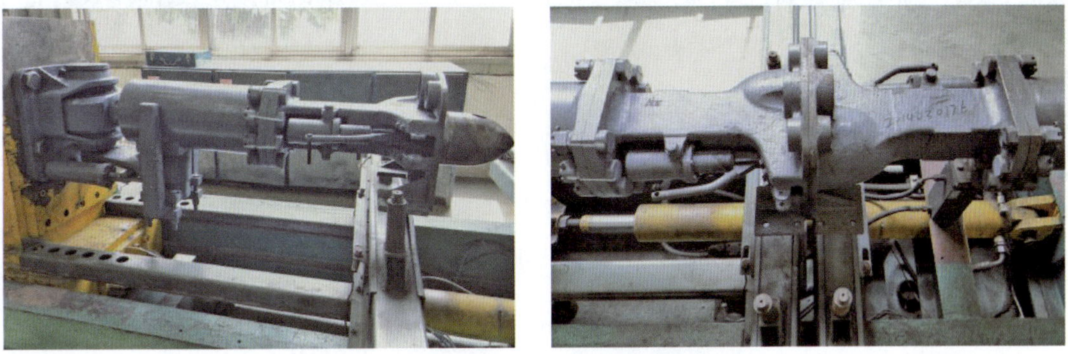

图 4-19 密接式车钩试验台

2. 注意事项

(1)定期对设备进行维护保养。

(2)试验前检查液压油量、各油缸、管路及各机械机构。

(3)试验前将密接钩吊上试验台并进行固定。

(4)试验过程中,不能接触、移动密接钩。

(5)如有紧急情况,马上按“急停按钮”。

(九)密接钩拆装机

扫一扫

视频：密接式车钩连挂、分离

1. 设备用途

密接钩拆装机用于拆、装密接式车钩,如图 4-20 所示。

2. 注意事项

(1)持证上岗。

(2)驾驶前检查车辆各重要部位,确保整车状态良好。

(3)驾驶时应严格控制行车速度,严禁超速。

(4)使用液压系统时,注意观察液压表,不能超限。

(5)驾驶后将车开至停车点,挂空挡,拉手刹,熄火并拔出钥匙进行保管。

四、制动装置

(一)普通型单车试验器

1. 设备用途及构成

(1)普通型单车试验器(图 4-21)用于客车单车制动机及管路系统漏泄试验。

(2)普通型单车试验器主要由连接风管、远芯集尘器、排风塞门、给风阀、双针压力表、回转阀及构架组成,为手动回转阀式单车试验器。

图 4-20　密接构拆装机

图 4-21　普通型单车试验器

2. 注意事项

(1)连接风管应无破损、漏泄,进行连接时必须卡紧,确认连接良好。

(2)回转阀和管接头应无漏泄,压力表无过期,使用前打开排风塞门排除积水。

(二)微控型单车试验器

1. 设备用途及构成

(1)微控型单车试验器(图 4-22)可通过操作控制面板对客车各型制动机性能进行自动或手动试验,并能实时保存试验数据,便于质量追溯。

(2)微控型单车试验器集风动、微机、电气三部分为一体,主要由壳体、软管及连接器、电动气控阀、压力传感器、PLC 控制系统、触摸显示屏、存储器、压力表、蓄电池等组成。

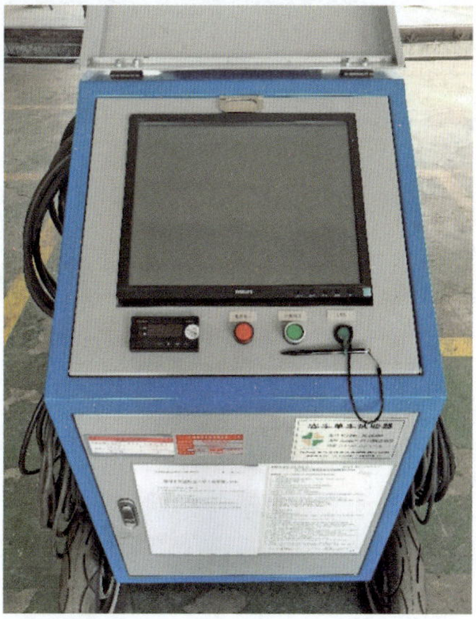

图 4-22 微控型单车试验器

2. 注意事项

(1)使用前应检查电缆和连接头状态良好,风管无破损,仪表无过期。

(2)需进行日常机能试验,合格后方可使用。

(3)各单车试验器的传感器不能混用,如果必须更换传感器,应对传感器进行校零、定标。

(4)操作触摸屏时手上不能有油污,不能用力过大。

第二节 货 车 类

一、车体

(一)整形调梁机(图 4-23)

1. 设备用途及构成

(1)TLJ-C 型货车综合调梁机是铁路货车车辆段(车辆厂)对敞车、棚车等车体外形进行调修整形的机械化设备,它具有生产效率高、调修质量好、操作方便等优点,并能兼顾牵引车辆功能,减轻操作人员的劳动强度。

(2)调梁机主要由龙门机架、液压系统、卷扬机构、走行机构、电控系统等部分组成。

图 4-23　整形调梁机

2. 注意事项

(1)卷扬机钢丝绳经常要求处于拉紧状态。当横梁在下方死点位置时要保证横梁与下托板有 2～5 mm 间隙,这样才能使钢丝绳处于拉紧状态,避免卷筒产生缠绕。

(2)在设备行走前必须先检查横梁是否在最上位,横梁闭锁装置处于闭锁状态,边梁油缸活塞杆处于退回死点状态。

(3)设备工作完成后,必须移动至调梁棚内存放,以免因天气或者特殊情况使设备处于不利状态,造成损害或者影响使用寿命。

(二)车体整形机(图 4-24)

(a)

(b)

图 4-24　车体整形机

1. 设备用途及构成

(1)车体整形机为框架式结构,中间部位为中空设计,叉车司机在操作设备时具有良好的视线,同时有利于观察设备整体运行情况和车体详细整形情况。

(2)车体整形主要分为4部分:移动载体、整形主体部分、动力驱动系统、操作系统。

2. 注意事项

(1)做好车体整形机的班后保养。

(2)停机,拔出钥匙,将车体整形机放至指定位置。

(3)出车前做好车况检查,确保车体整形机状态良好。

(4)驾驶时应严格控制行车速度,严禁超速。

(5)驾驶过程中应随时注意周围状况。

(三)整车抛丸除锈机(图4-25)

图4-25 整车抛丸除锈机

1. 设备用途及构成

整车抛丸除锈机有除锈、清洗、表面处理、增加粗糙度的效果,可以有效地增加金属表面的粗糙度、强度和硬度,增加表面的接触面积,提高金属材料的机械性能和耐磨性能。该设备由抛丸室体、丸料循环系统、除尘系统、吊运大车、电控系统等几大部分组成。

2. 注意事项

(1)为使整个设备实时处于正常工作状态,要定期检查电器元件的工作情况。和起吊小车运行有关的行程开关,应做到每班工作前首先检查,正常后才能进行工作。

(2)总操作台上装的累时器记录下抛丸器实际工作的时间,这为更换抛丸叶片、护板和整台设备的维修提供依据。

(3)自动抛打时注意监视各抛头电流表的数值,如发现电流值明显变小,则说明该抛头砂量不足,可能是砂闸没有打开,应停机检查。

(四)罐车洗灌设备(图 4-26)

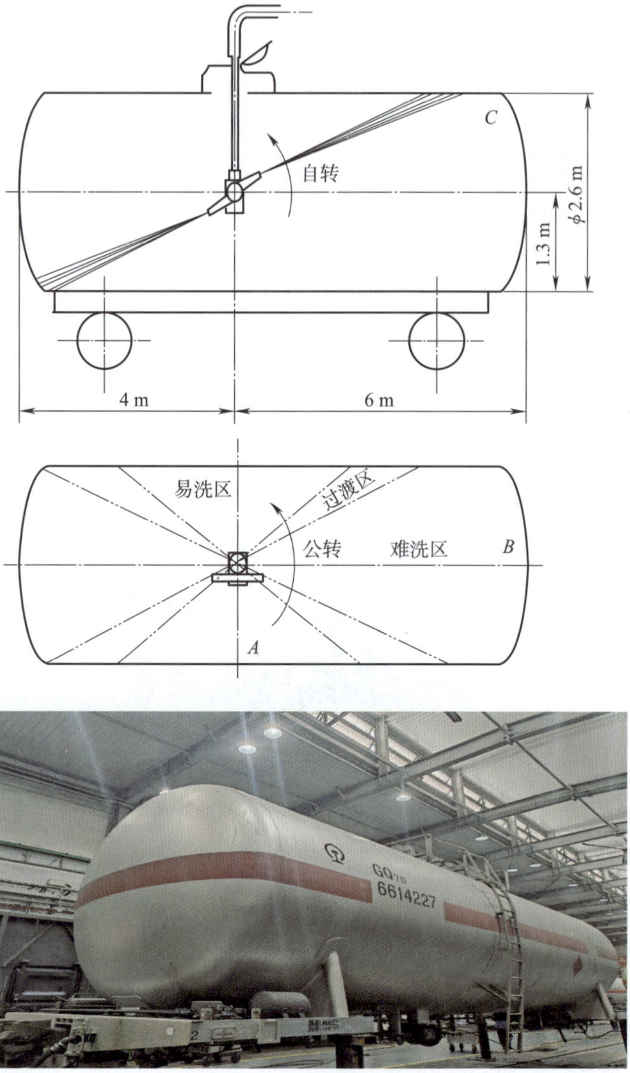

图 4-26　罐车洗灌设备

1. 设备用途及构成

BS-198 型自动洗罐器是用于铁路罐车内壁清洗的一种自动喷射装置，是为铁路罐车自动清洗而研制的一种崭新科研成果。可根据罐车形状，自动调节出快、中、慢三种不同速度冲洗罐壁，将罐车内壁清洗干净。

2. 注意事项

(1)管道前应有过滤装置，以免大量杂质污物进入洗罐器，损坏轴封零件和喷嘴。

(2)需要检修拆卸洗罐器自转部分内部各零件时，必须首先用螺钉将回转体和空心轴固定。

(3)洗罐器检修后组装时,应注意各接触面的密封性。装好密封圈后,各传动部件须十分灵活,并用水压做试验运转,运转正常,性能良好方可工作。

(4)洗罐器齿轮箱用 20 号机械油润滑,装油高度应在红线标位处。累计使用一星期后,须换油一次,长期保存后重新使用时,也须更换新油。

(5)发现洗罐器排泄孔大量喷射水柱时,应对端面密封进行检查。检查维修时,应特别注意阀口,不得损伤,动环密封圈不得过松过紧,以弹簧自动推出为宜。

(五)棚顶漏雨试验设备(图 4-27)

(a)

(b)

图 4-27 棚顶漏雨试验设备(含车辆限界)

1. 设备用途及构成

设备包括正面喷淋机构、干燥装置、挡水板,喷淋架左右两端安装正面喷淋机构,挡水板安装固定在喷淋架的侧面和顶面形成喷淋室,喷淋室出口位置安装干燥装置。

2. 注意事项

(1)操作者穿戴好规定的劳动防护用品。

(2)对设备各润滑点进行认真检查,根据润滑要求进行润滑。

(3)检查各压力表是否良好,检验是否符合规定,检查管路是否漏泄,水泵工作是否良好。

(4)检查水箱水位是否符合要求。各电源插头、接线端口是否完好,有无松动。

(5)检查电机、配电箱、接地线、导线是否良好,电压是否正常。

二、转向架

(一)悬挂式转向架检修线(图 4-28)

1. 设备用途及构成

(1)悬挂式转向架构架检修线采用空中检修、输送,适用于 60 t、70 t 等铁路货车转向架的检修和输送作业。主要包括整体环形构架体、旋转转盘、检修小车、地面操作台、检修小车故障检修区、互锁辅助装置、检修线供电及通信系统,如图 4-28 所示。

图 4-28　悬挂式转向架检修线

(2)检修小车用于实现吊挂构架进行检修线各工位转运，自带动力并具有独立的控制系统，如图 4-29 所示。根据检修工序需求可实现单个检修小车前进、后退运行。

(3)检修小车是由走行装置、提升装置、旋转装置、吊钩组、控制系统五大部件(模块)所组成。检修工位设有地面操作面板，用于提供对检修小车、旋转转盘、平移装置、地面检修设备的操作，操作面板包括触摸屏和操作按钮，如图 4-30 所示。

图 4-29　检修小车吊挂

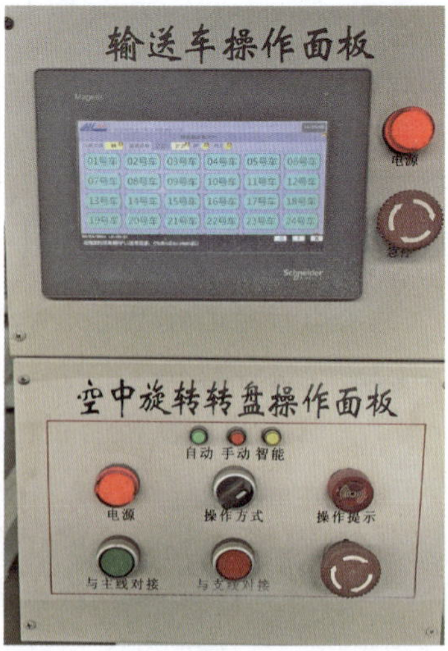

图 4-30　侧架移出装置操作面板

2. 注意事项

(1)在进行走行操作之前要确保本检修小车所吊挂的构架已经脱离地面设备及在检修小车行走方向上无障碍，以免在走行过程中造成人员或设备的伤害。

(2)检修小车在走行的过程中严禁工人进行构架的分解、组装等工作，两人以上同时在一个工位作业时，必须呼唤应答，以免设备移动时造成人员伤害。

(3)检修小车在走行的过程中严禁工人进行构架的分解、组装等工作，在工作工程中操作者位于检修流水线的两外侧，两人以上同时在一个工位作业时，必须呼唤应答，以免设备移动时造成人员伤害。

(4)在进行走行、旋转、升降操作之前确保本检修小车卡爪与摇枕完全卡紧到位或完全松开到位，所吊挂的构架已经脱离地面设备及在检修小车操作范围内无障碍及其他工作人员。

(二)摇枕、侧架整体翻转检查机(图 4-31)

图 4-31 摇枕、侧架翻转机

1. 设备用途及构成

摇枕、侧架翻转机主要由撑紧装置、旋转装置及液压系统等组成。用于翻转侧架，以便于检查摇枕、侧架、交叉支撑装置底部裂纹、磨耗状况。

2. 注意事项

(1)经考试合格并取得设备操作证者，方准进行操作。操作者必须严格遵守有关安全、交接制度。

(2)检查各部位的润滑应达到规定要求，未达到应按设备并严格按照润滑规定进行传动机构油润。

(3)打开总电源，并检查传输线上是否有障碍物，确认良好，再行启动设备。每次启动，应等待无异常现象后，再操作。

(4)当流水线移动时，严禁操作本设备。

(5)设备工作时，不得用手或物体触摸运动物体，以免损伤设备或发生意外。

(三)转向架正位检测机(图 4-32、图 4-33)

图 4-32 正位检测组装台

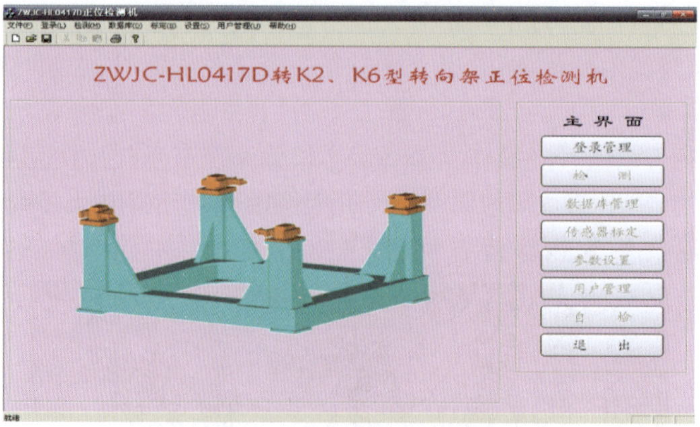

图 4-33　正位检测程序主界面

1. 设备用途及构成

(1)ZWJC-HL0417D 型转 K2、K6 正位检测组装台。其中在四个定位墩上设计了导框定位检测台,用来对侧架导框进行定位和对导框各个尺寸进行测量。

(2)每个检测台位上有三个位移传感器。

(3)沿水平方向安装了一个差动式位移传感器,传感器采用气缸带动进行测量,在垂直方向上也安装了两个差动式位移传感器,由气缸带动运行进行测量。

2. 注意事项

(1)操作者必须严格遵守有关安全、交接制度。操作者必须严格遵守有关安全、交接班等制度。

(2)设备使用前应按照说明书上的标定说明进行定期标定。

(3)检查检测头上的各传感器是否都缩回到位。

(4)检查四个检测头台面,清除杂物,以免妨碍工作。

(5)确认各部无异常后,即可进入工作。

(四)制动梁自动检测机(图 4-34)

图 4-34　制动梁自动检测机

制动梁自动检测机可检测制动梁全长、瓦托中心距、瓦托中心偏差、瓦托对角扭曲等各种参数。同时该机还具有完善的自诊断功能，方便判断和排除故障。

1. 设备用途及构成

制动梁自动检测机是用来对制动梁几何尺寸及形状参数进行自动检测的设备。制动梁自动检测机主要由机械及执行机构、控制与测量系统、人机交互系统几个部分组成。

2. 注意事项

在手动操作时，必须保证按照顺序完成上步操作后，然后操作下次操作。不要同时连续按下几个按钮，需等上一个动作彻底完成以后才点其他按钮。

三、车钩缓冲装置

（一）车钩分解机（图 4-35、图 4-36）

图 4-35　车钩分解机

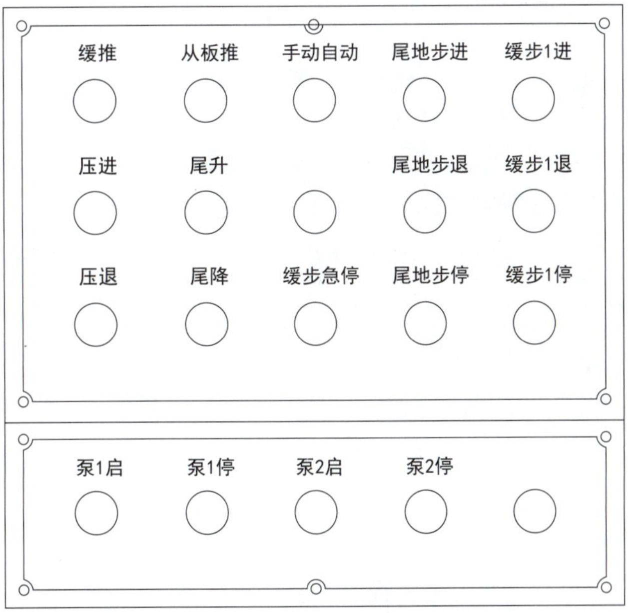

图 4-36　车钩分解机按钮盘

1. 设备用途及构成

车钩分解机用于 13 号、17 型钩缓装置的分解。该设备由主机架、缓冲器推出装置、从板推出装置、钩头移送装置、液压站、电控柜等组成，采用正分解方式。

2. 注意事项

(1)定期察看液压站油标位置，油不够时及时加油，添加 46 号耐磨液压油。每半年换一次过滤合格的油；每年清洗一次液压系统，严禁超压工作。

(2)当步进线自动失灵时，查看行程开关是否损坏及时修复。

(3)当手按某处按钮，对应缸活塞不动作时，先查看电气系统，再查看液压系统，最后查找机械系统。

(二)车钩组装机(图 4-37、图 4-38)

图 4-37　车钩组装机

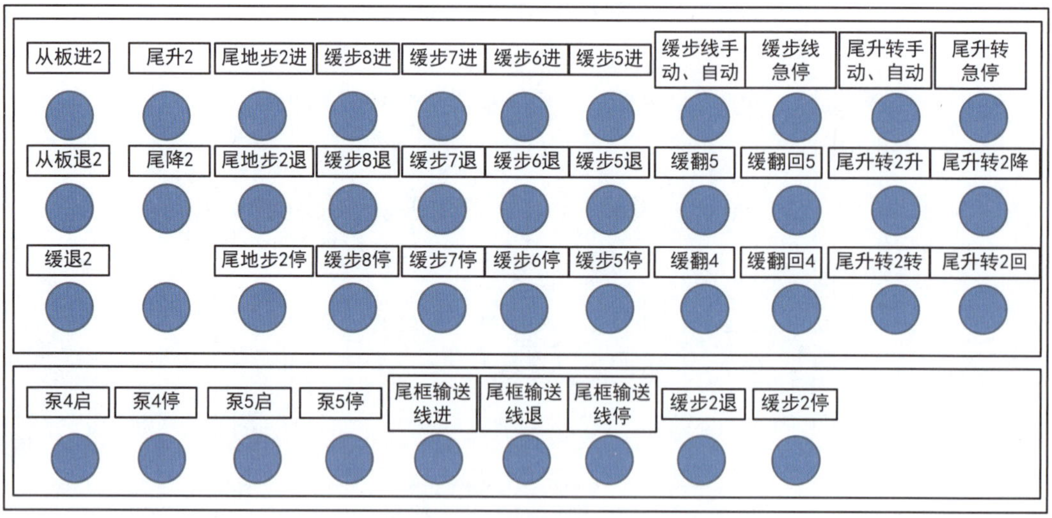

图 4-38　车钩组装机操作按钮盘面板

1. 设备用途及构成

17 型车钩组装机用于 17 型钩缓装置的组装。该设备由主机架、缓冲器推入装置、从板推入装置、液压站、电控柜等组成。

2. 注意事项

(1)定期检查液压站油标位置,油不够时及时加油,添加 46 号耐磨液压油。每半年换一次过滤合格的油;每年清洗一次液压系统,严禁超压工作。

(2)当步进线自动失灵时,查看行程开关是否损坏及时修复。

(3)当手按某处按钮,对应缸活塞不动作时,先查看电气系统,再查看液压系统,最后查找机械系统。

(三)缓冲器翻转压力机(图 4-39、图 4-40)

图 4-39 缓冲器翻转压力机

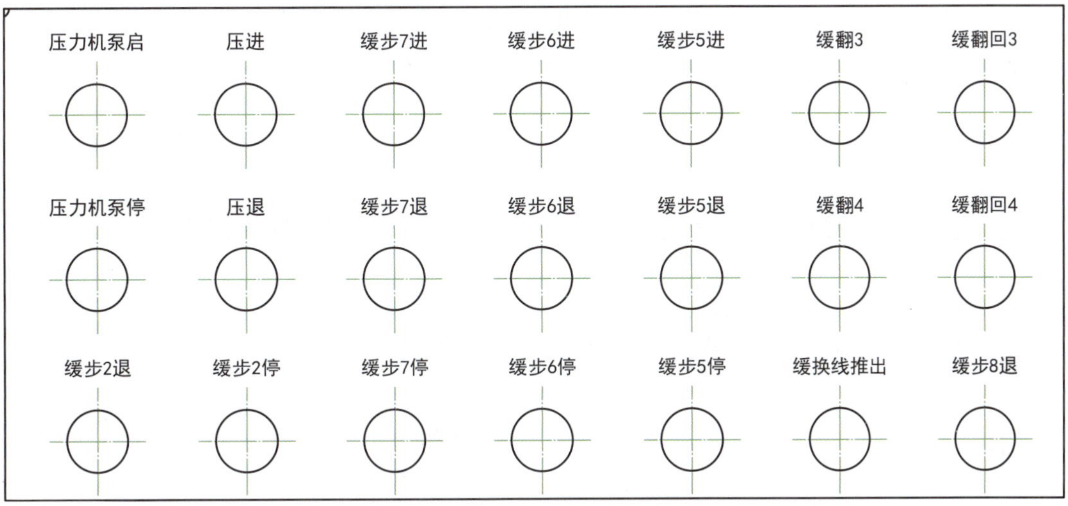

图 4-40 缓冲器翻转压力机操作按钮盘面板

1. 设备用途及构成

缓冲器翻转压力机用于 MT 型缓冲器更换缩短销。该设备由机体、压头、电控检测装置、液压站等组成。

2. 注意事项

(1)定期察看液压站油标位置,油不够时及时加油,添加 46 号耐磨液压油。每半年换一次过滤合格的油;每年清洗一次液压系统,严禁超压工作。

(2)当步进线自动失灵时,查看行程开关是否损坏及时修复。

(3)当手按某处按钮,对应缸活塞不动作时,先查看电气系统,再查看液压系统,最后查找机械系统。

(四)三态试验小车(图 4-41)

图 4-41　三态试验小车

1. 设备用途及构成

(1)三态试验小车用于车钩三态试验用。三态试验小车主要由支架、钩提杆、滑轮、轴承、轴及工字钢组成,如图 4-42 所示。

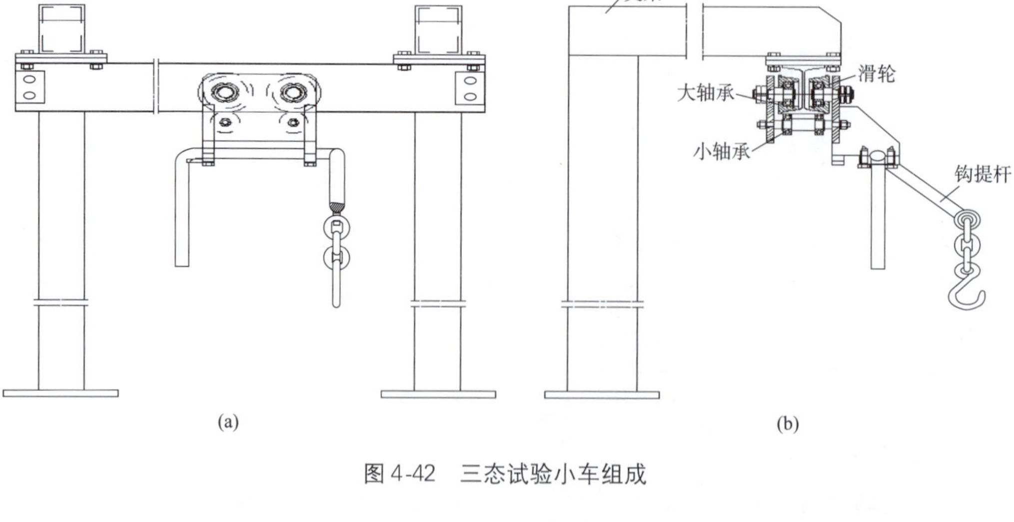

图 4-42　三态试验小车组成

(2)滑轮和小轴承在工字钢上滚动到合适位置时停止,钩提杆钩住锁销即可进行三态试验，如图 4-43 所示。试验完后钩提杆的环链应挂到工字钢上，以免与钩体线干涉，更不要忘了摘下钩提杆的钩，否则钩体线运转起来就会损坏设备。

图 4-43　三态试验小车运行

2. 注意事项

(1)应随时观察滑轮及螺母有无松动，发现松动及时拧紧以免脱落伤人。

(2)轴承和钩提杆转动部位应定期润滑，以免干摩擦。

(3)车钩检修输送线在运转过程中，禁止人进入车钩检修输送线工作区域。

四、制动装置

(一)微控单车试验器(图 4-44)

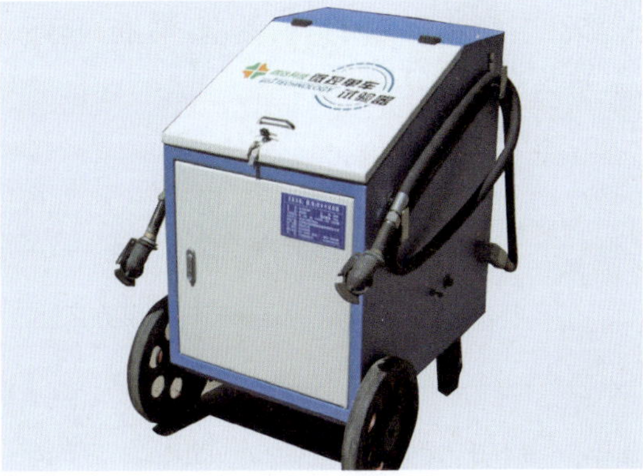

图 4-44　微控单车试验器

1. 设备用途及构成

(1)微控单车试验器是铁路车辆专用的试验设备，可对装有 K1、K2、GK、103、120 型制动阀车辆的制动机进行试验。

(2)微控单车试验器主要由壳体、软管及连接器、电动气控阀、高精度压力传感器、PLC

控制系统、触摸显示屏、存储器、压力表、电瓶等组成。

2. 注意事项

(1)各单车的传感器不能混用,如果必须更换传感器,应对传感器进行校零、定标。

(2)每天使用前对传感器进行校零。

(3)试验器要定期做机能试验,合格后方可进行单车试验。

(4)因传感器需要预热,每天开机 15 min 后再校零、标定或试车。

(二)短尾钉铆接器(图 4-45)

图 4-45　短尾钉铆接器

1. 设备用途及构成

(1)短尾钉铆接器适用于短尾铆钉的铆接和短尾铆钉套环的拆解破切。广泛应用在铁路货车 NSW、FSW 型人力制动机手盘、货车人力制动滑轮、控制杠杆与闸调器、上拉杆与前后自动杠杆、固定杠杆、游动杠杆与自动梁支柱及中拉杆间的连接紧固。

(2)铆接器主要由外套头、连接外套、抓钉杆、活塞、油缸、套环、后套、吊环、电气按钮等组成,并配备提供动力的泵站及连接软管。

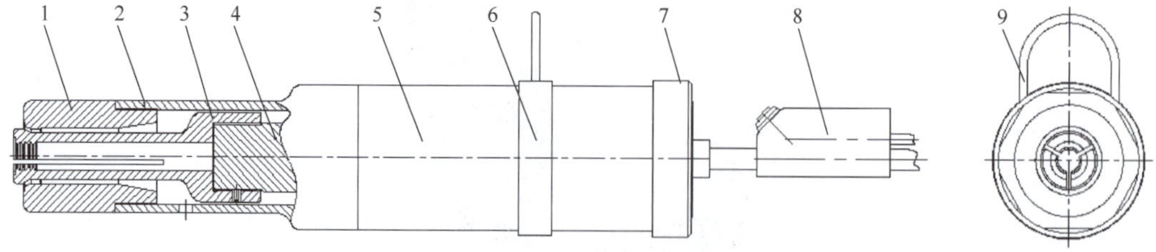

1—外套头;2—连接外套;3—抓钉杆;4—活塞;5—油缸;6—套环;7—后套;8—吊环;9—电气按钮。

图 4-46　铆枪分解图

(3)按住铆接器拉钉按钮,在液压力作用下拉动抓钉杆,使外套向前挤压铆钉套环使之发生形变。铆接到位后松开拉钉按钮,当外套从套环上完全退出,完成一次铆接循环。

2. 注意事项

(1)操作时铆接器枪口不能面对着人,枪尾部不能正对操作者身体,要与身体偏离一定角度,以免异常事故导致伤人事件。

(2)铆接过程中,严禁操作者用手触摸铆接器枪头部位。

(3)液压管为超高压软管,使用过程中尽量拉直,切不可折弯、扭曲。

(三)TYZ 型制动缸试验台(图 4-47)

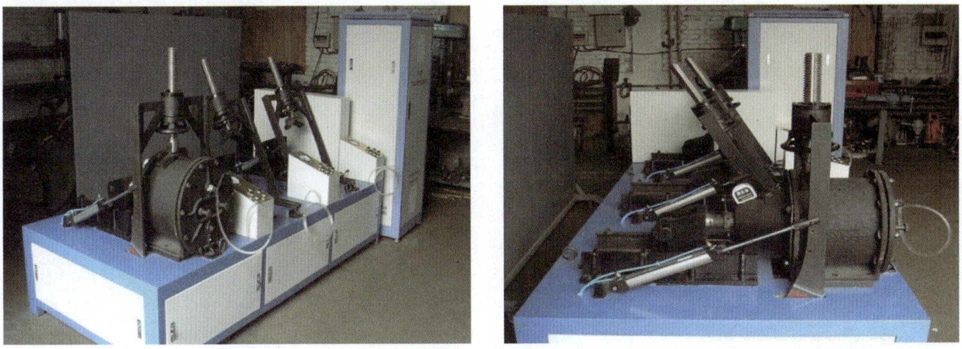

(a) (b)

图 4-47 TYZ 型制动缸试验台

1. 设备用途及构成

(1)TYZ 型制动缸试验台主要由机械部分、计算机硬件控制部分、软件部分组成。

(2)机械部分包括工作台、液压泵站、电磁阀、风管路。

(3)计算机硬件控制部分包括压力传感器、PLC、计算机;软件部分主要包括采用 VB 语言编制的控制主程序。

(4)压力传感器进入 PLC 系统的模拟输入模块(231)后,再将电信号转换为计算机可以识别的数字信号,通过通信电缆传入计算机,计算机得到信号后进行运算处理,并将处理后的信号反馈给 PLC,PLC 发送控制指令进一步控制试验系统中的电磁阀动作,从而完成阀的试验过程。工作原理如图 4-48 所示。

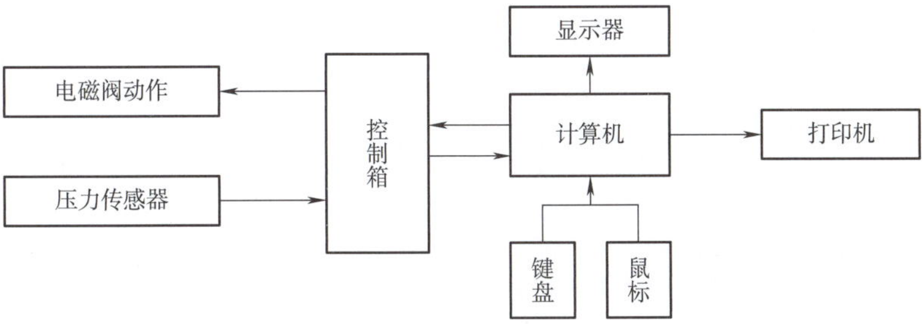

图 4-48 设备工作原理示意

2. 注意事项

(1)手动试验时,要严格按照要求的操作顺序进行。

(2)夹持必须到位后,才能进行试验,否则可能造成设备及人员损伤。

(3)为保证充风压适当,需调整过滤减压阀到 615～625 kPa。一旦调整完毕,不能随意改动,如需调整请报维修人员。

复习思考题

1. 简述车体整形机工作原理。
2. 环形悬挂式转向架构架检修线适用于检修哪些型号的货车转向架？
3. 微控制动梁自动检测机可检测哪些数据？
4. 简述车钩组装机工作原理。
5. 简述短尾钉铆接器主要构成。
6. 简述电动驾车机的作用。
7. 简述客车钢弹簧试验机的作用。
8. 简述车钩三态试验台的作用。
9. 简述密接式车钩连挂试验机的作用。
10. 单车试验器的作用是什么？

第五章

铁路车辆钳工实作

车辆检修是安全生产的具体实作项目，作业人员务必要遵守相关的作业要求，确保安全生产的顺利进行。下面按客车类、货车类分别进行详细说明。

第一节　客　车　类

一、车体及车内配件检修

(一)客车架车作业

扫一扫

文本：客车类铁路车辆钳工常见故障案例

1. 作业准备

(1)劳动防护用品穿戴：正确穿戴好工作服、工作帽、劳保手套、防砸鞋。工作服、工作帽、手套、鞋干净整洁。

(2)准备工量具：架车机、铁马、止轮器、扳手、钳子、手锤、撬棍。

2. 架车前准备

(1)分解人力制动机曲拐与拉杆间连接圆销、拉杆制动圆销、人力制动曲拐钢丝绳。

(2)将 SW-220K、PW-200K 型轴箱弹簧座上的防尘盖揭开，然后将工艺螺栓拧入弹簧夹板座上。

(3)分解车体与转向架间各金属软管、接地线、轴报线、速度传感器、人力制动装置连接件等连接部件。

(4)拆除一系垂向油压减振器和抗蛇行油压减振器，拆除牵引拉杆和横向油压减振器及抗侧滚拉杆连杆。

(5)分解车体上高度调整阀，拆除管路连接接头、调整杆座螺栓，取下高度调整杆及链。

3. 架车作业

(1)检查架车机的作用性能，确认良好后，方可架车。

(2)架车机须平稳、垂直并对正位置，确认顶镐升降方向一致，顶车处垫厚 20～50 mm 硬木板一块。

(3)指派专人按设备安全操作规程要求架车，作业人员不得少于三人，并由专人指挥架车作业。

(4)启动架车机时，须做好呼唤应答，保证同起同落。架车机升降时，工作人员不得离开岗位。

(5)架车达到适当高度后，关闭架车机。

(6)在做好安全防护工作后,作业人员拆除转向架防溜止轮器,将转向架推出,并移动至指定位置。

4. 车体落于铁马上

(1)将铁马置于车体规定部位。

(2)指派专人按设备安全操作规程要求落车,作业人员不得少于三人,并由专人指挥落车作业。

(3)车体落于铁马上,铁马四角不得跷脚,应平均落实,架车机下降至适当高度后,关闭架车机,架车机如图 5-1 所示。

图 5-1　客车架车机

5. 完工整理

收拾、保养工具设备。

(二)电控气动塞拉门试验

电控气动塞拉门结构示意如图 5-2 所示。

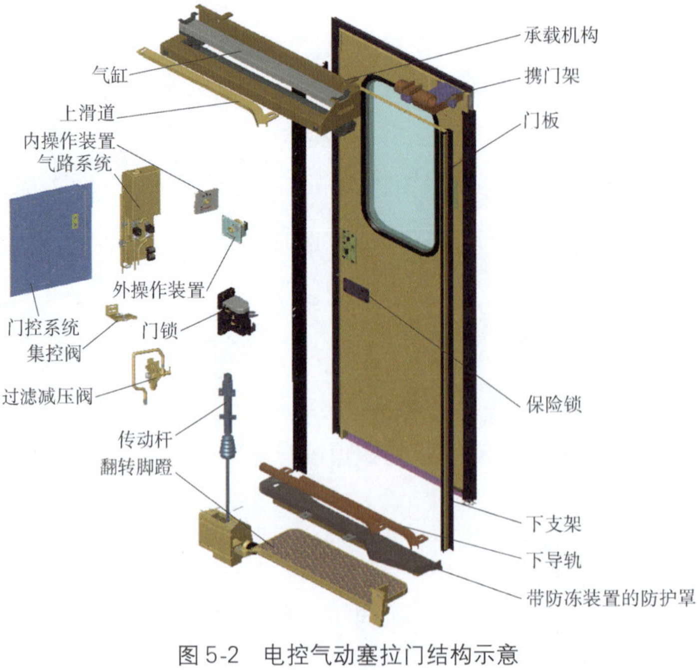

图 5-2　电控气动塞拉门结构示意

1. 作业准备

(1)劳动防护用品穿戴:正确穿戴好工作服、工作帽、劳保手套、防砸鞋。工作服、工作帽、手套、鞋干净整洁。

(2)准备工量具:手电筒、兆欧表、万用表、压线钳、钢丝刷、割刀、螺丝刀、手电钻、扳手、钳子、手锤、润滑脂、秒表、三角车门钥匙、30 mm×60 mm 木块。

2. 动态检修

(1)接好风源和电源,打开控制柜内塞拉门电源开关。用万用表测量门控器输入电压为 DC 24 V。

(2)检查门控单元、各种行程开关、各种锁闭开关、防挤压开关、开门电磁阀、关门电磁阀、蜂鸣器、指示灯、开关、按钮、电伴热,应功能良好,动作准确,安装牢固,工作不良、无法修复时更换。电控系统部件齐全,各部无过热、无烧损。各部导线无烧损、无破损、无老化。接插件、接线端子不松动。门控制单元没有故障信号(闪烁信号)。

(3)气路系统过滤减压阀调整值须在 460～610 kPa 范围内,各气缸、电磁阀、过滤减压阀、防挤压开关软管等气动配件漏泄、破损、无法调修的更换新品。

(4)门关闭后,使用三角钥匙关闭隔离门锁,锁芯转动灵活,隔离锁长插销能插入锁挡斜楔并触动隔离开关,屏蔽所用的控制回路,系统状态指示灯应熄灭,所有内外开关锁、紧急锁集中控制功能失效。打开隔离门锁,控制回路恢复,系统状态指示灯应点亮。

(5)打开隔离锁,使用三角钥匙检查内开关锁功能,锁芯应能轻松转动、无卡滞。开关门动作时,蜂鸣器正常鸣叫,门状态指示灯及脚蹬位置指示灯显示正常。上下滑道与滚轮配合协调,门运行平稳无抖动、无异响、接合状态良好,翻转脚蹬动作与开关门协调,无卡阻、动作到位。在门锁锁闭、打开过程中,一、二级锁闭动作正常。外开关锁检查与内开锁情况一样。

(6)系统有电时,紧急锁实行解锁后,开、关门电磁阀断电,这时可手动开关门,同时,蜂鸣器报警,直至紧急解锁装置复位,复位后自动执行关门一次。

(7)对于携门架与导柱采用 M6 内六角螺栓(材质 A2-70 不锈钢)加防脱挡铁的方式紧固的旧型康尼塞拉门,使用 6.5 N·m 的紧固力矩对导柱紧固螺栓进行校验,发现松动时更换螺栓。更换气动、电控组件作业前确认门系统已关闭电源和气源。

3. 门开闭试验

(1)在车内开启隔离锁,在有电有气状态下,分别操作门内、外开关锁(塞拉门指示灯亮),可实现开、关门动作。

(2)气动开启时,门的净开度为 710～740 mm(无障碍车二位端塞拉门须大于 850 mm)。电控方式下开门时,门的单程运行时间为 2～5 s。

(3)各门开关动作前应具有声响提示。门关到位后,门锁的锁叉须在第二锁闭点被锁住。

(4)气动开门时,脚踏板自动放平(指示灯亮);关门时,脚踏板自动向上翻转至挡块处。无气时,脚踏板自动翻起。

(5)隔离锁须能顺利闭锁和解锁。闭锁时,屏蔽所用的控制回路。

4. 防挤压功能试验

(1)电控方式关门时,用 30 mm×60 mm(30 mm 尺寸为受挤压面)的木块进行防挤压测试，门应自动返回，延时后，门应重新关闭到位。

(2)98%开关功能试验。门关闭到全行程的约 98%位置时，98%开关动作，车门防挤压功能失效。

5. 5 km/h 速度试验

在防滑器输出速度信号处，人为给一个大于 5 km/h 速度开关信号，门控系统须自动关门及锁闭，并不能通过内开关锁打开门。

6. 防冻装置试验

防冻装置，通电 3 min 后，温度须有明显上升。

7. 完工整理

整理工具，擦拭设备，清理场地。

二、转向架

(一)209P 型转向架组装及落成检查

1. 作业准备

(1)劳动防护用品穿戴：穿工作服、戴工作帽、戴劳保手套、防砸鞋。工作服、工作帽、手套、鞋干净整洁。

(2)工量具准备：确认相关设备、工具状态，见表 5-1。检测量具、吊具状态良好，检定合格，不过期。扭力扳手状态良好，校验标签合格，不过期。

表 5-1　转向架组装工量具表

序号	名称	型号/规格	技术状态	数量
1	手锤	1.5 磅	良好	1 把
2	撬棍	26 mm×500 mm	良好	1 把
3	卷尺	3 m	良好	1 把
4	油刷	2.5 寸	良好	1 把
5	润滑脂		良好	1 桶
6	检测样板	横向缓冲器与构架间隙	良好	1 块
7	检测样板	弹簧托梁底面与安全吊距离	良好	1 块
8	塞尺检测样板	多功能塞尺	良好	1 块
9	风动扳手		良好	1 把
10	扭力扳手	100～500 N·m	良好	1 把

2. 转向架待组装配件检查

(1)待组装配件检查

检查待组装配件作用状态是否良好，数量是否充足，型号是否一致，防止错装、漏装等情况。全车同部位零部件型号、结构必须一致。

(2)外观检查待组装螺母防松状态及标记

选配转向架组装时所需的圆销、开口销、衬套、螺栓、螺母等零配件，按照所需数量、安装部位进行摆放。

3. 转向架预组装

(1)检查构架、摇枕、弹簧托梁等零部件加修情况,标记加修部位是否均已加修完毕,并对构架进行再次检查,确认良好。

(2)按照构架定位尺寸测量作业指导书进行定位尺寸测量,并如实、准确、规范填写记录。

(3)对构架各磨耗部位及所有圆销涂打润滑油。

(4)按照转向架各零配件配合要求,进行选配。摇枕吊上下孔磨耗面距离之差:同一转向架不大于 3 mm,同一侧不大于 2 mm。同一摇枕吊销处支承板孔径相差不大于 1 mm。轴箱弹簧载荷高度差:同一轴箱不大于 4 mm,同一转向架不大于 8 mm。摇枕弹簧载荷高度差:同一侧不大于 4 mm,同一转向架不大于 6 mm。

4. 基础制动装置组装

基础制动装置组成如图 5-3 所示。

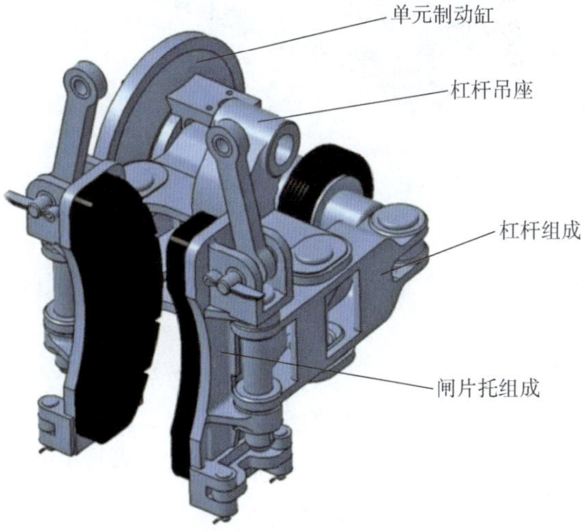

图 5-3　基础制动装置

(1)将组装好的盘型制动装置挂装于构架吊座上。组装时注意一位人力制动内、外侧杠杆尺寸与其他不同。

(2)组装吊座横穿螺栓,紧固螺母,穿入开口销。

(3)使用扳手依次组装构架与金属软管及金属软管与制动单元间的连接。金属软管与单元制动缸进风口组装前,金属软管与构架间连接螺纹部分采用磨绳缠绕再进行紧固。

(4)依次组装拉杆及人力制动转臂,一位夹钳杠杆与拉杆连接圆销由上向下穿出。由里向外穿出人力制动转臂端与拉杆连接圆销。

(5)转动手调螺母调整单元制动缸行程,检查基础制动装置状态。单元制动缸调整丝杆调整到最小值。基础制动装置须转动灵活。

(6)单元制动缸安装后排水孔朝下,呼吸孔背向制动盘。

5. 中央悬挂装置组装

(1)弹簧托梁与吊轴组装:使用螺栓将吊轴组装在弹簧托梁上,再将弹簧托梁吊运至摇枕组装区域,摆放整齐。

(2)将摇枕吊套在吊轴轴颈上,再将橡胶缓冲垫、选配好的摇枕弹簧依次放置在弹簧托梁上。

(3)摇枕组装:吊运摇枕放置在摇枕弹簧上,摇枕弹簧装置组成如图 5-4 所示。

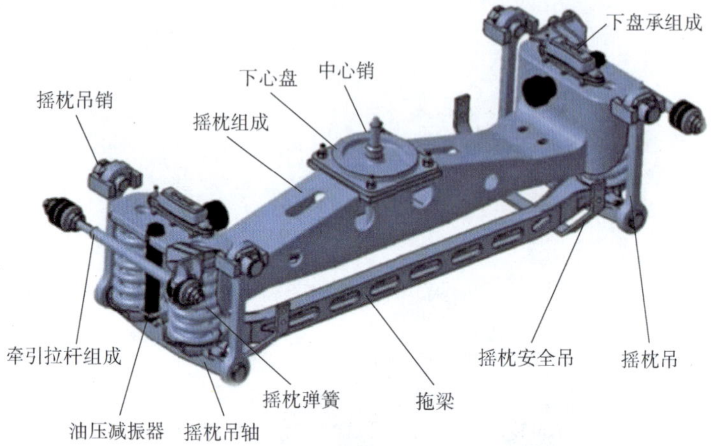

图 5-4　摇枕弹簧装置

(4)横向缓冲器组装:将老化、裂损、脱胶的横向缓冲器进行更换。撬出旧横向缓冲器,压入新横向缓冲器。

(5)构架、摇枕组装:吊运构架置于摇枕上方,依次组装摇枕吊、吊销、防窜销。再将组装好的构架吊运至转向架组装升降机处,放置稳妥。

(6)油压减振器组装:根据所装油压减振器部位位数,选择相应的油压减振器。将减振器上端与摇枕、下端与弹簧托梁使用螺母紧固。

(7)牵引拉杆组装:将牵引拉杆固定端安装在构架上,调节端安装在摇枕上。但不进行紧固,等落车后摇枕中心线与构架横向中心线一致后再紧固。

(8)摇枕安全吊组装:用螺栓将摇枕安全吊安装在构架上。

①入段客车安全吊为钢丝绳结构的,段修时仍装用钢丝绳安全吊。组装安全吊时在安全吊与螺母间及螺栓头部与安全吊座间各设一个 20 mm 平垫圈《平垫圈　A 级》(GB/T 97.1—2002),六角头螺栓规格为 M20×75 mm《六角头螺栓》(GB/T 5782—2016),组装扭矩为(310±10)N·m,并涂打防松标记。更新的钢丝绳安全吊须符合《209P 型转向架用钢丝绳安全吊采购技术规范》要求。

②入段客车安全吊为钢带结构的,段修时更换为碳纤维结构安全吊。

a. 尺寸测量:对安全吊及座尺寸检查,吊及座两侧间隙之和不大于 3 mm。

b. 将安全吊的螺栓孔与构架安全吊座上螺栓孔对齐后,插入带有平垫圈或双孔垫片的 M20×75 mm 螺栓,一侧螺栓完成后,穿入另一侧螺栓。当转向架一位角带人力制动座时,安全吊连接螺栓穿入方向为由外向内,其余位别由内向外。

c. 两侧螺栓都穿入后，在防松螺母 M20 与安全吊间放入平垫圈或双孔垫片，用扳手预紧固防松螺母 M20 后再用扭力扳手进行紧固，紧固顺序为两侧的上部螺栓全部完成后，再紧固两侧下部螺栓，紧固力矩(310±10)N·m。紧固后保证螺栓漏扣不少于 2 扣。

d. 在安全吊安装过程中，避免安全吊和转向架其他部件发生磕碰。

(9)下心盘组装：根据轮径大小，选配合适厚度的心盘垫板。依次将心盘垫板、下心盘置于摇枕上，使用螺栓连接将其组装在一起，再将心盘销置于心盘销孔内。

6. 轮对轴箱定位装置组装

轮对轴箱定位装置组成如图 5-5 所示。

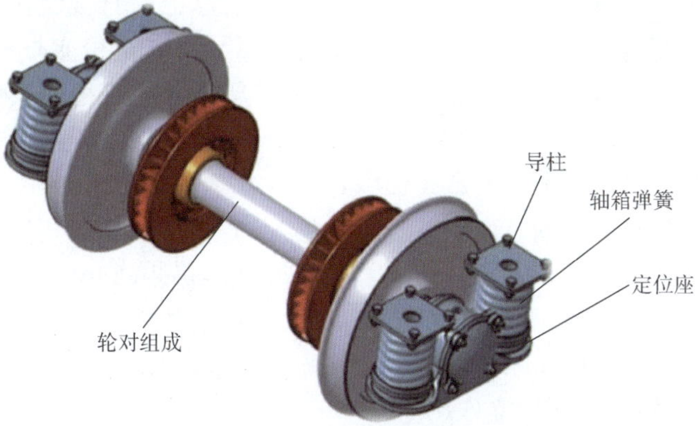

图 5-5　轮对轴箱定位装置

(1)将轮对吊至落轮区，摆放平顺、整齐。

(2)依次将定位座、橡胶缓冲垫、支持环置于轴箱弹簧托盘上。带轴端接地装置的轴箱须配套装用带绝缘橡胶层的定位座、支持环。

(3)将轴箱弹簧置于支持环上，并做好支撑，防止倾倒。

(4)将构架吊起，落于轴箱弹簧上，对轴箱定位装置组装情况进行检查，确保轴箱定位装置状态良好。

7. 落成检查

转向架组装状态检查，按图 5-19 转向架落成检查顺序进行检查。

图 5-6　209P 型转向架落成检查顺序

扫一扫

视频：209P型转向架落成检查

(1)检查制动吊座、杠杆吊座吊轴、杠杆吊座及夹钳杠杆装置，吊座 A 值及夹钳杠杆比 L_2/L_1 须与车体自重相符合→内、外侧闸片、托和吊，各圆销、开口销、垫配件齐全作用良好，各销、套间隙不大于 2 mm，窜动量不大于3 mm。各开口销须为新品，须双向劈开，角度为 60°～90°，劈开后受结构限制不能转动一周时须卷起→单元制动缸配件齐全作用良好，定位销螺栓紧固良好并按规定加装防松铁丝，金属软管安装良好。

(2)检查制动盘面，闸片与制动盘面间隙之和不小于 2 mm(允许单侧闸片不离开盘面，但须无压力)。车轮踏面无擦伤、剥离。

(3)检查导柱螺栓安装牢固，螺母为防松螺母，防松标记涂打规范清晰。弹性定位套挡盖螺栓紧固良好并加装防松铁丝→轴箱弹簧、支持环、缓冲垫、定位座外观良好，轴箱弹簧同一转向架旋向一致。轴箱带轴端接地装置时，须全车装用带绝缘橡胶层的定位座、支持环。支持环下边缘与轴箱弹簧座上边缘间隙不小于 5 mm→轴箱前盖螺栓安装牢固，螺母为防松螺母，轴箱前盖右上角的螺栓上须用施封锁施封。

(4)检查安全吊及安全吊安装座组装螺栓和垫片，防松标记涂打规范清晰。弹簧托梁底面与安全吊距离为 20～60 mm→横向缓冲器与构架间隙：每侧(25±3)mm，两侧之和不大于 50 mm→各摇枕吊、摇枕吊销、圆台支承板、支承板、吊轴配件齐全作用良好→摇枕弹簧同一转向架旋向一致，内外弹簧旋向相反→牵引拉杆配件齐全，待落车后方可紧固→垂向油压减振器配件齐全作用良好→弹簧拖梁外观良好。

(5)检查方法同步骤(3)。

(6)检查方法同步骤(2)。

(7)检查方法同步骤(1)→下心盘螺栓安装牢固，螺母为防松螺母。下心盘可加不超过 3 层，总厚度不大于 50 mm 的铁垫板。

(8)检查方法同步骤(1)。

(9)检查方法同步骤(2)。

(10)检查方法同步骤(3)。

(11)检查方法同步骤(4)→有人力制动支点座时，检查人力制动曲拐、连杆、支点座的螺母、开口销、垫配件齐全作用良好，各销、套间隙不大于 2 mm，窜动量不大于 3 mm。各开口销须为新品，须双向劈开，角度为 60°～90°，劈开后受结构限制不能转动一周时须卷起。

(12)检查方法同步骤(3)。

(13)检查方法同步骤(2)。

(14)检查方法同步骤(7)。

8. 完工整理

(1)填写记录。字迹清晰，记录准确，无遗漏。

(2)清扫作业场地，整理工具、材料，检查设备。场地清洁、工具及托架、托盘等摆放整齐。工具、材料收拾整齐，摆放到指定位置。

(二)25K 型客车转向架构架转臂、节点装置检修

1. 清洗除锈

清除转臂及节点装置表面锈垢，除锈时不许损伤组装面，清洁度均须达到《涂覆涂料前

钢材表面处理 表面清洁度的目视评定 第 2 部分:已涂覆过的钢材表面局部清除原有涂层后的处理等级》(GB/T 8923.2)规定的 St2 级或 Sa2 级标准。转臂节点转轴及转轴套抛丸除锈,露出金属光泽。

2. 外观检查

扫一扫

视频：PW-220K型转向架组装

(1)转臂定位轴及套偏磨、裂纹时成套更新。

(2)定位转臂和轴箱夹紧箍(轴箱压盖)、节点夹紧箍须原套检修,裂纹、变形时更换,组装时原位安装。

(3)SW-160(H)转臂与节点夹紧箍组装前将除锈的夹紧箍直接置于定位转臂上,使螺栓孔处平面接触,间隙应不大于 0.5 mm,超差时打磨或加工夹紧箍安装平面;紧固后转臂与节点夹紧箍结合面须有间隙(允许螺栓紧固部分局部密贴),允许在夹紧箍圆弧面加紫铜垫调整。

(4)定位转臂节点 A2 修有下列情况之一时更新,定位转臂节点更新时,同一轮对须同时更新,A3 修时转臂节点更新。

a. 橡胶与金属件结合面之间开裂长度超过 1/4 圆周且深度大于 5 mm;

b. 橡胶表面周向裂纹长度超过 1/4 圆周且深度大于 5 mm;

c. 橡胶表面周向贯通裂纹且深度大于 3 mm。

(5)转臂节点(轴箱节点)锁紧板弯曲变形大于 2 mm 或裂纹时更换。

(6)轮对提吊腐蚀厚度超过 30%或裂纹时更新。

3. 探伤

转臂节点转轴、转轴套探伤检查,有裂纹时成套更新。

4. 油漆

(1)定位转臂和轴箱夹紧箍外表油漆时做好与轴箱接合面的防护。

(2)采用黑色油漆,颜色标号为 RAL9017,油漆采用底漆+面漆或仅使用底面合一涂料,油漆涂刷工艺符合《25 型客车防腐涂装工艺规范》和《25 型客车用涂料技术条件》相关规定。油漆喷涂须均匀、全面,油漆干膜厚度不小于 80～200 μm。

(三)CW-200K 型转向架分解(图 5-7)

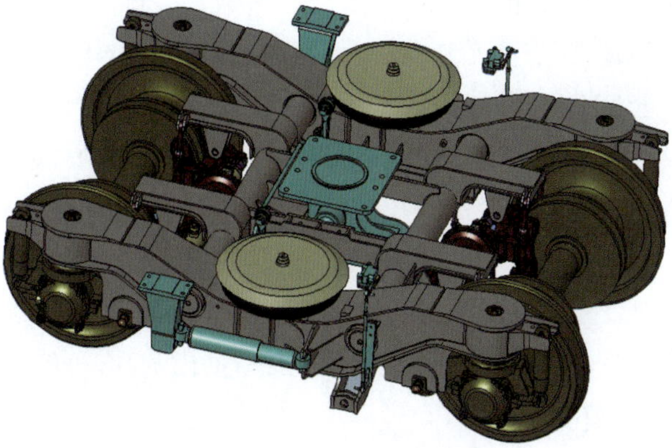

图 5-7 CW-200K 型转向架

1. 分解前的准备

各部件分解前做好标识，保证检修后的配件原则上做到原车原装。

2. 轴箱定位装置分解

轴向定位装置组成如图 5-8 所示。

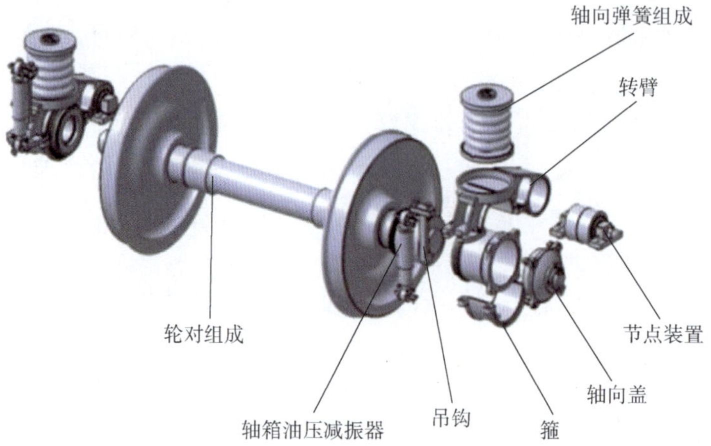

图 5-8 CW-200K 型转向架轴箱定位装置

(1)分解轴箱减振器安装螺栓，取出轴箱减振器。

(2)分解轴箱吊钩安装螺栓，取下轴箱吊钩。

(3)分解锁紧板安装螺栓，取下锁紧板。

(4)分解节点装置盖型螺母，取出转轴、转轴套，并做好位数标记，检修合格后原车组装。

(5)用白色油性笔标注轴箱转臂的位数，保证原位原装。

(6)取出轴箱弹簧、调整垫、定位座。

3. 基础制动装置分解

(1)拆除单元缸处的制动软管。

(2)分解制动杠杆吊座及闸片托吊上的开口销、圆销，整体将制动单元与构架分离。

(3)分解内、外侧制动杠杆与单元制动缸两端压板螺栓、连接开口销及圆销，分解出单元制动缸，按照同一辆车进行收集，并统一下送至下一检修工序。

(4)分解制动吊座与内、外侧杠杆上开口销及圆销，分解出制动杠杆吊座并标注车号。

(5)分解闸片吊销与闸片托连接处的开口销及螺母，分解出闸片吊销，使闸片托与内、外侧杠杆分离。

(6)分解闸片托与内、外侧连接杠杆上开口销及圆销，分解出内、外侧杠杆及闸片托。

(7)分解闸片托锁铁上开口销及圆销，分解出锁铁，抽出闸片，分解出闸片托。

4. 转向架中央悬挂装置分解

转向架中央悬挂装置组成如图 5-9 所示。

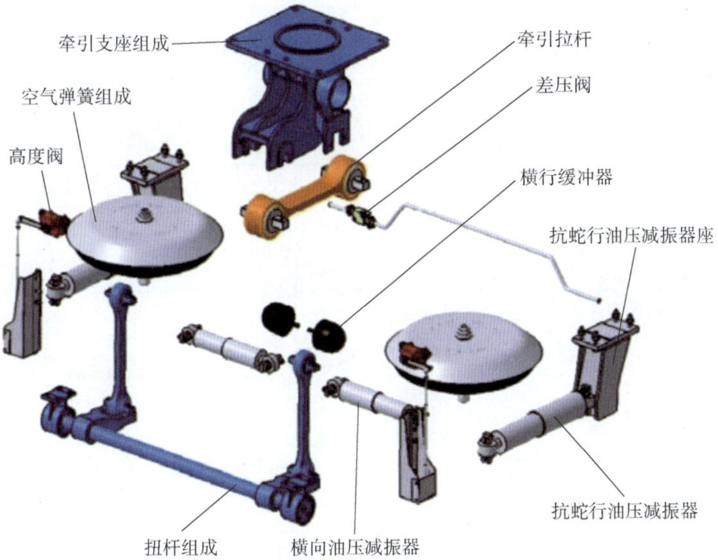

图 5-9　CW-200K 型转向架中央悬挂装置

(1)空气弹簧装置分解:空气弹簧分解时使用空气弹簧吊运工装,确保吊运过程中保证空气弹簧正位。

(2)牵引装置分解

①分解牵引拉杆与构架拉杆座及牵引体连接螺栓,取出中心牵引拉杆。

②分解横向减振器连接螺栓,取出横向减振器。

(3)抗侧滚扭杆装置分解。

①分解抗侧滚扭杆连杆与抗侧滚扭杆连接螺栓,取出连杆。

②分解抗侧滚扭杆与构架安装座螺栓,拆除抗侧滚扭杆。

③使用扭杆端轴分解机将抗侧滚扭杆装置两端安装座拉出。

5. 其他部位分解

①分解高度阀杆安装螺栓,拆除高度阀杆。

②分解差压阀两端连接管路,拆除差压阀。

三、车钩缓冲装置

(一)15 号车钩钩头的组装及三态试验

1. 作业准备

(1)劳动防护用品穿戴

正确穿戴好工作服,工作帽,劳保手套,穿防砸鞋。工作服、工作帽、手套、鞋干净整洁。

(2)准备配件、材料

车钩钩头、钩舌、锁铁、下锁销、推铁、ϕ41 mm×300 mm 钩舌销、ϕ6 mm×60 mm 开口销、ϕ10 mm×90 mm 开口销、ϕ44 mm 铁垫圈、润滑油脂。

(3)准备工量具

车钩组装工量具见表 5-2。

表 5-2　车钩组装工量具表

序号	名称	型号/规格	技术状态	数量
1	红旗		良好	1把
2	手锤	1.5 磅	良好	1把
3	撬棍	26 mm×500 mm	良好	1把
4	油刷	2.5 寸	良好	1把
5	钢丝刷	200 mm	良好	1把
6	车钩零部件配合尺寸检查量规		良好	1块
7	钩锁铁导向角在钩腔内搭接处距钩口边缘距离检查量规		良好	1块

2. 配件外观检查

(1)目视检查车钩各配件外观,确认各配件无缺损无裂纹,销套无缺损、无裂纹、无松动,铸造标识准确清晰。

(2)确认待装配件有合格标记,探伤件须有探伤钢印。

(3)确认使用样板状态良好、检定不过期。

(4)按样板使用说明书要求使用样板检测各部位。

3. 选配组装

(1)使用毛刷清理钩腔内残留铁砂,钩腔内要干净整洁。

(2)挑选车钩锁铁,左手将车钩锁铁侧向放入钩腔内并侧转 90°,然后向斜上方推送,同时右手将下锁销托起,将其顶端插入锁铁背部槽内后,继续上推使锁铁脚顶在钩腔后壁台上,右手装上钩舌推铁。

(3)两脚呈八字形,双手装上钩舌。

(4)装上钩舌销,旋上螺母,装上开口销。

4. 车钩三态试验、尺寸测量

(1)开锁作用试验:用手缓慢转动提钩杆手把,下锁销沿钩锁铁背部的锁销作用槽上移,使锁销的防脱止端离开钩腔内的防脱台,当锁销继续上升时,带动钩锁铁一起上升,钩锁铁到一定高度后,放下车钩提杆,由于钩锁铁偏重,致使钩锁铁的开锁座锁面坐落在钩腔内底壁的开锁座锁面上,使钩锁铁的底面与钩舌尾部上面处在一个平面内,钩锁铁不阻碍钩舌的转动。在此过程中钩舌不许有转动。然后能用手从钩舌内侧顺利地将钩舌扳至全开位,此操作过程不得发生卡滞,开锁位如图 5-10 所示。

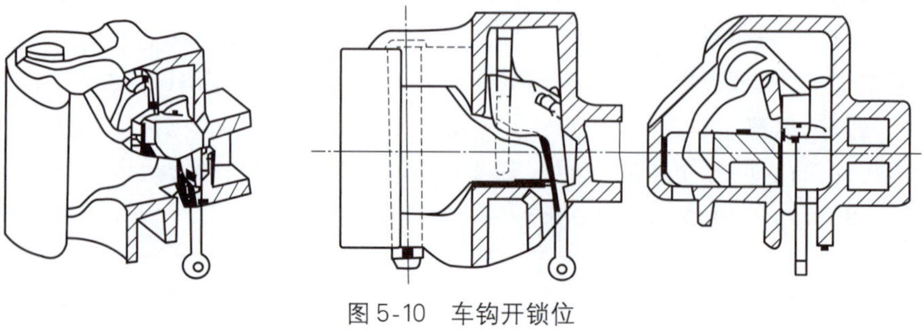

图 5-10　车钩开锁位

(2)全开作用试验:人力通过钩提杆手把施加持续旋转力,钩锁铁则被充分提起,使钩锁铁全开作用面顶动钩舌推铁的全开作用端,这时钩舌推铁以全开回转支承面与钩锁腔立壁接触面为支点回转,钩舌推铁转动后,其踢足推动钩舌推铁面,使钩舌绕钩舌销转开,成为全开位置。放下钩提杆,钩锁铁坐落于钩舌尾部末梢上,钩舌达到全开位。此操作过程不得发生卡滞,全开位如图 5-11 所示。测量钩舌与钩腕内侧面距离不得大于 245 mm。用车钩零部件配合尺寸检查量规的 245 mm 尺寸测量上、中、下三个点,不通过即合格。

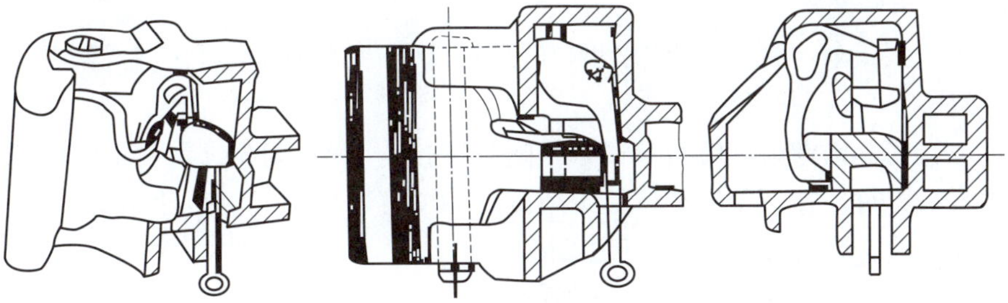

图 5-11 车钩全开位

(3)闭锁作用试验:车钩处于全开状态时,在钩舌上施加推力,钩舌必须转动到完全闭合位置,同时钩锁铁应顺利地落到锁定位置。钩锁铁底部坐在钩口下平面上,卡在钩舌尾部与钩头内侧壁中间,钩锁铁的一侧被钩头内侧壁阻挡,其另一侧挡住了钩舌尾部,钩舌不能转动,即为闭锁位置。钩锁铁的锁脚由钩头底部的下锁销孔露出,在钩锁铁下落时,下锁销以其自重沿钩锁铁背部的锁销作用槽向下滑落,使锁销上端的防脱止端正处于钩锁腔内壁的上下防脱台下方,下锁销及钩锁铁受振动不能跳起造成脱钩。此操作过程不得发生卡滞,闭锁位如图 5-12 所示。测量钩舌与钩腕内侧面距离不得大于 130 mm。往上托起钩锁铁,其移动量不得大于 15 mm。用 130 mm 和 15 mm 尺寸的车钩零部件配合尺寸检查量规,测量钩舌与钩腕内侧面距离和钩锁铁移动量,均不得通过。测量钩锁铁导向角在钩腔内搭接处距钩口边缘距离不小于 5 mm。

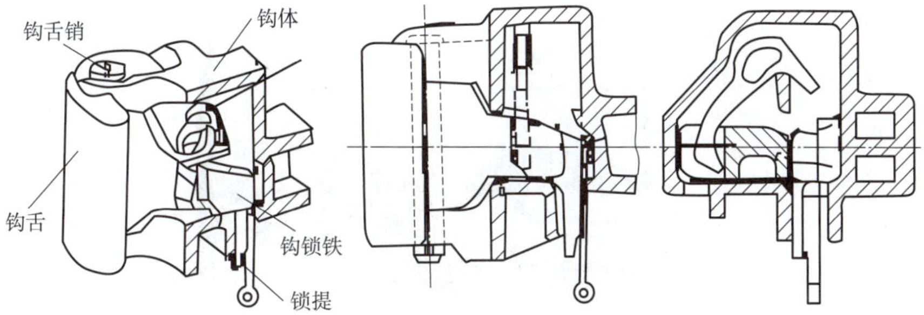

图 5-12 车钩闭锁位

5. 车钩状态检查及填写记录单

(1)进行三态作用试验时,任一项不符合要求,必须重新选配,重新试验;反复 3 次开、闭钩舌进行试验,三态作用良好,无卡滞。

(2)钩腔内各配件的磨耗部位涂润滑脂。

(3)钩舌与上钩耳间隙不大于 6 mm,超过时在下钩耳处加 ϕ44 mm 铁垫圈调整。

(4)钩舌销螺母及开口销与钩耳凸缘等部位不磨碰,开口销转动一周受阻时应卷起。

(5)车钩三态试验及组装尺寸合格后,涂打合格标记。

(6)按规定填写检修及组装记录。

(二)密接式车钩缓冲装置分解

1. 车钩与车体分离

(1)分解密接式车钩 M38 螺栓尾部开口销,拆卸螺母、螺栓(也可使用气割,但要保证不能割伤安装座)。

(2)将密接式车钩专用分解组装叉车推送至密接钩下部,调整纵向及垂向位置,使叉车的托架与密接钩承接状态良好,整体拆下密接式车钩缓冲装置(注意:使用叉车时应注意安全,不要把手放在升降装置上,以免压伤手)。

(3)将拆下的车钩缓冲装置运送至钩缓清洗区清洗。

2. 密接钩各部件分解

(1)用专用工具拆卸螺母、垫圈,拆除解钩手柄与解钩风缸连接销,取出解钩手柄;拆除解钩风缸与钩体连接螺栓,取下解钩风缸,解钩风缸再进行分解,在分解台上,利用扳手将 6 个M6×16 mm 螺钉拆卸下来,操作时注意安全,最好用工装将风缸夹住。然后拔出活塞及杆,分解 M12 的螺母,分别取出弹性垫圈、平垫圈、活塞、弹簧、缸盖。

(2)在钩舌回转槽中逆时针转动钩舌至取出钩舌。

(3)回转机构分解

①拆下水平复原弹簧盒与支架的连接轴销上的开口销,然后拆下连接轴销,将复原弹簧盒装置从吊挂系统支架与安装座的铰链座上取下,分解复原弹簧盒如图 5-13 所示。复原弹簧盒再进行分解,在分解台上,利用扳手将 6 个 M5×15 mm 螺钉拆卸下来,操作时注意安全,最好用工装将复原弹簧盒夹住。然后缓慢松开,分解复原弹簧盒装置各零部件,取出弹簧。

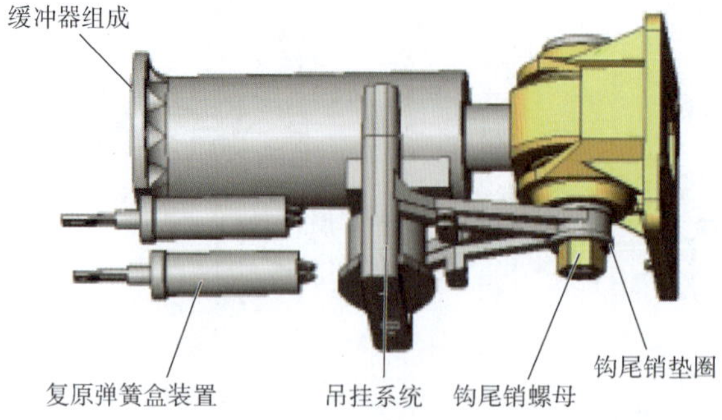

图 5-13　分解复原弹簧盒装置

②用专用工具拆除钩尾销锁紧机构,依次拆下开口销、钩尾销螺母和钩尾销垫圈,拆除钩尾销锁紧机构如图 5-14 所示。

③将吊挂系统从支架转轴位向下拆除，拆除吊挂系统如图 5-15 所示。

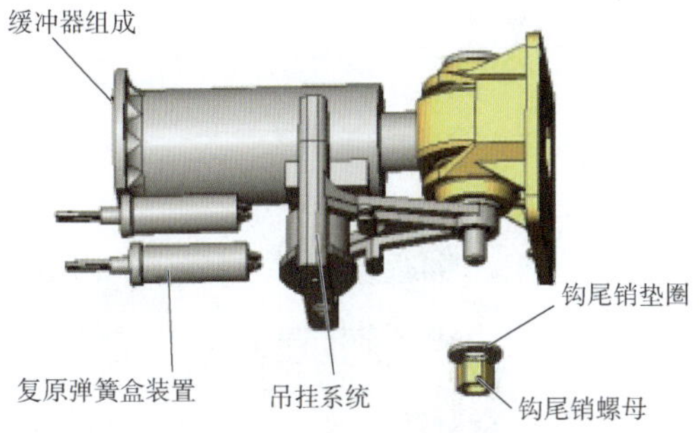

图 5-14 拆除钩尾销锁紧机构

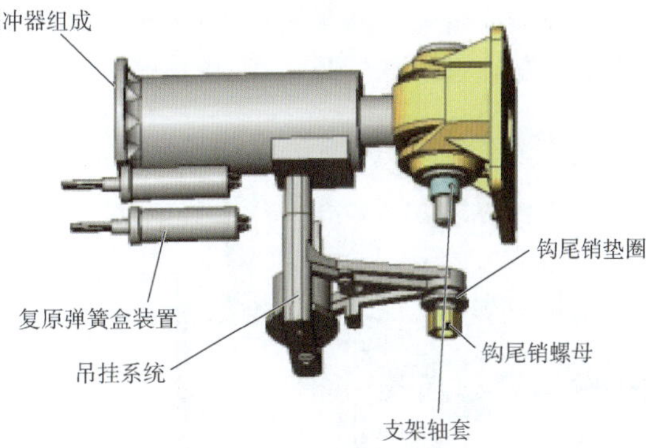

图 5-15 拆除吊挂系统

④将支架轴套从钩尾销上向下取出拆除，拆除支架轴套如图 5-16 所示。

⑤将第一块钩尾销垫圈从钩尾销上向下取出、拆除，拆除钩尾销垫圈如图 5-17 所示。

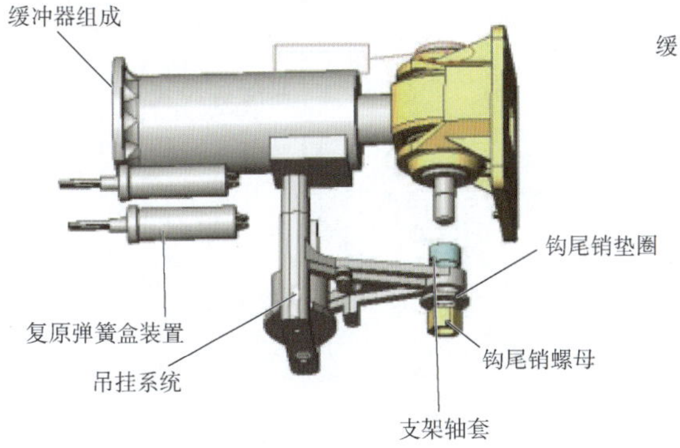

图 5-16 拆除支架轴套

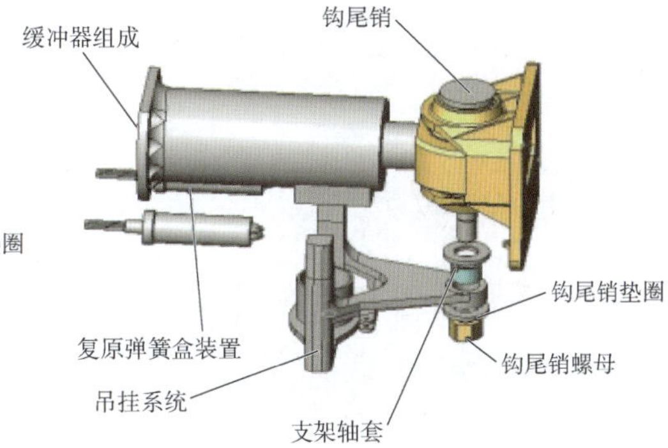

图 5-17 拆除钩尾销垫圈

⑥使用铁锤加垫铜棒敲击，将钩尾销从安装座孔内向上取出，拆除钩尾销如图 5-18 所示。

⑦将钩尾销垫圈 2 向上取出，拆除钩尾销垫圈如图 5-19 所示。

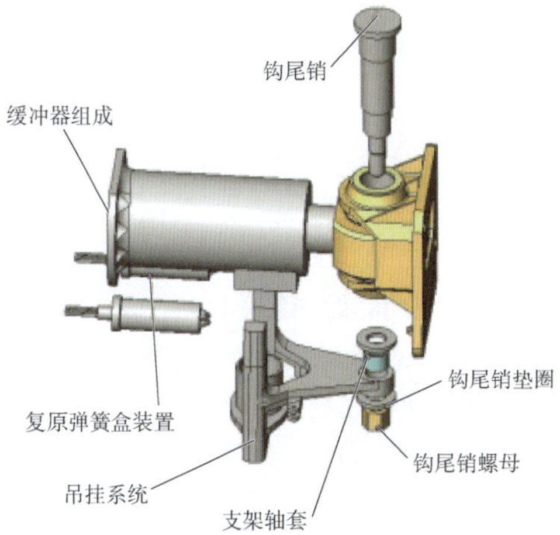

图 5-18 拆除钩尾销

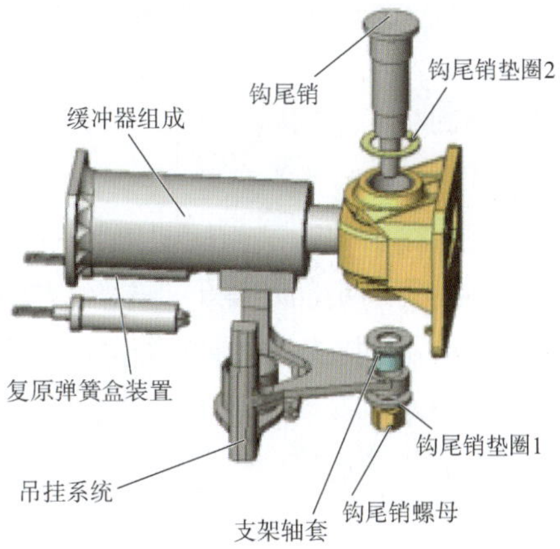

图 5-19 拆除钩尾销垫圈

⑧将缓冲器组成从安装座上向左取出，拆除缓冲器如图 5-20 所示。

⑨将两个橡胶套从车钩拉杆两侧定位沟槽中取出，拆除橡胶套如图 5-21 所示。这样就完成了整套装置的部件分解。

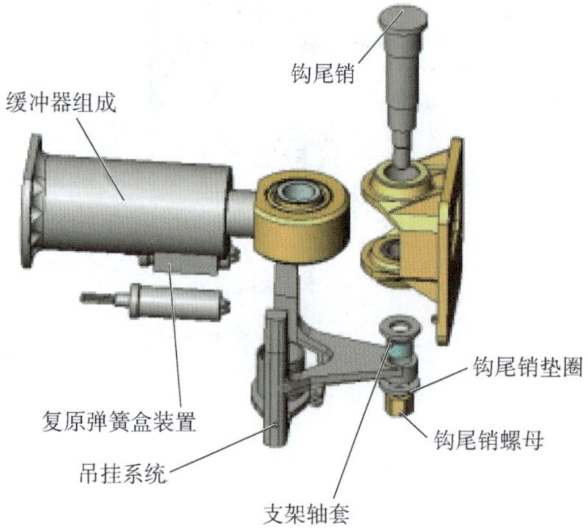

图 5-20 拆除缓冲器

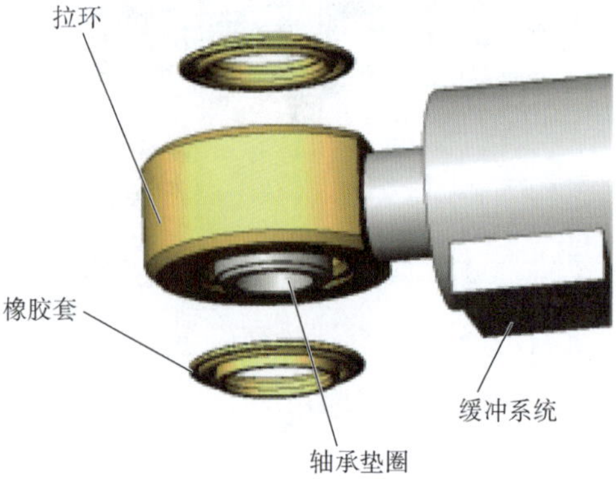

图 5-21 拆除橡胶套

四、制动装置

(一)更换球芯折角塞门及制动软管总成

1. 作业准备

(1)劳动防护用品穿戴：穿工作服，戴工作帽，戴劳保手套，穿防砸鞋。工作服、工作帽、手套、鞋干净整洁。

(2)工量具准备：红旗、止轮器、管钳 18 寸、管钳 24 寸、毛刷、肥皂水、三角钥匙、生胶带、折角塞门(32 mm)、制动软管(32 mm)、单车试验器。

2. 分解

(1)插红旗，关闭另一端折角塞门，关闭截断塞门，排尽副风缸压力空气。

(2)拆卸制动软管。

(3)拆卸折角塞门。

3. 组装

(1)检查制动软管试验标记，螺纹是否完好，连接器和手把是否裂纹。

(2)补助管的头部处绕生料带，组装拧紧合格的折角塞门，接头螺纹必须拧紧三牙以上。

(3)制动软管接头处绕生料带，组装拧紧合格的软管，接头螺纹必须拧紧三牙以上，不准倒拧。

(4)折角塞门安装后须与铅垂线呈 30°夹角，安装角度如图 5-22 所示。

(5)制动软管连接器口平面须与车体中心线呈 45°夹角。

4. 试验

(1)用单车试验器对组装完成的制动软管、球芯折角塞门等进行管系漏泄试验。漏泄试验量须符合单车试验中对“主管漏泄试验”的规定要求。

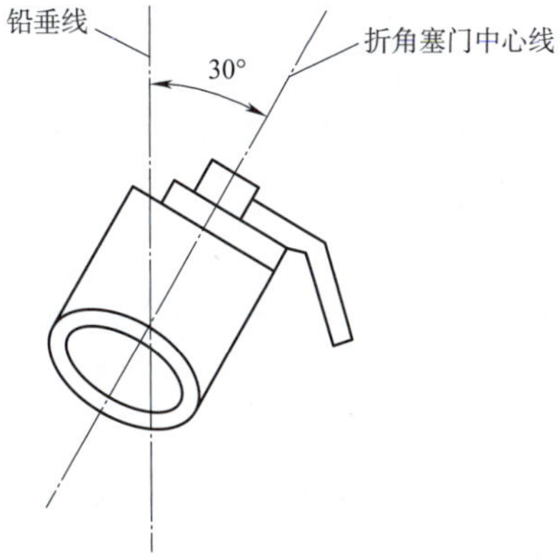

图 5-22　折角塞门安装角度示意

(2)关闭副风缸塞门、打开截断塞门,撤离单车试验器,制动软管挂好防尘堵链。

5. 完工整理

撤除红旗。收拾工具、设备。

(二)客车制动机微控单车试验

1. 作业准备

(1)劳动防护用品穿戴:穿工作服,戴工作帽,戴劳保手套,穿防砸鞋。工作服、工作帽、手套、鞋干净整洁。

(2)工量具准备:确认相关设备、工具状态良好,检定合格,不过期,具体工量具见表 5-3。

表 5-3　客车微控单车试验工量具表

序号	名称	型号/规格	技术状态	数量
1	红旗		良好	1 把
2	止轮器		良好	1 对
3	管钳	10 寸	良好	1 把
4	管钳	18 寸	良好	1 把
5	管钳	24 寸	良好	1 把
6	活动扳手	300 mm	良好	1 把
7	游标卡尺		良好	1 把
8	毛刷		良好	1 把
9	肥皂水		良好	1 桶
10	手电筒		良好	1 把
11	三角钥匙		良好	1 把
12	铅封钳		良好	1 把
13	卷尺	3 m	良好	1 把
14	微控单车试验器		良好	1 台

2. 试验准备

（1）单车试验器须使用量程为 1 000 kPa、精度等级为 0.5 级的压力变送器。单车试验器与被试车辆制动软管连接器用的胶管内径为 ϕ25 mm，长度为 1.5～2 m。

（2）单车试验器采集系统每半年校验一次，压力变送器每 1 年检定一次。

（3）单车试验时车辆上的其他风动装置须不影响制动机的正常作用。

（4）装有空重阀时，仅进行空车位试验。

（5）一辆车装有两套及以上制动机时，每套制动机均须进行单车试验。

（6）单车试验器用压力表精度须为 1.6 级，量程不大于 1 000 kPa。压力风表每一个月检定一次，须有检定合格证。

（7）在单车试验前，须确认单车试验器机能试验性能良好，机能试验结论如图 5-23 所示。

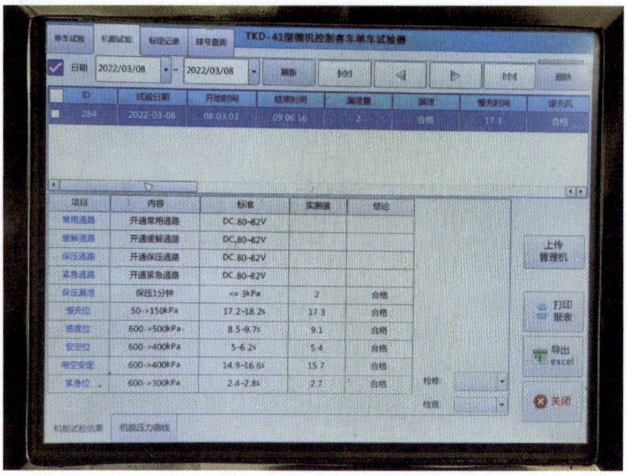

图 5-23　单车试验器机能试验界面

（8）单车试验器的试验压力调至 600 kPa（以下简称定压）。

（9）将风源与单车试验器连接前，须排除风源内积水、灰尘，保证风源洁净。

（10）在制动缸后盖或制动缸供风管路上及副风缸上分别安装压力变送器。

（11）F8 分配阀转换盖板置于一次缓解位（盖上箭头向上）。

（12）加装电空制动装置的客车电器接线无异常或短路。电空制动装置用电空连接线各芯对地绝缘不小于 2 MΩ。

（13）单车试验器直流电压调至 DC (80＋2)V。

（14）准备材质为尼龙 6、直径为 ϕ19.5～ϕ20 mm 的实心尼龙球及安装于软管连接器上的实心尼龙球网状回收器。

3. 试验步骤及要求

（1）过球试验

①开放被试车辆两端折角塞门，将单车试验器与被试车辆一端的制动软管连接器相连。车辆另一端制动软管连接器加装网状接收器，然后关闭该端折角塞门。将单车试验器置一位（以下简称置一位）充风，待制动管压力充至定压后，关闭制动支管截断塞门。

②将单车试验器置六位，排尽主管压缩空气，开放接收器端折角塞门，打开与单车试验器相连一端的软管连接器，将试验球放入连接器，再将连接器与单车试验器相连。

③将单车试验器置一位充风，观察试验球是否通过制动主管进入网状接收器。

④试验球完整无缺损进入网状接收器，试验合格。

⑤试验球出现缺损但全部进入网状接收器，须更新试验球后重新试验。

试验球没有进入网状接收器或有缺损部分遗留在管路中时，先关闭单车试验器端折角塞门（另一端折角塞门仍为打开状态），再打开制动支管截断塞门，利用制动支管预充的风压将滞留在管系的试验球或缺损部分吹出，更新试验球后重新试验。

⑥试验球或缺损部分由支管风压仍未吹出时，则采取其他必要措施取出滞留在管系的试验球或缺损部分，分析确定原因并纠正后再进行试验。

⑦试验完毕后单车试验器置三位，取下网状接收器和试验球。

（2）制动管漏泄试验

①开放被试车辆制动管两端折角塞门，不与单车试验器相连的另一端制动软管连接器加装防尘堵，关闭制动支管截断塞门。

②将单车试验器置一位，将制动管压力充至定压 600 kPa 并稳定后，单车试验器置三位保压 1 min，制动管漏泄不大于 10 kPa，漏泄量如图 5-24 所示。

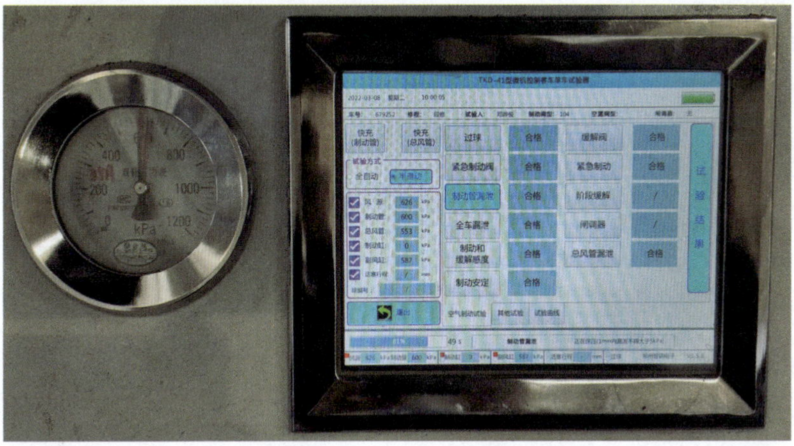

图 5-24 制动管漏泄试验操作

③装有列尾装置的车辆，将主机安装好后开放快速接头体前部截断塞门，再做漏泄试验。

（3）全车漏泄试验

开放制动支管截断塞门，单车试验器置一位，将副风缸充至定压（104 型不小于 580 kPa，F8 型不小于 560 kPa），再将单车试验器置三位保压 1 min，制动管系统漏泄不大于 10 kPa，漏泄量如图 5-25 所示。

（4）制动和缓解感度试验（图 5-26）

①制动感度试验

将单车试验器置一位，将副风缸充至定压并稳定后置四位，当制动管减压 40 kPa 时立即置三位，须达到下列要求。

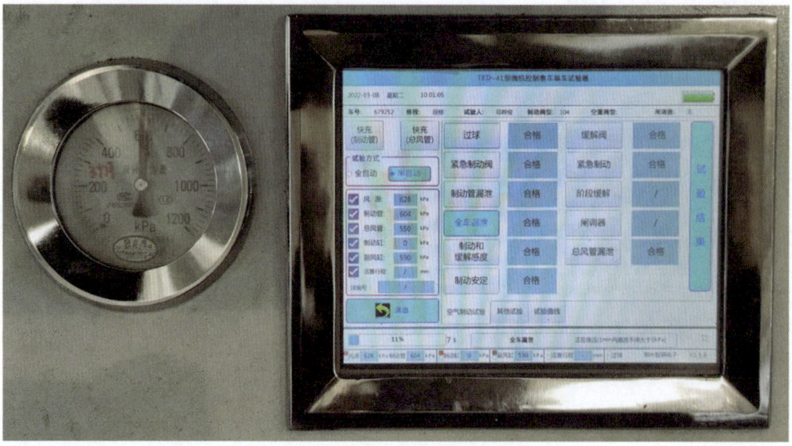

图 5-25　全车漏泄试验操作

a. 制动机须在制动管减压 40 kPa 之前发生制动作用。从发生局部减压作用开始，局部减压量不大于 40 kPa。

b. 局部减压作用终止、制动管压力稳定后保压 1 min，不许产生自然缓解作用。

②缓解感度试验

单车试验器置二位充风，制动机在 45 s 内缓解完毕。

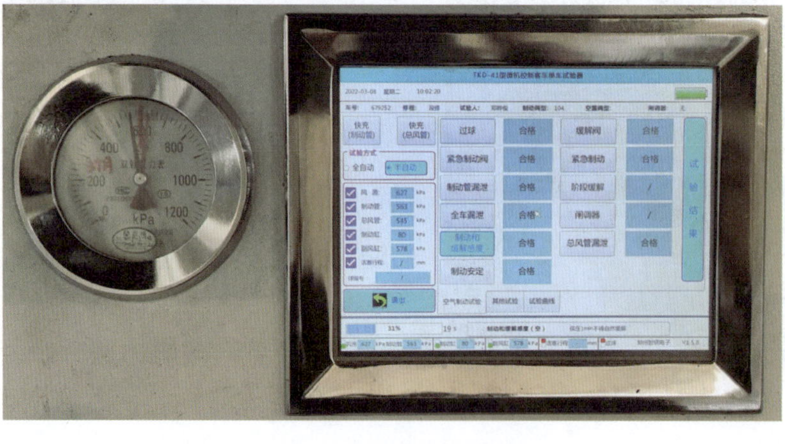

图 5-26　制动和缓解感度试验操作

(5)制动安定试验(图 5-27)

单车试验器置一位，将副风缸充至定压后置五位。

①制动管减压 170 kPa，制动机不许发生紧急制动作用。

②制动缸压力稳定后，保压 1 min，制动缸及制动支管漏泄量不大于 10 kPa。

③制动缸活塞行程符合规定。

(6)紧急制动试验(图 5-28)

单车试验器置一位，将副风缸充至定压后置六位。

①104 型制动机在制动管减压 100 kPa 前、F8 型制动机减压 80～120 kPa 范围内须发生紧急制动作用。

②无空重阀情况下，制动缸最高压力为 410～430 kPa（F8 阀亦可调至 470～490 kPa）。有空重阀情况下，空车制动缸压力须符合设计值范围。

③制动机发生紧急制动作用后 10～15 s，方可置一位充风缓解。

（7）紧急制动阀试验

将单车试验器置一位，将副风缸充至定压并稳定后，将紧急制动阀手把移至全开位，分配阀发生紧急制动作用。合格后将紧急制动阀手把推至关闭位，并用带有厂、段代号的封印穿以棉线将紧急制动阀手把加以铅封。

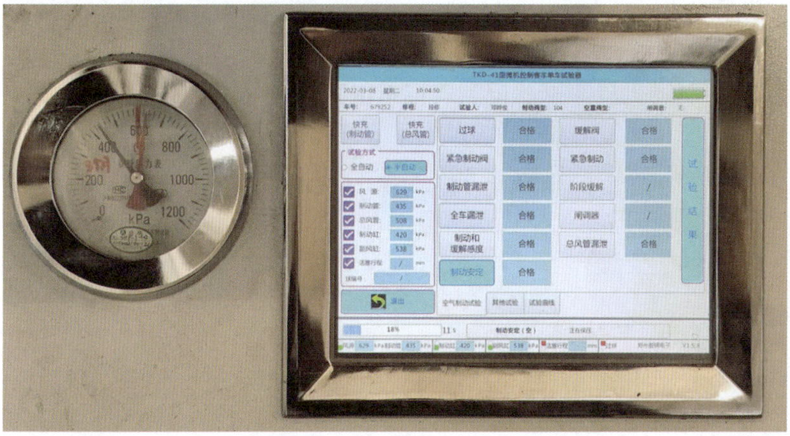

图 5-27 制动安定试验操作

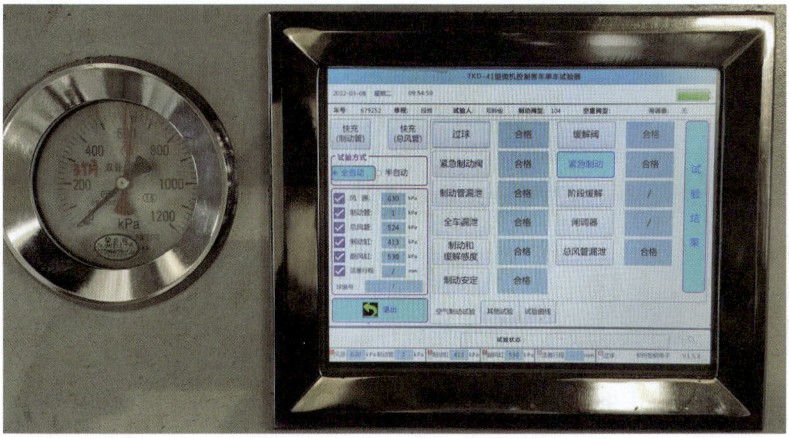

图 5-28 紧急制动试验操作

（8）缓解阀试验（双侧排风型缓解阀）

①制动安定试验完毕后，在车下提起缓解阀，制动缸须缓解，缓解阀复位。

②单车试验器置一位，将副风缸充至压力稳定后置四位，当制动管减压 40 kPa 时立即置

三位，提起缓解，1 min 内制动管压力下降须大于 20 kPa，缓解阀复位（微控单车试验器试验时此步骤可单独进行）。

（9）闸调器试验（ST1-600 型）（图 5-29）

①减少间隙试验：加试验垫板，反复制动缓解不超过四次，制动缸活塞行程与原行程之差不大于 10 mm。

②增大间隙试验：撤试验垫板，经两次制动缓解，制动缸活塞行程与原行程之差不大于 5 mm。

图 5-29　闸调器试验加试验垫板

4. 打印微控单车试验器试验记录

打印“微机控制制动机单车试验记录”，记录保存一个 A3 修周期或 5 年。

扫一扫

文本：货车类铁路车辆钳工常见故障案例

第二节　货　车　类

一、车体

（一）车体配件分解

1. 车门分解（敞车）

（1）作业要点

插设防护红旗，切除破损车门门轴销垫圈并分解圆销，使用车门拆装机或人力将破损车门卸下，安装合格车门。

（2）作业准备

①上班前，严禁饮酒，要充分休息好，保证工作时精力充沛，思想集中。

②工作前必须按规定穿戴好工作鞋、工作服、工作帽等防护用品，禁止穿拖鞋、凉鞋、高跟鞋作业。

③按时参加班组点名会，掌握当日工作要求及任务。

④准备氧气乙炔装置，开启阀门检查氧气乙炔胶管无漏泄现象，检查割炬状态良好。检查压力表检定标签日期不过期。

⑤备齐粉笔、手锤、钩引、门轴销等工具材料。

（3）作业过程

①插设防护红旗。在待更换车门车辆的车列最前端车辆东南侧要插上插设防护红旗，未插防护红旗不得开始作业。

②检查确认车列两端设置有防溜铁鞋，紧贴车轮踏面防溜良好，无防溜铁鞋时通知调车组人员设置。

③作业时由指定人员负责指挥，其他配合人员做好呼唤应答。熔接工戴好防护镜，使用氧气乙炔割炬将门轴销垫圈切割掉。作业时乙炔瓶、氧气瓶与明火保持 10 m 的安全距离。

④将下侧门两个门搭扣铁处于关闭位，使用钩引、手锤将门轴销分解。敞车下侧门分解如图 5-30 所示。

⑤两名员工分别站在车门两侧并一手扶住侧门使其贴靠车体，然后使用手锤敲打开两个门搭扣铁，两名铁路车辆钳工同时抬起车门缓速放到地上，其他作业人员及时避让。敞车下车门分解如图 5-31 所示。

图 5-30 敞车下侧门分解

图 5-31 敞车下侧门分解

⑥将分解下的下侧门指挥叉车运输送至车门检修岗位，按定置摆放。

⑦检修车门人员使用盒尺测量破损下侧门两门折页间的内侧距离，然后在检修良好的下侧门中测量两门折页间的内侧距离，选配与测量数值相同的下侧门。

⑧使用叉车将良好车门运送至更换作业场地。

(4)完工整理

①撤除防护红旗。

②整理工具材料妥善保管。关闭氧气乙炔阀门，排空胶管内余气，将割炬、气瓶存放至有消防措施的安全位置。

③擦拭保养车门拆装机，保持设备洁净润滑良好。清扫作业场地，作业区域保持清洁，地面无杂物。

2. 车门分解(棚车)

(1)作业要点

车门导轨腐蚀、磨耗过限时截换或更换，变形时调修，裂纹时焊修或更换；车门内凹、外胀过限时调修，裂纹时焊修或更换，腐蚀过限时更换；车门组装后，须开闭灵活。

(2)作业准备

①上班前，严禁饮酒，要充分休息好，保证工作时精力充沛，思想集中。

②工作前必须按规定穿戴好工作鞋、工作服、工作帽等防护用品，禁止穿拖鞋、凉鞋、高跟鞋作业。

③按时参加班组点名会，掌握当日工作要求及任务。

④准备氧气乙炔装置，开启阀门检查氧气乙炔胶管无漏泄现象，检查割炬状态良好。检查压力表检定标签日期不过期。

⑤从工具存放箱内取出检车灯、检点锤、手锤、扁铲、盒尺、钢板尺、活动扳手等工具。检

查手锤、弯铲外观状态良好，无毛刺飞边；检查移动调梁机各部状态良好，开启调梁机，须动作正常；检查高架车外观状态良好，平稳无异状，无开焊、裂纹等故障。

(3)作业过程

①更换车门时，先将高架车推送到车门口处，打好止轮器，确认稳固后，电焊工登上高架车，使用电焊在车门中上部适当位置焊装吊环，以便于天车吊装车门。

②一名作业人员指挥天车运行，另一名铆工登上高架车，将天车钩挂在吊环上，确认吊挂正位后，再一名铆工将更换门滑轮的专用卡具放置在车门导轨与车门下沿之间，以防止车门脱落。

③电焊工戴上护目镜，开启氧气乙炔割炬，切除待分解车门的门滑轮组装螺栓。待全部螺栓均切除后，铆工戴上护目镜，使用手锤和弯铲将门滑轮内残留的螺杆清除，然后取下门滑轮放置在待检修盘内。

④两名作业人员用手扶住车门，一人指挥天车缓慢启动，将车门吊离原位置。确认天车运行方向无人后，继续指挥天车移动，将车门吊运至适当位置后，指挥天车落钩，将车门放置在地面上，由专人送修制车间加修。

(4)完工整理

①收拾工具，摆放到工具箱或指定的位置，摆放整齐，并清理检修场地。

②关闭电焊机电源，将电焊线、电焊钳、电焊条及护目镜放回到工具箱内；关闭氧气瓶、乙炔瓶阀门，将氧气乙炔切割锯及软管放回到工具箱内。

3. 车体底架各梁检查

(1)作业要点

①劳动防护用品穿戴整齐。

②开工前检查设备工具良好，量具良好不过期，状态良好。

③作业过程有顺序，各部尺寸要牢记，处理完毕须复查。

④复查合格画标记，工完料净场地清。

(2)作业准备

①上班前，严禁饮酒，要充分休息好，保证工作时精力充沛，思想集中。

②工作前必须按规定穿戴好工作鞋、工作服、工作帽等防护用品，禁止穿拖鞋、凉鞋、高跟鞋作业。

③按时参加班组点名会，掌握当日工作要求及任务。

④检查工装设备、工具量具齐全、状态良好，量具检定不超期，发生异常情况时通知工长处理。

(3)作业过程

①检查底体架各梁变形。中梁、侧梁在枕梁间下垂大于 30 mm；以中梁或侧梁与两枕梁内侧结合处下翼板边缘为基点连线，测量连线与中梁或侧梁间的最大垂直距离。将定位铁分别贴靠在中梁与 1、2 位枕梁结合处下翼板下边缘或侧梁与 1、2 位枕梁结合处腹板外侧下边缘，将测绳拉直，用钢直尺测量中梁或侧梁下垂最低点与测绳的垂直距离，即为中梁或侧梁的下垂量。中梁、侧梁在枕梁间下垂检测如图 5-32 所示。

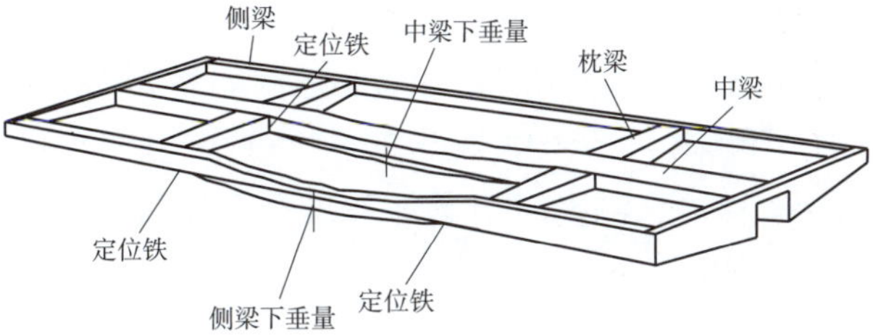

图 5-32 中梁、侧梁在枕梁间下垂检测示意

②中梁、侧梁左、右旁弯(以两枕梁横中心线为基准)大于 30 mm;以中梁或侧梁与两枕梁内侧结合处下翼板边缘为基点连线,测量连线与中梁或侧梁间的最大水平距离。将定位铁分别贴靠在 1、2 位枕梁与中梁或侧梁结合处下翼板下平面边缘,将测绳拉直,用钢直尺测量中梁或侧梁旁弯最大处与测绳的水平距离,即为中梁或侧梁的旁弯量。中梁、侧梁旁弯检测如图 5-33 所示。

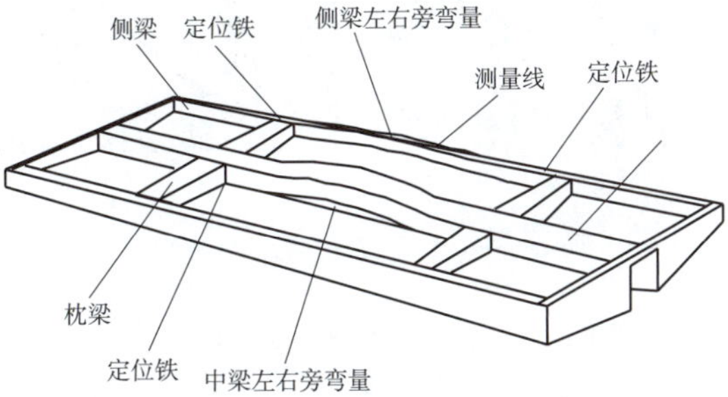

图 5-33 中梁、侧梁旁弯检测示意

③牵引梁或枕梁外侧的侧梁上挠或下垂(以两枕梁中心为基准)大于 20 mm;以两枕梁中心为测量基准,测量牵引梁或枕梁外侧的侧梁上挠或下垂量。使用等高机具架车,使两枕梁水平中心线与轨面平行,用钢卷尺测量牵引梁(侧梁)与枕梁结合处下翼板下平面至两轨面上平尺的垂直距离;测量牵引梁(侧梁)与端梁结合处下翼板下平面至两轨面上平尺的垂直距离,两者差值为牵引梁(侧梁)上挠或下垂量。牵引梁或枕梁外侧的侧梁上挠或下垂检测如图 5-34 所示。

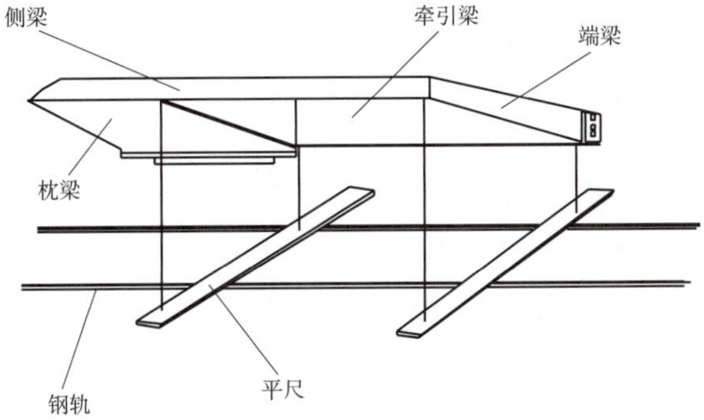

图 5-34 牵引梁或枕梁外侧的侧梁上挠或下垂检测示意

④牵引梁扩张每侧大于 20 mm 或两侧之和大于 30 mm；X2K、X2H 型扩张单侧超过 10 mm 或两侧之和超过 15 mm。以牵引梁内侧腹板下缘未扩张处为基准，测量牵引梁单侧扩张；以牵引梁后从板座两侧未扩张处的内距为基准，测量牵引梁两侧扩张之和。将平尺贴靠在牵引梁内侧腹板下缘，用塞尺测量牵引梁与平尺最大处间隙，即为牵引梁单侧扩张尺寸，牵引梁单侧扩张检测如图 5-35(a)所示，分别测量牵引梁后从板座两侧未扩张处的内距和牵引梁两侧扩张处最大内距，两实测值之差为两侧扩张之和。牵引梁两侧扩张之和检测如图 5-35(b)所示。

(a) 牵引梁单侧扩张检测示意

(b) 牵引梁两侧扩张之和检测示意

图 5-35　牵引梁扩张检测示意

⑤牵引梁左、右旁弯大于 20 mm。以枕梁腹板垂线为基准，测量牵引梁下翼板左、右旁弯最大值。将等长于牵引梁的直角尺贴靠于枕梁腹板和牵引梁下翼板根部，用钢直尺测量牵引梁下翼板在端梁结合处与直角尺的水平距离，即为牵引梁左、右旁弯尺寸。牵引梁左、右旁弯检测如图 5-36 所示。

⑥金属辅助梁弯曲大于 20 mm。以金属辅助梁与中梁和下侧梁接合处下翼板下边缘为基点连线，测量连线与弯曲处的最大垂直距离。在金属辅助梁与中梁和侧梁结合处下翼板下边缘拉测绳，用钢直尺测量测绳与金属辅助梁下平面最大弯曲处的垂直距离，即为金属辅助梁弯曲量。金属辅助梁弯曲检测如图 5-37 所示。

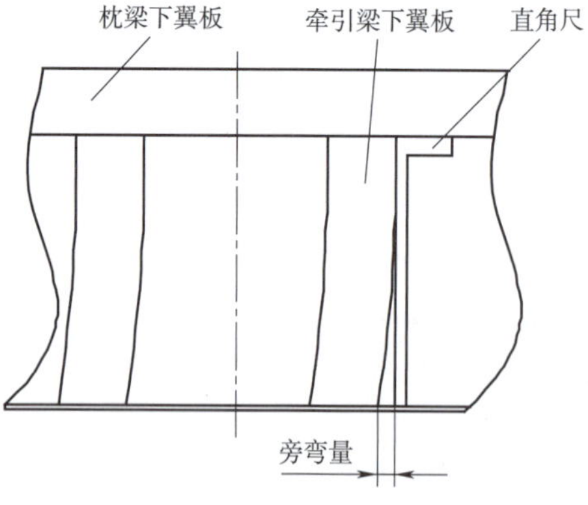

图 5-36　牵引梁左、右旁弯检测示意

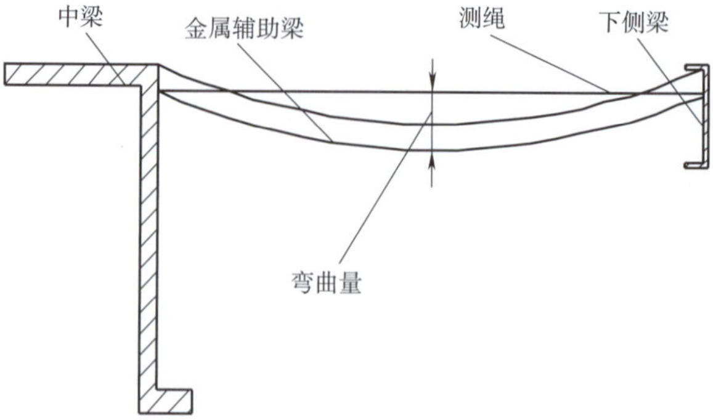

图 5-37　金属辅助梁弯曲检测示意

(4)完工整理

全部作业完毕后,收回相关设备、工具、量具及其他材料配件,清理现场作业环境,做到工完料净场地清。

4. 架车作业

(1)作业要点

①检查架车机状态良好,检查吊索具状态良好。确认车辆已卸空并对正位,罐车架车前应确认罐体有"罐车二次明火试验合格证",设置止轮器进行防溜防护,分解上拉杆圆销及脱轨自动制动装置拉环。

②至少三人以上进行架车作业,车顶、车内、车下有人时,不得进行架落车作业。

③架车作业过程中作业人员头部高度不得高于侧架上平面。

④现场呼唤应答传递由操纵阀人员向近端旁承调整人员先呼唤,之后由近端人员向远端人员再呼唤,远端人员得到指令后先向近端人员应答,近端人员再向操纵阀人员应答,如此完成一个呼唤应答过程,才能进行下一步作业。

(2)作业准备

①打销人员使用手锤、钩引将上拉杆与转向架移动杠杆连接圆销开口销分解卸下,取出圆销,将上拉杆与移动杠杆分离,旧圆销穿入上拉杆圆销孔内,由制动装置检修人员负责回收。

②熔接工切除脱轨自动制动装置拉环与顶梁连接的8个圆销后,由打销人员使用手锤、钩引将脱轨自动制动装置拉环与顶梁连接的8个圆销冲出分解卸下,将拉环从顶梁上卸下由制动装置检修人员回收。

③插设安全销人员检查确认车上、车下及车辆侧方不得有非架车作业人员,有人时严禁进行架车作业。然后分别在一、四位轮对外侧紧贴踏面处设置止轮器进行防溜。同时确认初始车钩高度及心盘垫板厚度已测量,车体端墙板或端梁上有标注的车钩高度及心盘垫板厚度数值。

(3)作业过程

①架车须三人以上同时作业,车顶、车内、车下有人时,不得进行架落车作业。指定一人为开风阀或指挥天车,另两人架车时在车辆同一端两侧风镐蹲守插安全销或移动固定架车机。架车作业过程中作业人员头部高度不得高于侧架上平面。架车过程中做好呼唤应答,现场呼唤应答传递由操纵阀人员向近端旁承调整人员先呼唤,之后由近端人员向远端人员再呼唤,远端人员得到指令后先向近端人员应答,近端人员再向操纵阀人员应答,如此完成一个呼唤应答过程,才能进行下一步作业。

②使用风动架车机架车作业

a. 操作风阀人员与两侧插设安全销人员各自到位后,由靠近操作风阀人员一侧的插设安全销人员负责指挥,向操作风阀人员做出提示。

b. 插设安全销人员面向车体站在架车机顶镐处,将手臂平伸掌心向上,然后向上挥动手臂,同时报告操作风阀人员架车。操作风阀人员须大声回应,先顺时针旋转排风阀门并关闭,然后逆时针方向旋转打开架车阀门,缓慢充风使架车机顶升起车体一端。风动架车机操作阀如图 5-38 所示。

c. 在架车机顶升车体过程中，两侧插设安全销人员注意观察上下心盘是否卡死，如有卡住要立即报告操作风阀人员停止充风查明原因并处理，确认上下心盘分离后继续架车。架车时注意观察，发现车体倾斜、偏重、无法正常升起等不正常现象时，应立即大声提示停止充风，查明原因并处理后方可恢复作业。车体在全部架起前，车体下方禁止非架车人员作业。

d. 当架车机顶镐上升到第 1 个安全销孔露出约100 mm 时，插设安全销人员将安全销迅速插入安全销孔内并使安全销两端各露出销孔约 50 mm，然后将掌心向下手臂平伸，向下挥动手臂，同时指示操作风阀人员停止充风。

e. 操作风阀人员先顺时针拧紧架车阀门停止充风，然后逆时针旋转架车机排风阀门缓慢排风，使架车机顶镐落下利用安全销卡住。插设安全销人员检查车体架车部位与架车机正常接触，横向搭载量不得小于下侧梁翼板宽度。横向搭载量与侧梁翼板宽度如图 5-39 所示。

图 5-38　风动架车机操作阀

图 5-39　横向搭载量与侧梁翼板宽度

f. 插设安全销人员取出转向架车轮踏面处设置的止轮器，将转向架从车下推出至空位处，在转向架两轮对外侧分别设置止轮器进行防溜。操作风阀人员将控制柜柜门关闭，并锁闭良好。三人配合用上述相同作业方式将另一端车体架起，将转向架推出并设置止轮器防溜。

(4)完工整理

①作业完毕后，将止轮器收起放在架车机旁。擦拭架车机控制柜。

②整理工具并擦拭干净，放置在工具柜内。

③将吊具整齐摆放在定置存放处。清扫作业场地，作业区域保持清洁，地面无杂物。

(二)车体及配件检测修理

1. 车体及配件检修和尺寸测量

(1)作业要点

①劳动防护用品穿戴整齐。

②开工前检查设备工具良好，量具良好不过期，状态良好。

③作业过程有顺序，各部尺寸要牢记，处理完毕须复查。

④复查合格画标记，工完料净场地清。

(2)作业准备

①开工前，对手锤、撬棍等工具外观质量进行逐项检查，确认无松动或裂纹等影响正常使用的故障缺陷，工具性能良好方能使用，不良时不得使用，并须立即向班组工长报告。

②量具点检，开工前，对金属测厚仪、钢直尺等检测量具技术状态进行检查确认，确认各项检测量。

③量具性能良好，检定标签齐全且在有效期内，性能不良或过期时不得使用，并须立即向班组工长报告。

④当作业环境光照条件不足时，应准备手电筒，检查过程中，使用手电筒配合检查零部件质量。

(3)作业过程

①侧柱检修质量检查：整车侧柱检查按照逆时针方向进行逐一检查，单根侧柱时，将侧柱沿垂直方向均分为二等分，从下至上检查侧柱一半，接着从上至下检查侧柱剩余另一半，目视顺次检查侧柱外观质量，检查顺序为：侧柱铆钉孔周边、侧柱本体→侧柱与墙板连接处、侧柱本体→侧柱与侧梁连接处、侧柱本体→侧柱与侧梁连接处、侧柱本体→侧柱与墙板连接处、侧柱本体→侧柱铆钉孔周边、侧柱本体→侧柱外胀检测。重点检查：a. 侧柱与侧墙板焊缝；b. 侧柱本体；c. 侧柱铆钉孔；d. 侧柱与上侧梁连接处。

②质量标准：侧柱裂纹或腐蚀深度大于 50%时，焊补或截换；门挡座与侧板和侧柱的焊缝开裂时焊修；侧柱、侧柱内补强座及撑杆检修须符合下列要求：侧柱外胀大于 30 mm 时调修。调修时，须清除侧柱内补强座与地板间的焊缝，调直后重新焊接；侧柱内补强座腐蚀大于 50%时更换；侧柱变形时按以下方法检测：将吊线锤线紧贴上侧梁翼板边缘。

③线坠垂直置于下侧梁下方。线坠垂直置于下侧梁下方如图 5-40 所示。

(a) (b)

图 5-40　线坠垂直置于下侧梁下方

④待线坠静止后，测量线与立柱间隙最大处尺寸即为变形尺寸。测量侧柱变形量如图 5-41 所示。

⑤在相对应部位标注测量数值(敞车侧柱变形不大于 30 mm,棚车侧柱变形不大于 40 mm),侧柱变形测量数值如图 5-42 所示。

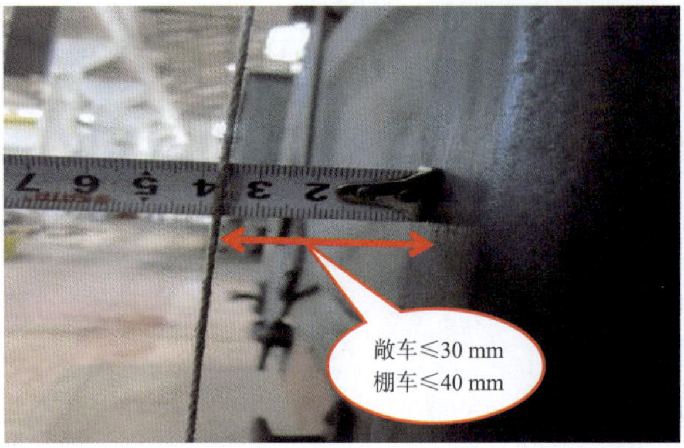

图 5-41　测量侧柱变形量

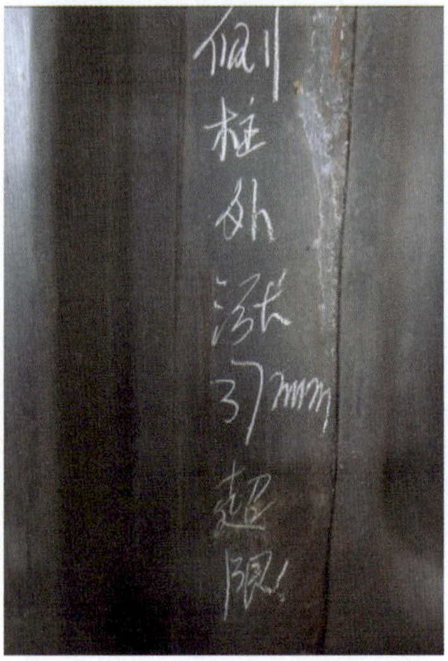

图 5-42　侧柱变形测量数值

⑥侧柱纵裂纹长度不大于 50 mm 或横裂纹未延及铆钉孔时焊修,裂纹超限或腐蚀大于 50%时,补强、挖补或截换。截换时,接口纵向中心线夹角不大于 45°。

⑦侧柱翼板横裂纹长度不大于翼板宽的 1/2 时,补平形补强板;长度大于翼板宽的 1/2 或延及铆钉孔时补角形补强板;侧柱根部补强时,须用 6 mm 厚的角形补强板。下端补强时,补强板上边缘的高度须大于侧梁上平面 100 mm,下端较底面缩进量不大于 15 mm;两侧补强时,上端须错开50 mm 以上。但厂修周期为 8 年及以上者须截换或更换。

⑧侧柱挖补或截换时,须采用原型号、原材质的侧柱。截换时,接口错位不大于 2 mm,接口下角须高出侧梁平面 200 mm 以上;相邻侧柱接口须错开,每根侧柱只允许有一个接口,但帽形钢侧柱在侧柱连铁以上的新制接口不计。

⑨耐候钢车侧柱下部截换时与侧梁连接处须涂密封胶。

⑩钢结构、不锈钢结构敞车侧柱及枕柱外胀不大于 30 mm。

(4)完工整理

①全部作业完毕后,收回相关设备、工具、量具及其他材料配件,清理现场作业环境,做到工完料净场地清。

②金属测厚仪、钢直尺等检测量具须装回专用量具盒,并放置在指定工具柜内。

③手锤、撬棍等调修工具须收回到专用存放架。

④报废的材料配件须送至废钢箱。

2. 棚车车门、车窗外观状态检查

(1)作业要点

①窗户或通风口弯曲变形时调修或更换,车窗组成及配件丢失时补装。P_{62} 系列型车拉网钢板式通风口腐蚀破损时,须更换为百叶窗式口板;滤尘网破损、丢失时更换。

②车门导轨腐蚀、磨耗过限时截换或更换，变形时调修，裂纹时焊修或更换；车门内凹、外胀过限时调修，裂纹时焊修或更换，腐蚀过限时更换；车门组装后，须开闭灵活。

（2）作业准备

①从工具存放箱内取出检车灯、检点锤、手锤、扁铲、盒尺、钢板尺、活动扳手等工具。检查手锤、弯铲外观状态良好，无毛刺飞边。

②检查高架车外观状态良好，平稳无异状，无开焊、裂纹等故障；试验止轮器须作用良好，不良时通知工长进行处理。

③作业防护检查，检查确认车辆防溜工具已放置，作业车辆最外端南侧插设有防护红旗。

（3）作业过程

①使用手电筒和检点锤依次对车辆一位车门导轨、一位车门及滑轮、二位车门导轨、二位车门及滑轮进行目视检查，对门滑轮组装螺栓进行锤击检查。

②检查车门导轨，车门导轨弯曲、变形影响车门作用时须调修，变形严重无法调修时截换或更换；门导轨与导轨支架各部焊缝开焊及门导轨裂纹时焊修。

③检查门滑轮组成，对门滑轮及架、滑轮盒、滑轮轴逐个进行目视检查，对门滑轮组装螺栓使用检点锤进行锤击检查。门滑轮及架裂纹、折断、破损以及门滑轮及轴磨耗严重影响作用时须更换。

④检查车门及附属件，车门及附属件变形时调修，焊缝开裂时焊修。

⑤检查车门作用，进行开闭车门试验，须作用灵活，开闭良好；在开闭车门试验时，车门滑轮与架不得抵触。

⑥样板量具检测，发现车门存在内凹、外胀故障时，使用平尺和塞尺对弯曲数值进行检测，超过 40 mm 时调修；车门腐蚀时，使用金属测厚仪检测门板剩余厚度，不足 50%时，对车门腐蚀部位进行补强或挖补。

⑦画检修标识、门导轨检修标识，门导轨变形时，使用滑石笔在故障部位画“△”调修标识；门导轨各部焊缝开焊时，在焊缝侧面沿焊缝长度方向画“—”焊修标识；导轨弯曲、变形严重不能调修时，视故障程度在导轨的上平面画“/”截换标识或“×”更换标识；车门滑轮检修标识，门滑轮及架裂纹、折断、破损以及门滑轮及轴磨耗严重影响作用时，使用滑石笔在滑轮架外表面上画“×”更换标识；滑轮轴窜出时，在轴端部画“｜”焊修标识；门滑轮盒裂纹、破损时，使用滑石笔在滑轮盒外表面画“×”更换标识；滑轮及盒组装螺栓松动时，在螺栓头部画“｜”紧固标识。车门滑轮与架抵触时，使用滑石笔在门滑轮外表面上画“×”更换标识。

⑧车门及附属件检修标识，车门内凹、外胀过限时，使用滑石笔在故障部位画“△”调修标识；车门裂纹时，使用滑石笔在裂纹侧面沿裂纹长度方向画“—”焊修标识；车门板腐蚀过限时，在腐蚀部位的外圈画“口挖”或“口补”补强或挖补标识；腐蚀严重无法修复时，在车门上画“×”更换标识；车门拉手及车门栏杆组成丢失时，使用滑石笔在故障处画“○”丢失标识；车门拉手及车门栏杆座开焊时，使用滑石笔在裂纹侧面沿裂纹长度方向画“—”焊修标识；车门拉手及车门栏杆组成变形时，使用滑石笔在故障部位画“△”调修标识。

⑨检查通风口，对通风口逐个进行目视检查，弯曲、变形时，使用滑石笔在故障部位画调

修标识“#”。

⑩检查开启式车窗，检查外窗，对外窗的吊环、吊环座、锁铁挡、外窗板、外窗折页、卡铁必须逐个进行目视检查。各配件磨耗严重影响作用时，使用滑石笔在相关配件外表面上画更换标识“×”或在窗户附件的外墙板上标注“更换×××”（×××为配件名称），外窗组成丢失时，在窗户附件的外墙板上标注“补装外窗”；检查内窗，打开窗户，对内窗的折页、内窗板、角杆必须逐个进行目视检查。各配件磨耗严重影响作用时，使用滑石笔在相关配件外表面上画更换标识“×”或在窗户附件的墙板上标注“更换×××”（×××为配件名称），内窗组成丢失时，在窗户附件的外墙板上标注“补装内窗”。

⑪车窗组成丢失时，在窗户附件的外墙板上标注“补装车窗组成”。

⑫检查推拉式车窗，对推拉式车窗的窗板、垫板、窗钩、窗导框必须逐个进行目视检查，对螺钉、螺母进行锤击检查。各配件变形严重影响作用时，使用滑石笔在相关配件外表面上画调修标识“#”；各配件磨耗严重影响作用时，使用滑石笔在相关配件外表面上画更换标识“×”或在窗户附件的墙板上标注“更换×××”（×××为配件名称）；螺钉及螺母松动时，在螺钉的头部外表面上划紧固标识“—”；车窗组成丢失时，在窗户附件的外墙板上标注“补装车窗组成”。

（4）完工整理

收拾工具，摆放到工具箱或指定的位置，摆放整齐，并清理检修场地。

（三）车体配件组装试验

1. 车体配件组装状态检查

（1）作业要点

①劳动防护用品穿戴整齐。

②车门导轨腐蚀、磨耗过限时截换或更换，变形时调修，裂纹时焊修或更换；车门内凹、外胀过限时调修，裂纹时焊修或更换，腐蚀过限时更换；车门组装后，须开闭灵活。

（2）作业准备

①上班前，严禁饮酒，要充分休息好，保证工作时精力充沛，思想集中。

②工作前必须按规定穿戴好工作鞋、工作服、工作帽等防护用品，禁止穿拖鞋、凉鞋、高跟鞋作业。

③按时参加班组点名会，掌握当日工作要求及任务。

（3）作业过程

①敞车下侧门组装状态检查

a. 打开下侧门左右搭扣，对下侧门进行不少于一次的开闭性能试验，并在关闭状态下使用 8 mm 塞尺对下侧门门缝间隙进行检查。下侧门门缝间隙如图 5-43 所示。

b. 下侧门开闭性能须良好。

c. 下侧门门缝间隙不得大于 8 mm。

图 5-43　下侧门门缝间隙

②棚车车门组装状态检查

a. 组装车门时，须由专人统一指挥。指挥人员所在位置须让天车司机能清楚看到手势。组装前，须确认作业区域安全范围内无障碍物和其他无关人员，然后进行试吊，确认吊牢无异状后，一名作业人员指挥、两名以上铆工手扶车门缓慢向安装位置移动，到达门口位置后，手扶对正位置，确认车门上部入槽后，将门滑轮放在车门与导轨之间，滑动门滑轮对正螺栓孔，确认车门上沿与门框搭接量超过 10 mm 后，组装门滑轮螺栓、弹簧垫圈及背母，使用扳手紧固螺母；车门上沿与门框搭接量不足时，可在门滑轮架与车门之间加平垫圈调整或更换门滑轮。

b. 车门组装完毕后，作业人员指挥天车落钩，撤除吊具。

c. 车门安装后，须进行调试，保证开闭作用灵活，然后通知电焊工切除车门板上焊装的吊环。

(4)完工整理

①全部作业完毕后，收回相关设备、工具、量具及其他材料配件，清理现场作业环境，做到工完料净场地清。

②车体整形机、下侧门拆装小车须移动至定置位置。

③手锤、撬棍等调修工具须收回专用存放架。

2. C_{70} 型整车落成尺寸测量

(1)作业要点

①钻车进出时注意头部、背部，防止撞伤。攀登车辆时须确认扶手、脚踏板正常，方可攀登。

②整车落成须在检修库内的平直线路上检测。

(2)作业准备

①整车落成须在车辆底体架、油漆标记、车钩缓冲装置组装、转向架检修、制动装置检修、车内设备等各部位施修完毕后，经班组工长确认标记齐全。

②检查工具作用良好，样板、量具校验合格。

(3)作业过程

①装用下作用车钩时须装用车钩防跳插销，防跳插销 B 部间隙不大于 8 mm。防跳插销插入下锁销组成孔内如图 5-44 所示。

②闭锁位置时，钩提杆扁平部位须能自由落入钩提杆座的扁孔内，其间隙不大于 3 mm。钩提杆扁平部位与钩提杆座间隙测量如图 5-45 所示。

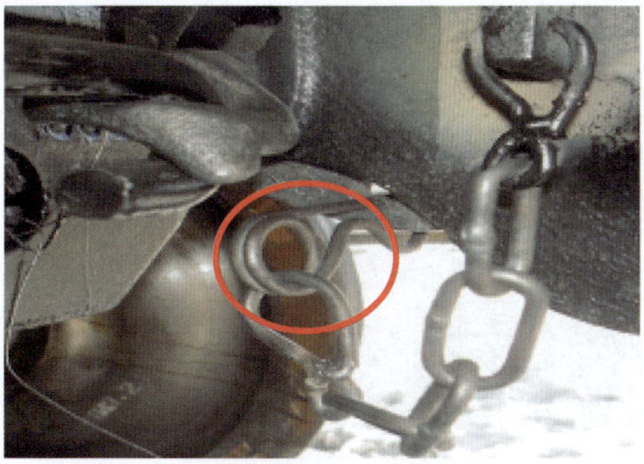

图 5-44　防跳插销插入下锁销组成孔内

图 5-45　钩提杆扁平部位与钩提杆座间隙测量

③17 型车钩装用 MT-2、HM-1、HM-2、HN-1 型缓冲器时，间距须为 95^{+10}_{-5} mm。车钩钩肩与冲击座间距测量如图 5-46 所示。

图 5-46　车钩钩肩与冲击座间距测量

④70 t 级铁路货车钩身上部与冲击座(A 部)间隙不小于 28 mm。车钩支撑座与冲击座(B 部)间隙不小于 46 mm，车钩支撑座左右横向移动量不大于 15 mm。车钩支撑座与冲击座 A、B 部测量如图 5-47 所示。

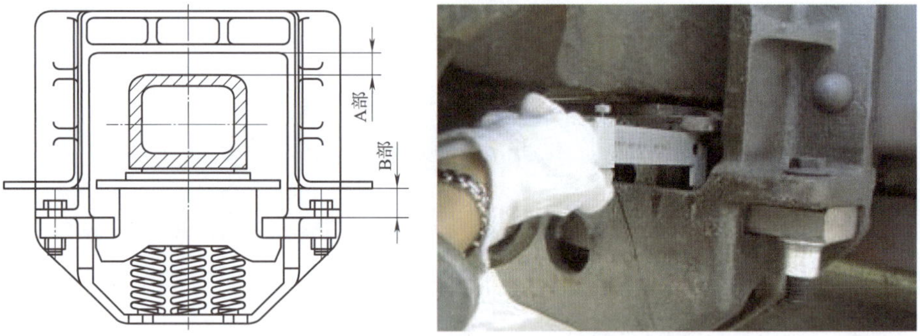

(a)　(b)

图 5-47　车钩支撑座与冲击座 A、B 部测量

⑤除特殊规定者外，脱轨自动制动装置应根据转向架型别组装。调整拉环、顶梁与车轴的位置尺寸 $\Delta X=(75\pm10)$mm、$\Delta Y_2=(100\pm2)$mm、$\Delta Y_1=40^{+3}_{-5}$ mm。拉环、顶梁与车轴的间距测量如图 5-48 所示；

(a) ΔX的检测　(b) ΔY_1的检测

图　5-48

(c) ΔY_2的检测

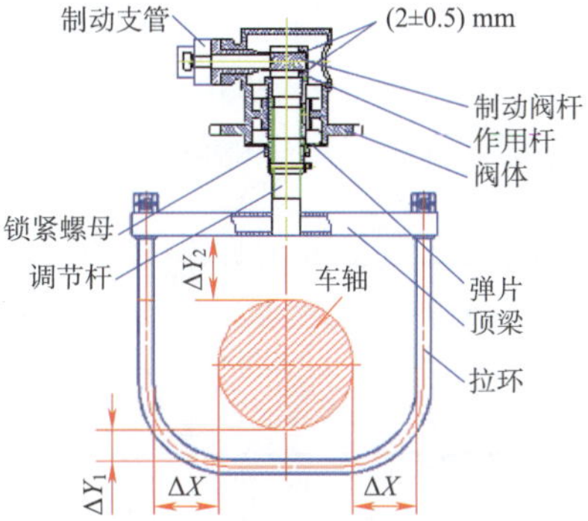

(d) 拉环、顶梁与车轴的位置尺寸检测

图 5-48 拉环、顶梁与车轴的间距测量

⑥除另有规定外，装用常接触双作用弹性旁承的车辆，同一辆车旁承安装须同侧同向，同一转向架反向。铁路货车装用双作用弹性下旁承的转向架时，上下旁承须接触，上旁承下平面与双作用弹性下旁承滚子(或支撑磨耗板)的间距(5±1)mm。上盘承下平面与滚子间隙测量如图 5-49 所示。

图 5-49 上盘承下平面与滚子间隙测量

⑦除特殊设计者外，车钩中心线至轨面的垂直距离为(880±10)mm；同一辆车两车钩中心高度差不大于 10 mm。车钩中心高度测量如图 5-50 所示。

图 5-50 车钩中心高度测量

⑧TWG-1A、TWG-1C型间距不符合规定时，可用双扳手调整传感阀触头。传感阀触头拧出顶杆的长度超过20 mm仍达不到要求时，则在传感阀安装座与传感阀吊架之间加入调整垫。触头与横跨梁触板的间隙见表5-4。

表5-4　触头与横跨梁触板的间隙　　单位：mm

KZW系列传感阀	TWG-1系列传感阀			
测重行程21	测重行程27	70 t级KZW-A型	TWG-1A型	TWG-1C型
3±1	6±1	6±1	3±1	6±1

(4)完工整理

回收计量器具及材料收拾齐全放置工具盒中。

扫一扫

视频：C_{70}整车落成检查

3. C_{70}型整车落成检查

(1)作业要点

①钻车进出时注意头部、背部，防止撞伤。攀登车辆时须确认扶手、脚踏板正常，方可攀登。

②整车落成须在检修库内的平直线路上检测。

(2)作业准备

①整车落成须在车辆底体架、油漆标记、车钩缓冲装置组装、转向架检修、制动装置检修、车内设备等各部位施修完毕后，经班组工长确认标记齐全。

②核对“货车检修记录单车统—22B-1(正面)”确认车辆载重、自重、换长等性能标记是否和原车标签信息一致。

③核对“货车检修记录单车统—22B-1(正面)”中记录装用配件型号是否与现车一致，现车配件装用是否符合相应车型要求。

④检查工具作用良好。

(3)作业过程

①使用便签读取器核对“货车检修记录单车统—22B-1(正面)”确认车种、车型、车号、性能标记是否和原车标签信息一致；核对“货车检修记录单车统—22B-1(正面)”中记录装用配件型号是否与现车一致。

②车钩三态试验：检测车钩三态作用试验须良好。17型车钩闭锁位下锁销杆显示孔须整体可见。

a. 全开试验：在闭锁位时，持续稳定地转动钩提杆的手把，钩舌应达到全开位置。

b. 闭锁试验：在全开位时，持续稳定地推动钩舌鼻部，钩舌应转动到闭锁状态，同时钩锁落到闭锁位置。

c. 开锁试验：在闭锁位时，转动钩提杆的手把，使钩锁座锁面抬高到钩舌尾部以上。在此过程中钩舌不应转动，钩舌仍处在闭锁位置；当回转钩提杆并落下钩锁时，钩锁应坐在钩舌推铁的座锁面上；此时用手扳动钩舌鼻部，钩舌应能转动到全开位置。

③外观检查一位端墙、横带、角柱、侧柱、侧墙无外胀变形、下端梁无下垂；检查端墙外侧的主管卡子螺栓组装状态良好；折角塞门作用良好，70 t级铁路货车须装用长度为795 mm

的制动软管连接器及软管吊链组成，用的编织制动软管总成经外观检查和风、水压力试验均须合格。在制动软管的接头上缠绕聚四氟乙烯带数圈后旋入折角塞门内，并用管钳拧紧牢固，连接器角度符合规定。检查车钩钩身落实到位，车钩支撑座、支撑弹簧组装状态良好，支撑座组装铆钉或螺栓无松动。

④手动试验折角塞门锁紧帽是否松动；用手电筒检查底架及各梁是否腐蚀、变形、裂纹等故障；检查侧架滑槽磨耗板、轴承后挡组装状态；检查钩尾销托板、安全托板、钩尾框托板组装状态，敲击检查组装螺栓是否松动，开口销组装状态是否符合要求，钩尾框是否压实落位。

⑤检查脱轨阀及拉环拉铆组装状态，安全锁、制动梁安全链、上下心盘螺栓及开口销、心盘磨耗盘、中心销、移动杠杆、基础制动圆销及扁开口销组装状态，检查交叉杆扣板螺栓及检修标记。

⑥检查上端梁及挂钩、侧墙板、斜撑、折页及圆销（折页圆销须有 3～8 mm 窜动量）、门环组装状态，敲击检查牵引钩、绳栓、门搭扣及螺栓有无松动，检查下侧门腐蚀、变形、门缝间隙（不大于 8 mm）、下侧门与墙板及下端梁搭接量（搭接量不小于 10 mm），检查大车号、定检、"卷"字、定位油漆标记涂打状态。

⑦检查轴箱橡胶垫、承载鞍、轴端螺栓、施封锁、轴承外圈、防松止耳（防松止耳需与轴端螺栓密贴）组装状态，敲击检查挡键螺栓、交叉杆端头螺栓及防松止耳（防松止耳需对称贴靠螺栓平面），检查闸瓦、闸瓦插销及尾环、锁紧板、轴向橡胶垫，检查上盘承螺栓、斜楔及主副摩擦板、立柱磨耗板、摇枕及减振弹簧组装状态、枕梁工艺孔。

⑧检查上端梁及挂钩、侧墙板、斜撑、折页及圆销（折页圆销须有 3～8 mm 窜动量）、门环组装状态，敲击检查绳栓、门搭扣及螺栓有无松动，检查下侧门腐蚀、变形、门缝间隙（不大于 8 mm）、下侧门与墙板及下端梁搭接量（搭接量不小于 10 mm）。

⑨检查底架及各梁是否腐蚀、变形、裂纹等故障；检查侧架滑槽磨耗板、轴承后挡组装状态，敲击检查主管卡子螺栓、上拉杆托架滚套、安全锁、制动梁安全链、上下心盘螺栓及开口销、固定杠杆、基础制动圆销及扁开口销组装状态，检查交叉杆扣板螺栓及检修标记。

⑩检查制动支管及卡子螺栓、标签读取器及防盗装置、底架及各梁是否腐蚀、变形、裂纹等故障；敲击检查主管卡子及螺栓组装状态。

⑪检查上端梁及挂钩、侧墙板、斜撑、折页及圆销（折页圆销须有 3～8 mm 窜动量）、门环组装状态，敲击检查绳栓、门搭扣及螺栓有无松动，检查下侧门腐蚀、变形、门缝间隙（不大于 8 mm）、下侧门与墙板及下端梁搭接量（搭接量不小于 10 mm）。

⑫检查侧开门折页座螺栓、侧门锁盒、上门锁杆（插入量不小于 20 mm）、下门锁铁、手把支座等装置须齐全，作用良好，检查侧开门锁闭顺序、小车号油漆标记涂打状态。

⑬检查底架及各梁是否腐蚀、变形、裂纹等故障，检查制动缸前杠杆及基础制动圆销、闸调器（检修标记、制造名牌、筒体螺栓）及调整杆、制动缸后杠杆及制动圆销、控制杠杆，检查集成器及组装螺栓、截断塞门手把组装状态。

⑭检查底架及各梁是否腐蚀、变形、裂纹等故障，检查环节阀拉杆及座、副风缸安装座螺栓、副风缸封堵安装状态。

⑮检查上端梁及挂钩、侧墙板、斜撑、折页及圆销(折页圆销须有 3～8 mm 窜动量)、门环组装状态,敲击检查绳栓、门搭扣及螺栓有无松动,检查下侧门腐蚀、变形、门缝间隙(不大于 8 mm)、下侧门与墙板及下端梁搭接量(搭接量不小于 10 mm)。

⑯检查轴箱橡胶垫、承载鞍、轴端螺栓、施封锁、轴承外圈、防松止耳(防松止耳需与轴端螺栓密贴)组装状态,敲击检查挡键螺栓、交叉杆端头螺栓及防松止耳(防松止耳需对称贴靠螺栓平面),检查闸瓦、闸瓦插销及尾环、锁紧板、轴向橡胶垫,检查上盘承螺栓、斜楔及主副摩擦板、立柱磨耗板、摇枕及减振弹簧组装状态、枕梁工艺孔。

⑰检查上端梁及挂钩、侧墙板、斜撑、折页及圆销(折页圆销须有 3～8 mm 窜动量)、门环组装状态,敲击检查绳栓、门搭扣及螺栓有无松动,检查下侧门腐蚀、变形、门缝间隙(不大于 8 mm)、下侧门与墙板及下端梁搭接量(搭接量不小于 10 mm);检查扶梯、脚蹬组装状态。

⑱检查二位端墙、横带、角柱、钩提杆及安装座螺栓、复位弹簧(靠近端梁非工作部位须对折钎焊)、冲击座及铆钉,检查车钩检修标记、钩头、钩舌销及开口销、防跳插销(B 部间隙不大于 8 mm)、制动软管挂链组装状态。

⑲按①～⑨的检查步骤重新从车辆二位向一位检查,其中新增检查部位:脱轨自动制动装置、球阀手把、横跨梁、传感阀及防尘罩、加速缓解风缸、降压风缸、120 制动阀、紧急阀、空重车调整阀、制动缸、人力制动机拉杆及吊架、NSW 型人力制动机组装状态;检查车内是否存在杂物。

⑳NSW 型人力制动机性能试验。

a. 制动试验。在功能手柄置于常用位时,顺时针方向转动手轮,须产生并保持制动力。制动试验如图 5-51(a)所示。

b. 缓解试验。快速逆时针方向转动手轮约 40°时须缓解。缓解试验如图 5-51(b)所示。

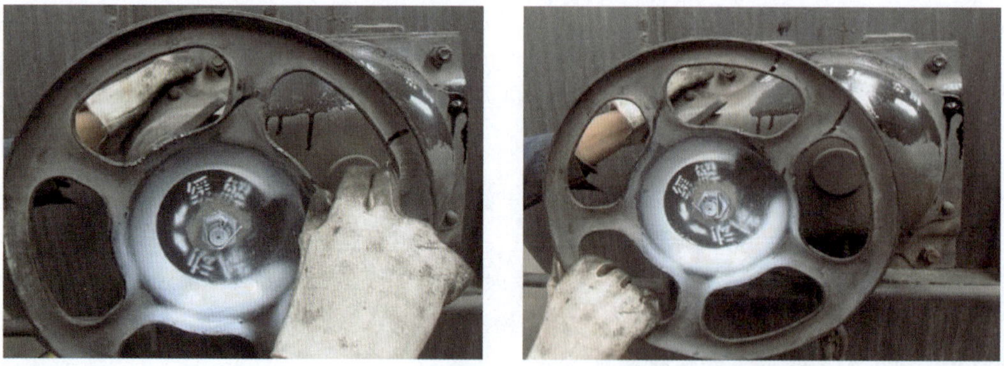

(a) 制动试验　　(b) 缓解试验

图 5-51　NSW 型人力制动机性能试验

c. 调力试验。功能手柄置于常用位置,顺时针转动手轮,当链条产生一定拉力时,给手轮施加顺时针方向扭矩的同时,将功能手柄拨向调力位置,此时,链条拉力可随手轮的旋转增大或减小。

(4)完工整理

①质检员检查合格后在"一"下面用蓝粉笔标注"口",形成"合"字标识。

②回收计量器具及材料收拾齐全放置工具盒中。

③完工后须全面检查、清理轮缘沟的异物，防止调车脱轨事故的发生。

二、转向架

（一）转向架配件分解

1. 构架与轮轴分离

（1）作业要点

①检查确认挡键全部已经清理。

②在台车前后分别卡好止轮器。

③起吊前用卡具将承载鞍与侧架导框固定牢固。

（2）作业准备

①上班前，严禁饮酒，要充分休息好，保证工作时精力充沛，思想集中。

②工作前必须按规定穿戴好工作鞋、工作服、工作帽等防护用品，禁止穿拖鞋、凉鞋、高跟鞋作业。

③检查转向架专用吊具、承载鞍吊具作用良好，确认止轮器 2 个、承载鞍卡具 4 个状态良好。

（3）作业过程

①每日开工前，对天车进行自检试验确认良好后填写机械动力设备运行记录本，检查止轮器有无裂纹、破损，确认状态良好。

②检查转 K6 型转向架承载鞍卡具无裂纹、转 K2 型转向架承载鞍吊具安全锁无断丝、节点牢固，状态良好。

③固定承载鞍：转 K6 型转向架，从承载鞍卡具存放架上取出承载鞍卡子。使用承载鞍卡子长端插入导框旁边圆形孔内，短端插入导框内侧、承载鞍挡边下方。

④设置防溜止轮器：防护木垫添加以后，将转向架推至转向架吊具下部，吊具同下心盘位置垂直对正后，取出止轮器，放在 2、4 位或 6、8 位车轮踏面处，止轮器与车轮踏面紧密贴靠。设置防溜止轮器如图 5-52 所示。

图 5-52　设置防溜止轮器

⑤吊运转向架至冲洗台位:按动转向架专用吊具操作按钮“下”,使卡爪下降,再分别按动“后”、按钮,使卡爪进入摇枕孔内,按下“前”按钮,卡爪与摇枕孔内侧接触,轻按“上”按钮,慢慢启动吊具,待转向架与轮轴轴承分离后停下,再次确认吊具,卡具是否牢固。卡爪进入摇枕孔内如图5-53所示。

图5-53 卡爪进入摇枕孔内

⑥确认牢固后,按下“上”按钮,构架与轮对分离。继续按“上”按钮,吊具顶部贴合后,自动将转向架调至冲洗台左侧黄框区域内停止。然后按下“右”按钮,吊具继续向冲洗台上部移动。到上部后,吊具碰至限位器自动停止。再按下“下”按钮,将转向架落缓慢对正位置落至冲洗台上。

(4)完工整理

①完成当日工作后,关闭龙门吊电源,整理承载鞍吊具、卡具,将其放置承载鞍卡具专用吊架上,擦拭设备。

②参加班组完工会,对当日反馈信息进行回顾分析。

2. 减振装置分解

(1)作业要点

①分解枕簧、斜楔时须穿戴防护手套。

②分解枕簧、斜楔后对斜楔进行原车原位标识。

(2)作业准备

①上班前,严禁饮酒,要充分休息好,保证工作时精力充沛,思想集中。

②工作前必须按规定穿戴好工作鞋、工作服、工作帽等防护用品,禁止穿拖鞋、凉鞋、高跟鞋作业。

③检查摇枕弹簧传送线作用良好,确认撬棍1把状态良好。

(3)作业过程

①分解作业时采取先南侧后北侧、先外侧后内侧、从左至右依次分解的顺序进行作业。

②分解1位枕簧。

a. 在枕簧承台处手伸入抓住一组枕簧内、外簧上部，向外扳动摇枕枕簧至横放，抓住该组枕簧内、外簧底部，双手取出枕簧放入枕簧传送线或运输小车上，流入枕簧检测岗位。

b. 分解枕簧时，从工具箱内取出撬棍，使用撬棍插入减振簧底部，用力向下翘起使其完全倒下，双手抓牢减振内、外簧取出减振弹簧放入枕簧传送线或运输小车上，再取出斜楔放入承载鞍传送线或运输小车上，并在斜楔副摩擦面用白粉笔涂打原车原位标记。分解枕簧、斜楔如图 5-54 所示。

③分解 2 位枕簧。

右手拨出流水线支承座定位销，转动定位销 90°，双手扶住侧架上平面端部整体转动 180°，再旋转定位销 90°，按“分解 1 位枕簧”程序和标准分解 2 位枕簧。

(4)完工整理

①完成当日工作后，关闭设备电源，整理工具，做到工完料净场地清。

②参加班组完工会，分析当日存在问题，明确整改要求。

3. 交叉支撑装置分解

(1)作业要点

对分解后的端头螺栓、锁紧板进行检查，锁紧板变形时更换，端头螺栓弯曲、裂纹或螺纹损伤时更换为新品。

(2)作业准备

①按规定穿戴劳保用品。

②检查风动扳机作用良好，确认手锤 2 把、扁铲 2 把状态良好。

③检查确认翻转工位检查后在侧架上表面的“更换交叉杆”粉笔标记。

(3)作业过程

①取出手锤、扁铲，将扁铲插入螺栓与双耳防松垫圈止耳之间，使用手锤敲击扁铲尾部，劈开双耳防松垫圈止耳。依次劈开交叉杆 4 个端头螺栓止耳后，戴好护目镜，用风动扳机依次松开交叉杆端头螺栓，抽出端头螺栓，取出锁紧板、轴向橡胶垫。扁铲插入螺栓与双耳防松垫圈止耳如图 5-55 所示。

图 5-54 分解枕簧、斜楔

图 5-55 扁铲插入螺栓与双耳防松垫圈止耳间

②指挥天车人员与天车司机做好呼唤应答后，指挥天车司机将吊钩停在转向架心盘安

装面上方，另一作业人员双手提起挂钩，天车指挥人员右手手臂向右前下方伸直，手指自然伸开，以手腕为轴顺时针转动，指挥天车将挂钩放入摇枕上平面孔内。

③检查确认翻转工位检查后在侧架上表面的“更换交叉杆”粉笔标记。确认锁具挂牢后，天车指挥人员右手向右上方伸直，手指自然伸开，以手腕为轴顺时针转动，天车上升 800 mm 后，指挥人员右手臂向前方伸直，向右摆动至右侧，指挥天车停止起吊，左手臂向左侧伸直，小臂从垂直向水平方向挥动，指挥天车向左移动 3 m 后停止移动，将交叉杆取出放入待检品存放架上。指挥天车须单人指挥，与配合人员做好呼唤应答。分解交叉支撑装置如图 5-56 所示。

图 5-56　分解交叉支撑装置

④对分解后的端头螺栓、锁紧板进行检查，锁紧板变形时更换，端头螺栓弯曲、裂纹或螺纹损伤时更换为新品。

(4)完工整理

①完成当日工作后，关闭风扳机风源，整理量具、样板，擦拭设备，做到工完料净场地清。

②参加班组完工会，对当日反馈信息进行回顾分析。

4. 摇枕、侧架分解

(1)作业要点

①转向架流水线启动时作业人员要立即避让。

②使用侧架同步移动工装时做好呼唤应答。

(2)作业准备

①按规定穿戴劳保用品。

②检查转向架检修线、侧架同步移动工装作用良好。

(3)作业过程

①转向架台位在流水线上移动至侧架同步移动工装工位，按程序使用侧架同步移动工装，将侧架移动工装移动到侧架下方。举升侧架待摇枕挡与侧架立柱下部对应时停止，移动同步工装将侧架与摇枕分离。

②将分解下来的摇枕侧架用叉车送至除锈间除锈。

(4)完工整理

①完成当日工作后，关闭设备电源，整理工具，做到工完料净场地清。

②参加班组完工会，对当日反馈信息进行回顾分析。

（二）转向架配件检测修理

1. 摇枕、侧架外观状态检查和尺寸测量

（1）作业要点

①裂纹判断有疑问的摇枕、侧架和一体式构架须除锈对存疑部位进行磁粉探伤。

②侧架：导框弯角处、承载鞍（轴箱）支承圆脐上平面与侧架结合处、导框 A 部位、三角孔周边、三角孔内腔、枕弹簧承台周边、立柱及磨耗板、中框上横梁、横跨梁安装座、制动梁滑槽及磨耗板、制动梁滑槽防脱板（焊结构）、斜楔挡板。

③摇枕：端部内腔、枕弹簧支承面、斜楔挡、斜楔摩擦面（含弯角）、下旁承座、下旁承座至上漏水孔（圆周）、内腔心盘销座、心盘安装座平面及螺栓孔、心盘安装座下面与摇枕侧面结合处、侧面、制动梁及横跨梁安全链座、固定杠杆支点座。

（2）作业准备

①按规定穿戴劳保用品。

②确认手电筒 1 个、检车锤 1 把状态良好。

（3）作业过程

①摇枕、侧架寿命判定

a. 在摇枕、侧架外侧检查制造单位、制造时间，无制造单位和制造时间标记时用白粉笔在摇枕、侧架上平面涂打“×”报废标识并标注“换侧架、摇枕”。

b. 核对摇枕、侧架制造时间，用目前年月减去制造年月，计算出的时间达到或超过 25 年时用白粉笔在摇枕、侧架上部涂打“×”报废标识并标注“换侧架或换摇枕”。

②正位检查时，使用手电和检点锤，从转向架固定支点处对摇枕、侧架 A 部位、侧架 B 部位，侧架立柱磨耗板、摇枕斜楔摩擦面磨耗板拍照留存。使用摄像手电时应按照程序使用。

③正位检查按步骤顺序共 14 步进行，正位检查顺序如图 5-57 所示。每步超过摇枕或侧架纵向中心 1/2 处；检查重点为端部内腔、摇枕弹簧支承面、斜楔摩擦面（弯角）、下旁承盒、下旁承盒至上漏水孔区、内腔中心销座、心盘安装座上平面及螺栓孔、心盘安装座两侧下面与摇枕侧面结合处、摇枕侧面、制动梁安全链座、固定杠杆支点座、一体式心盘的底面、立面及圆脐；侧架重点检查导框弯角处、承载鞍支撑圆脐上平面与侧架结合处、A 部位、B 部位、三角孔周边、三角孔内腔、摇枕弹簧承台周边、立柱、中央方框上横梁、制动梁滑槽磨耗板、斜楔挡、交叉杆支撑座及周边焊缝、横跨梁托，发现裂纹或缺损时在侧架、摇枕使用白粉笔圈画出故障部位并涂打“#”加修标记。

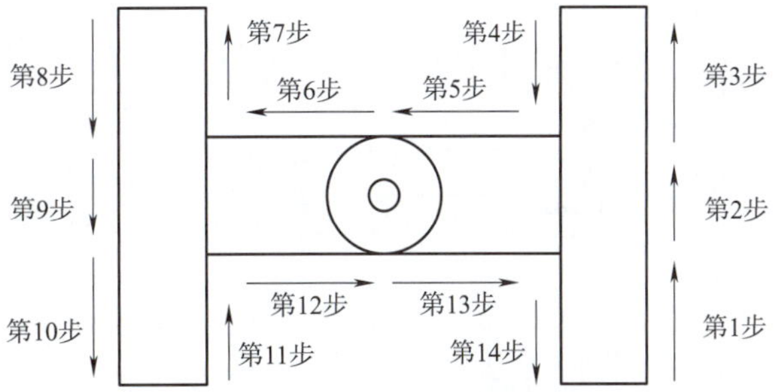

图 5-57 正位检查顺序

a. 正位检查第一步[图 5-58(a)]：侧架导框（外侧）→导框弯角处（外侧）→侧架圆脐处（外侧）→A 部位（外侧）→侧架上平面→三角孔周边和内腔（内侧）→支撑座和连接板（外

侧)，发现裂纹或缺损时使用白粉笔圈画出故障部位并涂打"#"加修标记。

b. 正位检查第二步[图 5-58(b)]：侧架中央方框左立柱、磨耗板及铆钉(折头螺栓)状态→侧架弹簧承台→侧架中央方框右立柱、侧架立柱磨耗板(拍照留存)及铆钉(折头螺栓)状态→右摇枕挡(内侧)→摇枕头部(含内腔)→左摇枕挡(内侧)→摇枕弹簧支撑面→摇枕斜楔摩擦面磨耗板或分离式斜楔插板(拍照留存)→侧架上平面，发现裂纹或缺损时使用白粉笔圈画出故障部位并涂打"#"加修标记。

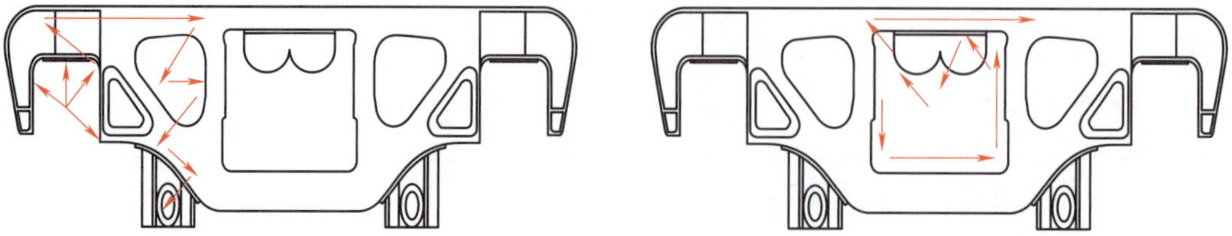

(a) 第一步　　(b) 第二步

图 5-58　正位检查步骤一、二

c. 正位检查第三步[图 5-59(a)]：连接板及支撑座(外侧)→三角孔周边和内腔→侧架上平面→A 部位(外侧)→侧架圆脐部(外侧)→导框弯角处(外侧)→侧架导框(外侧)→侧架头部端面，发现裂纹或缺损时使用白粉笔圈画出故障部位并涂打"#"加修标记。

d. 正位检查第四步[图 5-59(b)]：侧架导框(内侧)→导框弯角处(内侧)→侧架圆脐部(内侧)→A 部位(内侧)→侧架上平面(内侧)→三角孔周边和内腔(外侧)→侧架内侧面→左摇枕挡(外侧)→侧架中央方框左立柱(内侧)→左斜楔挡→侧架弹簧承台(内侧)→侧架滑槽及磨耗板→交叉杆杆体环焊处，发现裂纹或缺损时使用白粉笔圈画出故障部位并涂打"#"加修标记。

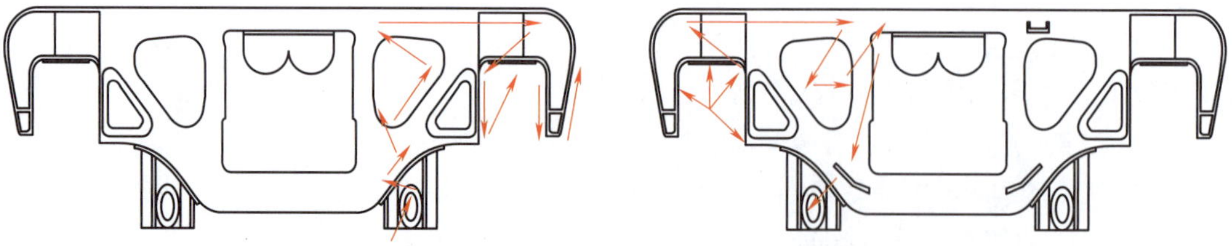

(a) 第三步　　(b) 第四步

图 5-59　正位检查步骤三、四

e. 正位检查第五、六步[图 5-60(a)]：左下旁承盒及垫片→摇枕上平面(包括减重孔周边及内腔)→右下旁承盒→摇枕立面(包括下心盘座和摇枕过渡处)→安全链座，发现裂纹或缺损时使用白粉笔圈画出故障部位并涂打"#"加修标记。

f. 正位检查第七步[图 5-60(b)]：交叉杆杆体环焊处→支撑座(内侧)→侧架滑槽及磨耗板→侧架弹簧承台(内侧)→侧架中央方框右立柱(内侧)→右斜楔挡→右摇枕挡(外侧)→侧架内侧面→三角孔周边和内腔(外侧)→侧架上平面(内侧)→A 部位(内侧)→侧架圆脐部(内侧)→导框弯角处(内侧)→侧架导框(内侧)→侧架头部端面，发现裂纹或缺损时使用白粉笔圈画出故障部位并涂打"#"加修标记。

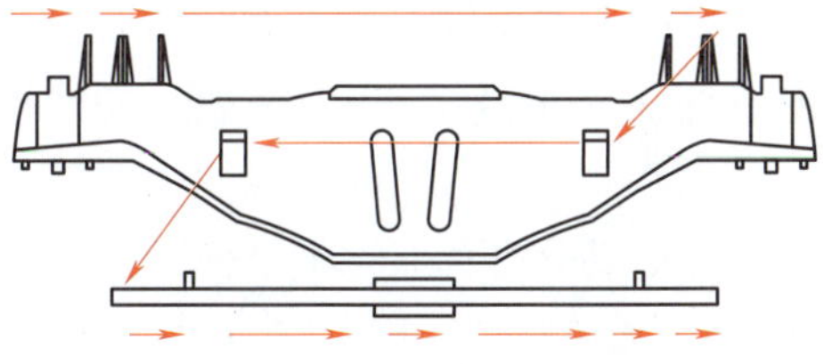

(a) 第五、六步

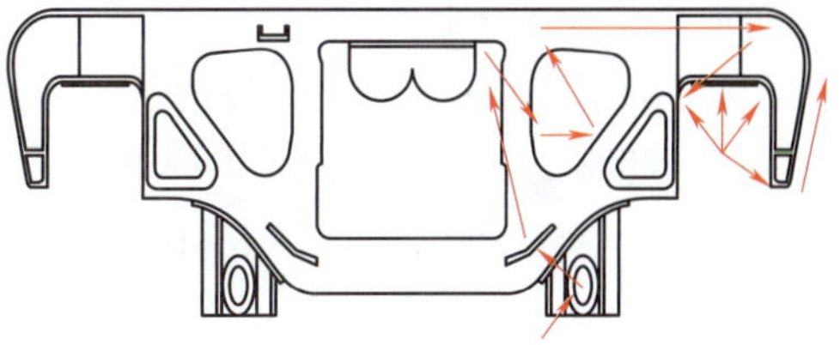

(b) 第七步

图 5-60 正位检查步骤五、六、七

g. 正位检查第八步[图 5-61(a)]:侧架导框(外侧)→导框弯角处(外侧)→侧架圆脐处(外侧)→A 部位(外侧)→侧架上平面→三角孔周边和内腔(内侧)→支撑座和连接板(外侧),发现裂纹或缺损时使用白粉笔圈画出故障部位并涂打"#"加修标记。

h. 正位检查第九步[图 5-61(b)]:侧架中央方框左立柱、磨耗板及铆钉(折头螺栓)状态→侧架弹簧承台→侧架中央方框右立柱、磨耗板及铆钉(折头螺栓)状态→右摇枕挡(内侧)→摇枕头部(含内腔)→左摇枕挡(内侧)→摇枕弹簧支撑面→摇枕斜楔摩擦面磨耗板或分离式斜楔插板→侧架上平面,发现裂纹或缺损时使用白粉笔圈画出故障部位并涂打"#"加修标记。

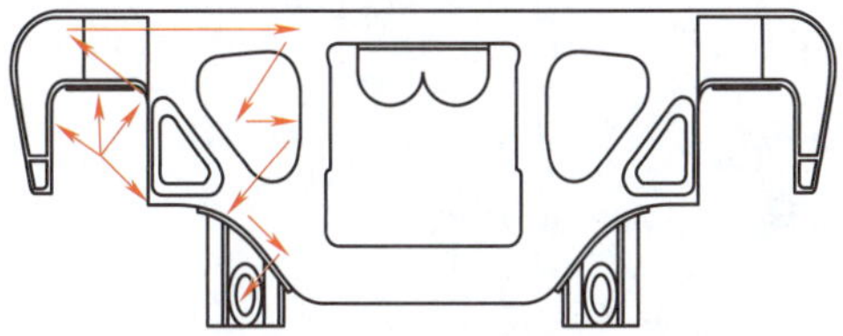

(a) 第八步

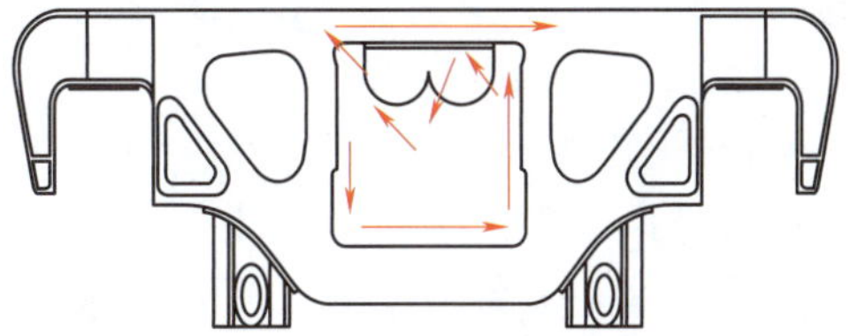

(b) 第九步

图 5-61 正位检查步骤八、九

i. 正位检查第十步[图 5-62(a)]:连接板及支撑座(外侧)→三角孔周边和内腔→侧架上平面→A 部位(外侧)→侧架圆脐部(外侧)→导框弯角处(外侧)→侧架导框(外侧)→侧架头部端面,发现裂纹或缺损时使用白粉笔圈画出故障部位并涂打"#"加修标记。

j. 正位检查第十一步[图 5-62(b)]:侧架导框(内侧)→导框弯角处(内侧)→侧架圆脐部(内侧)→A 部位(内侧)→侧架上平面(内侧)→横跨梁安装座→侧架内侧面→三角孔周边和内腔(外侧)→左摇枕挡(外侧)→侧架中央方框左立柱(内侧)→左斜楔挡→侧架弹簧承台(内侧)→侧架滑槽及磨耗板→支撑座(内侧),发现裂纹或缺损时使用白粉笔圈画出故障部位并涂打"#"加修标记。

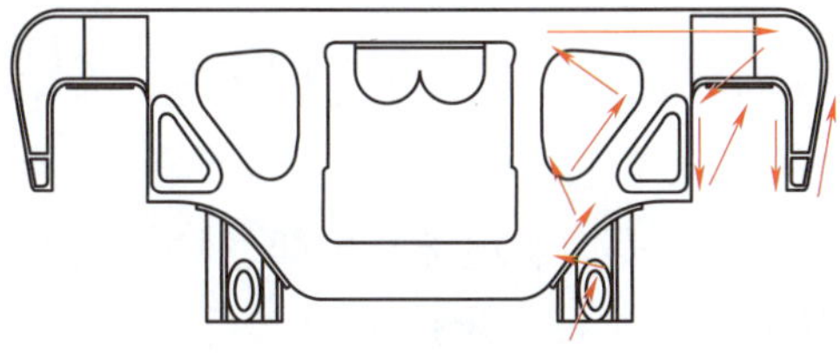

(a) 第十步

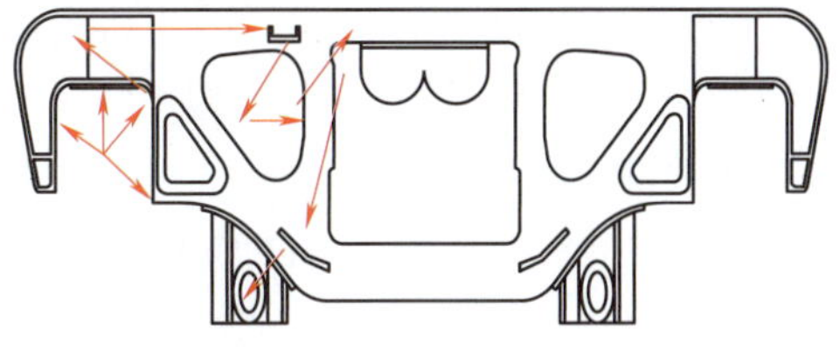

(b) 第十一步

图 5-62 正位检查步骤十、十一

k. 正位检查第十二、十三步[图 5-63(a)]:左下旁承盒及垫片→摇枕上平面→右下旁承盒→摇枕立面→安全链座和固定杠杆支点座→尼龙滚套→安全链吊座,发现裂纹或缺损时使用白粉笔圈画出故障部位并涂打"#"加修标记。

l. 正位检查第十四步[图 5-63(b)]:支撑座(内侧)→侧架滑槽及磨耗板→侧架弹簧承台(内侧)→侧架中央方框右立柱(内侧)→右斜楔挡→右摇枕挡(外侧)→侧架内侧面→三角孔周边和内腔(外侧)→横跨梁安装座→侧架上平面(内侧)→A 部位(内侧)→侧架圆脐部(内侧)→导框弯角处(内侧)→侧架导框(内侧)→侧架头部端面,发现裂纹或缺损时使用白粉笔圈画出故障部位并涂打"#"加修标记。

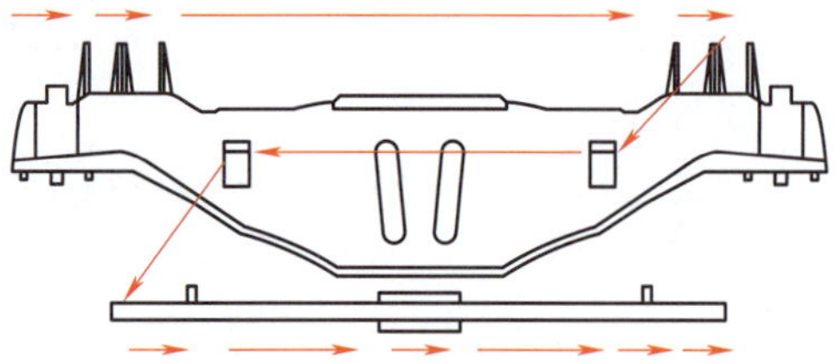

(a) 第十二、十三步

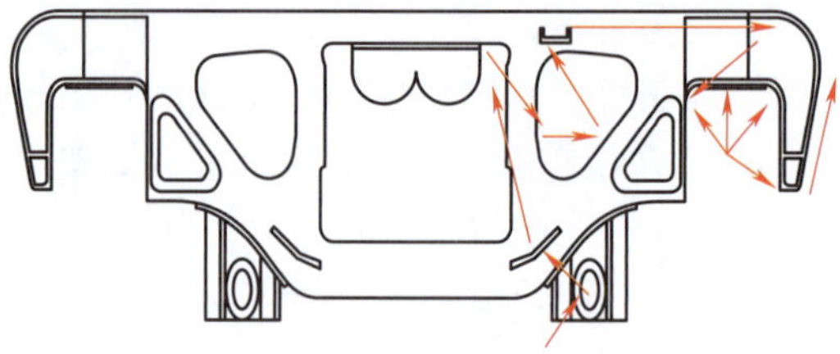

(b) 第十四步

图 5-63　正位检查步骤十二、十三、十四

(4)完工整理

完成当日工作后,关闭设备电源,整理工具,做到工完料净场地清。

2. 侧架立柱磨耗板检修和尺寸测量

(1)作业要点

①转 K6、转 K2 型立柱板磨耗大于 3 mm 时更换。

②斜楔材质为针状马氏体铸铁者配套 T10 磨耗板,材质为贝氏体球墨铸铁者配套 ADI 磨耗板。

③转 K6、转 K2 型采用 ZT 型折头螺栓紧固,紧固力矩为 500～550 N·m。

(2)作业准备

①上班前,严禁饮酒,要充分休息好,保证工作时精力充沛,思想集中。

②工作前必须按规定穿戴好工作鞋、工作服、工作帽等防护用品,禁止穿拖鞋、凉鞋、高跟鞋作业。

③检查侧架同步移动工装、铆钉机、力矩扳手作用良好,确认手锤 1 把、套筒扳手 1 把、冲头 1 把状态良好。检查塞尺 1 把、侧架内侧距离检测样板 1 个检验合格。

(3)作业过程

①侧架立柱磨耗板与侧架立柱的间隙检测(先进行外观检查,无间隙不检测,有间隙时使用量规检测)。

a. 转 K6 型:使用 0.8 mm 塞尺(顶部用 1 mm 塞尺)插向磨耗板与侧架立柱的间隙,任一处插入深度>13 mm 时超限,使用白粉笔在对应方向(左、右)的侧架上平面涂打"更换"标记,侧架立柱的间隙检测如图 5-64(a)所示。

b. 转 K5 型:用 1 mm 塞尺工作面插向磨耗板与侧架立柱的间隙,任一处插入深度>13 mm

时超限，使用白粉笔在对应方向（左、右）的侧架上平面涂打“更换”标记。侧架立柱磨耗板间隙检测如图 5-64(b)所示。

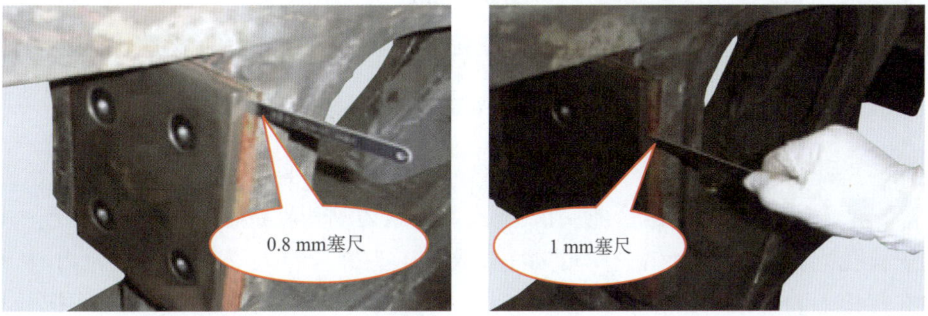

(a) (b)

图 5-64 侧架立柱磨耗板间隙检测

c. 其他型：用 1 mm 塞尺工作面从磨耗板与立柱之间的间隙插入，任意一处触及铆钉杆（螺杆）时超限，使用白粉笔在对应方向（左、右）的侧架上平面涂打“更换”标记。

d. 加强段修侧架立柱磨耗板磨耗深度大于 0.5 mm、裂纹时更换新品；折头螺栓松动时更换，丢失时补装新品；折头螺栓的螺母法兰面与侧架立柱背面铸件表面间隙用 0.4 mm 塞尺检查，在 270°范围内，塞尺不得插入。

②侧架两立柱内侧距离检测

转 K2 型使用侧架两立柱内侧距离检测量规 465.2Z 端测量侧架两立柱磨耗板安装面下边缘向上 10 mm 处的水平距离，测量时，用钢板尺垂直贴靠两立柱磨耗板，在向上 10 mm 处涂打标记，量规呈水平方向插向 10 mm 标记处，465.2Z 端通过时，使用白粉笔在的侧架上平面中间部位涂打“换 12 mm 立柱板”标记。侧架两立柱内侧距离检测如图 5-65 所示。

图 5-65 侧架两立柱内侧距离检测

③侧架立柱磨耗板磨耗检测

a. 使用侧架立柱磨耗板检测量规，用量规检测端伸入侧架立柱磨耗板两侧磨耗部位旁，量规与磨耗板呈垂直方向向磨耗部位移动,量规工作面与侧架立柱接触时超限,使用白粉笔在其对应方向(左、右)的侧架上平面涂打“换立柱板”标记,不接触时合格。

b. 用侧架立柱磨耗板检测量规 HZ 端落在立柱磨耗板磨耗部位旁,工作面呈垂直方向向磨耗部位移动通过。量规工作面与立柱磨耗板贴靠时超限,使用白粉笔在侧架上平面涂打“换立柱板”标记,不接触时合格,使用白粉笔在对应方向(左、右)的侧架上平面涂打“√”标记。

④侧架立柱磨耗板加修

a. 更换侧架立柱磨耗板螺栓:使用氧气乙炔割炬切割切除螺栓;将冲头对准氧—炔焰切割后的螺栓孔内,使用手锤冲出松动的螺栓;取出折头螺栓穿入立柱磨耗板孔内,从侧架三角孔内在螺栓上装入 ϕ20 mm 平点圈、M20 折头螺栓螺母,使用风扳机紧固折头螺栓直至将螺栓头部折断,调整力矩扳手扭矩值:转 K6、转 K2 型折头螺栓紧固力矩为 500～550 N·m,向上抬起发出“咔嗒”声为合格。

b. 更换侧架立柱磨耗板:将冲头对准氧气炔焰切割后的螺栓孔内,使用手锤冲出松动的螺栓;取下旧磨耗板,在侧架立柱面使用手刷涂刷防锈底漆后,取出立柱磨耗板,侧架立柱磨耗板材质须符合规定:转 K2 型转向架侧架立柱磨耗板材质为 45 钢时,须配套使用组合式斜楔。选配材质相匹配的立柱磨耗板,贴紧立柱后穿入折头螺栓,从侧架三角孔内在螺栓上装入 ϕ20 mm 平点圈、M20 折头螺栓螺母,使用风扳机紧固折头螺栓直至将螺栓头部折断,操作移动工装设备举升侧架,紧固剩余折头螺栓,将力矩扳手套筒卡入螺母,向上抬起发出“咔嗒”声为合格,按同样步骤检查其他折头螺栓组装力矩。

(4)完工整理

①完成当日工作后,关闭设备电源,整理量具、样板、工具,擦拭设备,做到工完料净场地清。

②参加班组完工会,分析当日存在问题,明确整改要求。

3. 交叉支撑装置外观状态检查和尺寸检测

(1)作业要点

①在全长范围内用样杆检查交叉杆弯曲、变形:转 K6、转 K2 型大于 20 mm 时报废。

②交叉杆杆体横裂纹时报废;杆体纵裂纹长度大于 50 mm 或深度大于 0.6 mm 时报废。

③交叉杆端头螺纹损伤或滑扣超过 3 扣时报废。

④杆体擦伤、碰伤深度:转 K6、转 K2 型大于 1.5 mm 时报废。

(2)作业准备

①按规定穿戴劳保用品。

②检查风动扳机、交叉杆检测平台作用良好,确认手锤 2 把、手电 1 个、扁铲 2 把状态良好;检查交叉杆检测样板、交叉杆杆体深度检测样板、螺纹检测量规检验合格。

(3)作业过程

①外观检查

a. 杆体检查。将待检测交叉杆放置在检测工作平台上,手持手电,对交叉杆杆体进行翻转检查,对杆体压形处进行重点检查,交叉杆检查如图 5-66(a)所示。发现杆体折断、横裂纹时，交叉杆报废。报废时使用白油漆在上、扣板上均标注“×”报废标识如图 5-66(b)所示，放入交叉杆报废品存放架。

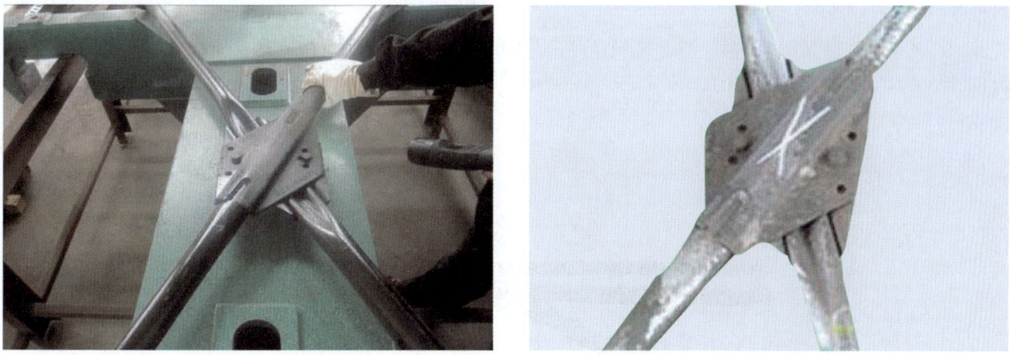

(a) 交叉杆外观检查　　(b) 交叉杆报废标识

图 5-66　交叉杆检查

b. 焊缝检查。在交叉杆检测平台上，对交叉杆环焊缝、中部连接焊缝、扣板焊结构的焊缝进行目视检查。发现环焊缝开裂时，交叉杆报废。报废时使用白油漆在上下盖板上均标注“×”报废标识，送交叉杆报废品存放架；交叉杆中部连接焊缝、扣板焊结构的焊缝开裂时，使用白粉笔圈画出裂纹部位，并在裂纹 100 mm 范围内标注“焊修”标识。

c. 扣板裂纹检查。在检测平台上，手持手电，检查(转 K6、转 K2 型)扣板外观状态。检查发现扣板裂纹时报废，报废时使用白油漆在中间扣板上下面均标注“×”报废标识，放入交叉杆报废品存放架。检查发现扣板裂纹时，使用白粉笔圈画出裂纹部位，并在裂纹 100 mm 范围内标注“焊修”加修标识。

d. 扣板铆接结构的交叉杆铆钉检查。将待检测交叉杆放置在检测工作平台上，使用检点锤敲击检查，交叉杆敲击检查如图 5-67(a)所示，扣板铆接结构的交叉杆铆钉松动时更换，丢失时补装。铆钉需更换或补装时，使用白粉笔圈画故障部位，并标注“#”加修标识。交叉杆加修标识如图 5-67(b)所示。

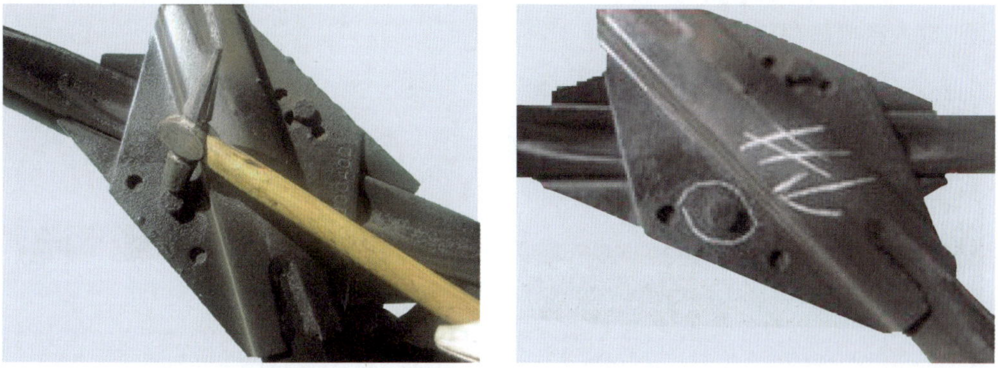

(a) 交叉杆铆钉敲击检查　　(b) 交叉杆铆钉加修标识

图 5-67　交叉杆扣板检查

e. 交叉杆轴向橡胶垫、交叉杆弹性垫等其中任何一个橡胶件因温度过高出现熔化、变形、变色或老化等迹象时，须通知相关班组、岗位，全车橡胶件更换新品。

②各部尺寸检测

a. 交叉杆弯曲变形检测。交叉杆弯曲、变形大于 10 mm 时调修。转 K6、转 K2 型弯曲、变形大于 20 mm 时，交叉杆报废。交叉杆弯曲变形检测如图 5-68 所示。

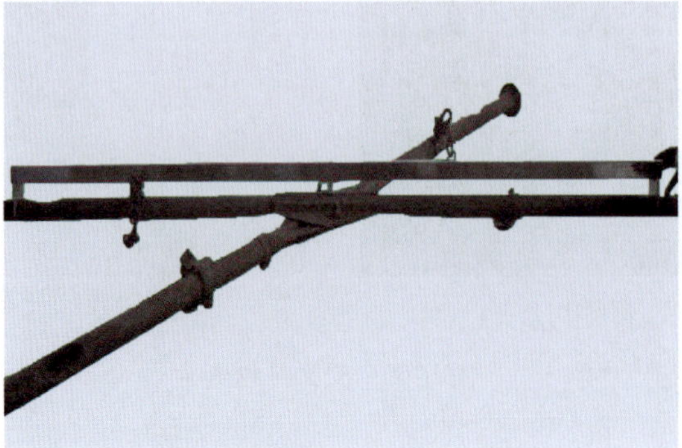

图 5-68　交叉杆弯曲变形检测

b. 杆体纵裂纹检查。交叉杆杆体纵裂纹长度大于 50 mm 或深度不大于 0.6 mm 时报废，不超限时加修。目视检查，发现交叉杆杆体有纵裂纹时，使用钢板尺自裂纹起始端测量裂纹长度，裂纹长度大于 50 mm 时交叉杆报废；裂纹长度不大于 50 mm 时，使用裂纹深度测量仪检测裂纹深度，裂纹深度大于 0.6 mm 时交叉杆报废。报废时使用白油漆在交叉杆上下扣板上标注“×”报废标识，送报废品存放架；经检测，裂纹长度不大于 50 mm 且深度不大于 0.6 mm 时，使用白粉笔圈画故障部位，并在裂纹 100 mm 范围内标注“#”及“磨修”标识。

c. 交叉杆杆体擦伤、碰伤深度检测。使用量规 HZ 端置于擦伤、碰伤最深处，两侧工作面与交叉杆未擦伤、碰伤部位贴靠时超限，交叉杆杆体擦伤、碰伤深度检测如图 5-69(a)所示。转 K6、转 K2 型不大于 1.5 mm 时加修，大于时报废。需加修的圈画故障部位并在杆体标注“磨修”，交叉杆擦伤、碰伤深度检测如图 5-69(b)所示。交叉杆报废时在盖板上标注“×”报废标记，放入报废品存放架。

(a) 杆体擦伤、碰伤深度检测

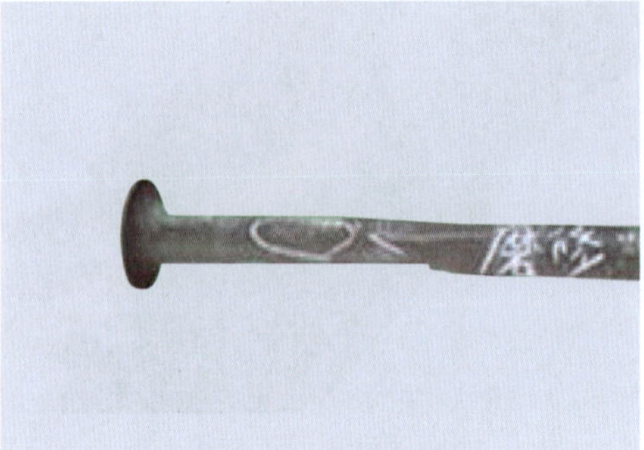

(b) 杆体擦伤、碰伤加修标识

图 5-69　交叉杆擦伤、碰伤深度检测

③交叉杆端头螺纹检查

a. 止规检测。使用螺纹检测量规止端检测，将止规端螺纹顺时针旋入螺孔内，止规止住且不晃动时，查看旋入螺纹数量，止规螺纹数旋入量小于 5 个螺距时合格，交叉杆端头螺纹检查如图 5-70 所示。合格时用白粉笔在杆体注明“○”标记。若止规在距端面 5 个螺距以内未止住则报废，报废时用白油漆在杆体标注“×”报废标识，送报废品存放架。

b. 通规检测。使用螺纹检测量规通端检测，将止规端螺纹顺时针旋入螺孔内，止规止住且不晃动时，查看旋入螺纹数量，止规螺纹数旋入量小于 5 个螺距时合格，交叉杆端头螺纹检查如图 5-70 所示。合格时用白粉笔在杆体注明“○”标记。若止规在距端面 5 个螺距以内未止住则报废，报废时用白油漆在杆体标注“×”报废标识，送报废品存放架。

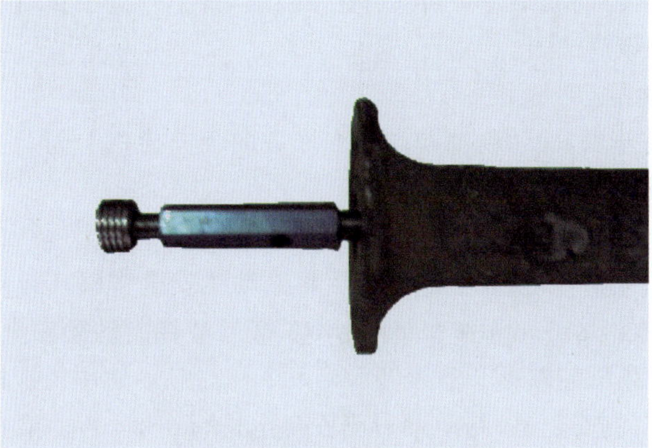

图 5-70　交叉杆端头螺纹检查

④涂打标识

a. 经检测合格的，使用白粉笔，在交叉杆杆体任意一端距端部 200～300 mm 范围内标注配件检测合格标识“○”。

b. 经检测需加修的，使用白粉笔圈画故障，并在圈画部位 100 mm 范围内标注“#”及“焊修”等加修标识，送交叉杆加修岗位。

c. 经检测不合格需报废处置的，使用白油漆，在交叉杆上下扣板上均标注“×”报废标记。

(4)完工整理

完成当日工作后，整理量具样板，做到工完料净场地清。

(三)转向架配件组装试验

1. 制动梁组装

(1)作业要点

①制动梁组装执行辆份配送。

②制动梁组装后安全链无扭曲。

(2)作业准备

①按规定穿戴劳保用品。

②检查平衡吊、风动扳机作用良好。

(3)作业过程

①吊装制动梁

a. 核对转向架所属车辆顺序与制动梁组装顺序。待组装转向架流入本岗位作业区域后，选取制动梁进行组装。

b. 用悬臂吊钩起的制动梁，先将一端滑块插入侧架制动梁磨耗槽，再利用悬臂吊控制另一端滑块落入制动梁磨耗槽中，检查两端滑块是否落入到位，确保入槽。

c. 吊装一位制动梁。核对完转向架所属车辆顺序与制动梁组装顺序后，确定本转向架组装的两组制动梁(制动梁支柱卡槽朝左和朝右各一根为一组)。使用平衡吊从辆份配送小车上吊出两根制动梁，将制动梁转动到与摇枕平行后，按下平衡吊控制盒第二个“下降”按钮将制动梁滑块放入侧架滑槽内。

d. 吊装二位制动梁。

e. 制动梁吊装完毕后，确认制动梁支柱卡槽方向朝向摇枕上固定支点座侧。使用平衡吊时，确认将挂钩挂牢梁架平稳吊运。

②组装安全链

a. 拉直制动梁安全链，确认安全链正位后将制动梁安全链眼环螺栓从摇枕安全链吊座孔处自下而上穿入，取出 ϕ16 mm 弹簧垫圈、M16 螺母戴在制动梁安全链螺栓上(安全链螺栓上部有开口销孔时须配装蝶形开槽螺母)，旋入 2～3 扣后，使用风扳机进行紧固。重复以上步骤对横跨梁左、右侧安全链、制动梁右侧安全链进行组装，制动梁安全链组装如图 5-71 所示。

图 5-71　制动梁安全链组装

b. 将闸瓦插销穿入制动梁安全链最上方链环内，使用风扳机进行紧固，确认紧固螺母紧将弹簧垫圈压平整。重复以上步骤紧固横跨梁左、右侧安全链、制动梁右侧安全链。

c. 确认制动梁安全链无扭曲现象，扭曲时松开紧固螺母调整制动梁安全链方向后重新进行组装；确认制动梁安全链螺母组装无松动。

d. 制动梁安全链螺栓上部有开口销孔时，安装直径 4 mm 的开口销，开口销双向劈开不小于 60°，开口销安装在蝶形开槽螺母卡槽内，不符时分解螺母在螺栓底部加装直径 16 mm

的平垫圈进行调整。

e. 质量检查：目视检查新组装制动梁，制动梁无错装漏装，制动梁安全链螺栓组装材料使用正确无漏装。制动梁安全链螺栓紧固。不合格时返工处理。

(4)完工整理

①完成当日工作后，整理材料、工具，做到工完料净场地清。

②参加班组完工会，分析当日存在问题，明确整改要求。

2. 杠杆拉杆圆销组装

(1)作业要点

①圆销与圆销孔间隙不大于 3 mm。

②扁孔圆销的窜动量符合 2～10 mm。

③拉铆销铆接后，套环法兰盘上凸点至少有一个产生明显塑性变形，套环表面镀层应产生明显变色，套环表面无裂纹；用阶梯塞尺检测与被连接件间应能自由转动，并有 2～10 mm 轴向移动量。

(2)作业准备

①按规定穿戴劳保用品。

②检查样板平台、枕簧辆份配送小车作用良好，检查阶梯塞尺 1 把状态良好，检验合格。

(3)作业过程

①组装中拉杆

从转向架辆份配送小车上取下对应转向架台位编号的中拉杆，从转向架摇枕孔中穿入，两人组装时，相互配合，做好呼唤应答。

②组装杠杆

a. 从转向架辆份配送小车上取下对应转向架台位编号的固定杠杆支点，固定杠杆支点凸面朝上，将未封闭端插入摇枕上的固定支点座中，使固定杠杆支点圆销孔与固定杠杆支点座圆销孔对准。从转向架辆份配送小车上取下对应型号的圆销，圆销头部朝上，从固定杠杆支点上往下穿入，将固定杠杆支点座与固定杠杆支点相连接。

b. 从转向架辆份配送小车上取下对应转向架台位编号的固定杠杆，插入中拉杆及制动梁支柱扁长孔中，从转向架辆份配送小车上取下对应型号的圆销，圆销头部朝上，从制动梁支柱孔上部往下穿入，将制动梁与固定杠杆连接在一起，从转向架辆份配送小车上取下对应型号的圆销，圆销头部朝上，从中拉杆孔上部往下穿入，将中拉杆与固定杠杆连接在一起。从转向架辆份配送小车上取下对应型号的圆销，圆销头部朝上，将固定杠杆支点第三孔与固定杠杆孔对准，从上部往下穿入，将固定杠杆支点与固定杠杆连接在一起。

c. 从转向架辆份配送小车上取下对应转向架台位编号的移动杠杆，插入中拉杆及制动梁支柱扁长孔中；从转向架辆份配送小车上取下对应型号的圆销，圆销头部朝上，从制动梁支柱孔上部往下穿入，将制动梁与固定杠杆连接在一起；从转向架辆份配送小车上取下对应型号的圆销，圆销头部朝上，从中拉杆孔上部往下穿入，将中拉杆与固定杠杆连接在一起。

d. 基础制动圆销组装前在每个圆销圆柱表面均匀涂抹润滑脂。

③组装开口销

开口销组装:从转向架辆份配送小车上取下扁开口销,分别装入转向架扁孔圆销中。ϕ36 mm 圆销配装厚度为 6 mm 的扁开口销,ϕ32 mm、ϕ28 mm、ϕ25 mm 的圆销配装厚度为 5 mm 的扁开口销。

④拉铆销组装

a. 从辆份存放架上取出对应型号的套环、平垫圈、套环装入拉铆销如图 5-72 所示。

图 5-72　将平垫圈、套环装入拉铆销上

b. 将拉铆钉机插头插入转向架线控制柜上的四孔插座内,向右旋转拉铆钉机上部红色开关,绿色指示灯亮。

c. 检查拉铆钉机的压力设置是否符合要求,ϕ36 mm 拉铆圆销最高拉压设置应为 45 MPa,ϕ28 mm 拉铆圆销最高拉压设置应为 27 MPa;如不符合要求,按下面板"设置"按钮。

d. 点击短尾 1 和最高拉压对应的方格。

e. 点击输入 45 或 27,按下"Enter"按钮。

f. 铆头对正拉铆圆销尾部,拉铆圆销按下开关如图 5-73 所示。

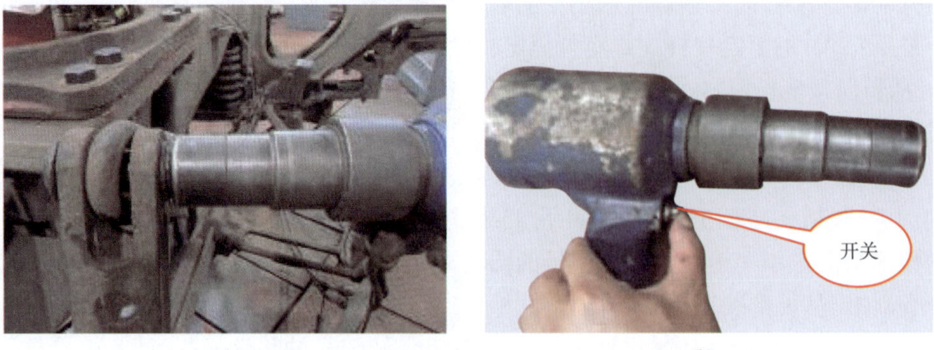

(a)　(b)

图 5-73　拉铆圆销

g. 铆装到位后,松开铆头开关,等待铆头自动退出后,将铆头放在拉铆钉机上。

⑤测量组装间隙

a. 使用 3 mm 阶梯塞尺,逐个插入转向架各圆销与圆销孔中检测,不能完全插入为合格，反之为不合格；使用阶梯塞尺检测各圆销的窜动量，窜动量 2～10 mm 为合格，反之为不合格。

b. 短尾型拉铆销铆接后，套环法兰盘上凸点至少有一个产生明显塑性变形，套环表面镀层应产生明显变色，表面无裂纹；用阶梯塞尺检测与被连接件间应能自由转动，并有 2～10 mm 轴向移动量，短尾型拉铆销铆如图 5-74 所示。

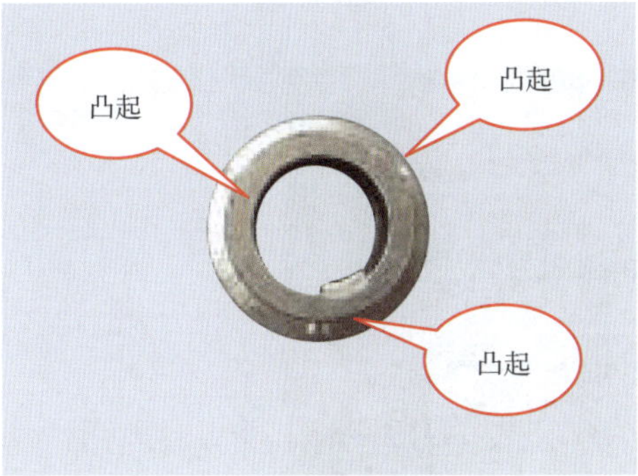

(a)

(b)

图 5-74 短尾型拉铆销铆

c. 不合格时重新更换圆销或故障部位的拉杆(杠杆)后重新进行检测。

⑥质量检测：对新组装杠杆拉杆圆销进行质量检查。无错装漏装，组装间隙测量合格。不合格时返工处理。

(4)完工整理

①完成当日工作后，整理量具、样板、工具，做到工完料净场地清。

②参加班组完工会，分析当日存在问题，明确整改要求。

3. 转 K6 型转向架组装尺寸测量(2 位转向架)

(1)作业要点

①承载鞍挡边外侧与前盖后挡凸缘间隙不小于 2 mm。

②下旁承磨耗板上平面距子滚上部距离尺寸为 14～17 mm。

③旁承座与旁承盒纵向间隙不得大于 1 mm。

④制动梁安全链松余量为 40～70 mm。

(2)作业准备

①按规定穿戴好劳保用品。

②检查阶梯塞尺 2 把、下旁承磨耗板上平面至滚子上部距离测量尺 1 个检验合格。确认卷尺 1 把、检点锤 1 把、手电筒 1 个状态良好。

③落成检查前在轮对 6、7 位设置防溜止轮器。

(3)作业过程

①摇枕、侧架及轮对检查

a. 检查侧架、摇枕使用寿命不过期(年限不超过 25 年)。

b. 确认同一转向架两侧架固定轴距差不大于 2 mm(即具有相同的铲豆)。

c. 检查3位、4位轮对,同一轮对两轮径差不大于1 mm,同一转向架最大轮径与最小轮径差不大于15 mm。

d. 检查轮轴左端在奇数位。

②测量各部位尺寸

a. 测量7位承载鞍推力挡肩内径与前盖后挡最大外径径向间隙不小于2 mm。承载鞍推力挡肩测量如图5-75所示。

图5-75　承载鞍推力挡肩内径与前盖后挡最大外径径向间隙测量

b. 测量7位承载鞍与侧架导框间隙:左右间隙之和9~15 mm,单侧最小3.5 mm。前后间隙之和5~11 mm,单侧最小为2 mm。载鞍与侧架导框间隙如图5-76所示。

图5-76　承载鞍与侧架导框间隙:左右间隙之和测量

c. 测量7位挡键与轴承外圈间隙3~7 mm。挡键与轴承外圈间隙测量如图5-77所示。

d. 测量3位下旁承磨耗板上平面距滚子上部距离为14~17 mm,旁承磨耗板上平面距滚子上部距离测量如图5-78(a)所示。下旁承与旁承盒组装纵向间隙不大于1 mm。旁承磨耗板上平面距滚子上部距离测量如图5-78(b)所示。

图 5-77 挡键与轴承外圈间隙测量

(a) 下旁承磨耗板上平面距滚子上部距离测量

(b) 下旁承与旁承盒组装纵向间隙测量

图 5-78 下旁承磨耗板距离测量

e. 测量 5 位承载鞍推力挡肩内径与前盖后挡最大外径径向间隙不小于 2 mm。

f. 测量 5 位承载鞍与侧架导框间隙：左右间隙之和 9～15 mm，单侧最小 3.5 mm。前后间隙之和 5～11 mm，单侧最小为 2 mm。

g. 测量 5 位挡键与轴承外圈间隙 3～7 mm。

h. 测量横跨梁左右两端组装螺栓垂直移动量 3～5 mm，横跨梁左右两端组装螺栓垂直移动量测量如图 5-79(a)所示，横跨梁垫板与横跨梁托座间隙不大于 1 mm。横跨梁左右两端组装螺栓垂直移动量测量如图 5-79(b)所示。

(a) 横跨梁组装螺栓垂直移动量测量

(b) 横跨梁垫板与横跨梁托座间隙测量

图 5-79 横跨梁测量

i. 测量固定杠杆及固定支点制动圆销窜动量 2～10 mm。制动圆销窜动量测量如图 5-80 所示。

(a) (b)

图 5-80 固定杠杆及固定支点制动圆销窜动量测量

j. 用白粉笔从下心盘凸起上部在心盘中心销涂打“—”标识，拔出心盘中心销测量，中心销插入、露出长度均不小于 150 mm。心盘中心销测量如图 5-81 所示。

图 5-81 心盘中心销测量

k. 上拉杆托架尼龙磨耗套磨耗最深处不大于 3 mm。上拉杆托架尼龙磨耗套测量如图 5-82 所示。

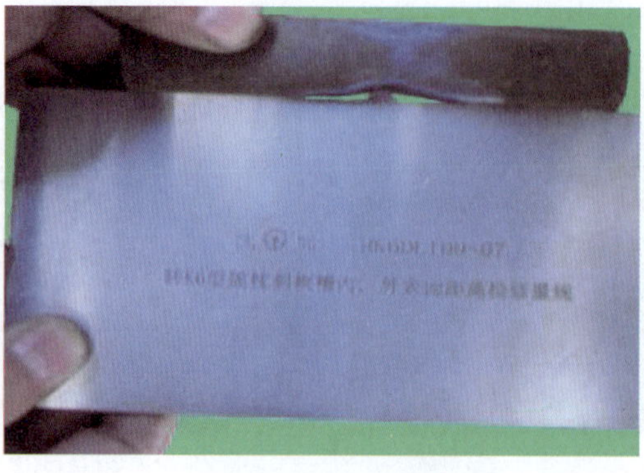

图 5-82 托架尼龙磨耗套磨耗最深处测量

l. 将 3 位制动梁拉动至制动位，测量 3 位制动梁左、右安全链松余量为 40～70 mm。制动梁安全链松余量测量如图 5-83 所示。

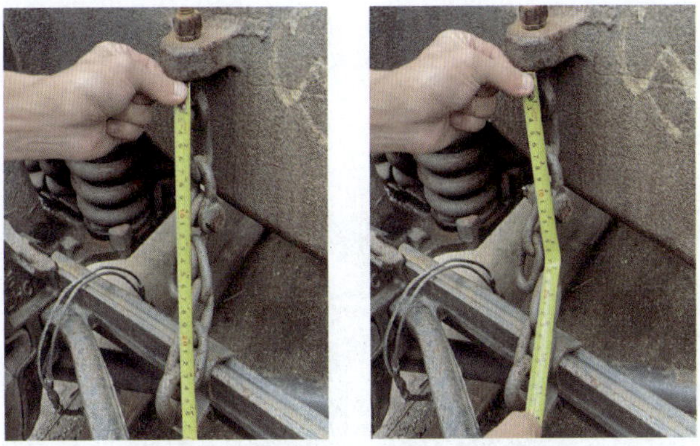

(a) (b)

图 5-83 制动梁安全链松余量测量

m. 测量 6 位承载鞍推力挡肩内径与前盖后挡最大外径径向间隙不小于 2 mm。

n. 测量 6 位承载鞍与侧架导框间隙：左右间隙之和 9～15 mm，单侧最小 3.5 mm。前后间隙之和 5～11 mm，单侧最小为 2 mm。

o. 测量 6 位挡键与轴承外圈间隙 3～7 mm。

p. 测量 4 位下旁承磨耗板上平面距滚子上部距离为 14～17 mm。下旁承与旁承盒组装纵向间隙不大于 1 mm。

q. 测量 8 位承载鞍推力挡肩内径与前盖后挡最大外径径向间隙不小于 2 mm。

r. 测量 8 位承载鞍与侧架导框间隙：左右间隙之和 9～15 mm，单侧最小 3.5 mm。前后间隙之和 5～11 mm，单侧最小为 2 mm。

s. 测量 8 位挡键与轴承外圈间隙 3～7 mm。

t. 测量移动杠杆制动圆销窜动量 2～10 mm。

u. 测量 4 位制动梁左、右安全链松余量为 40～70 mm。

4. 转 K6 型转向架组装状态检查(2 位转向架)

(1)作业要点

实行寿命管理配件：摇枕、侧架使用时间达到或超过 25 年，轴向橡胶垫、轴箱橡胶垫、弹性旁承体、心盘磨耗盘使用时间达到或超过 6 年，旁承磨耗板使用时间达到或超过 5 年时报废。

(2)作业准备

①按规定穿戴好劳保用品。

②确认检点锤 1 把、手电筒 1 个状态良好。

③落成检查前在轮对 6、7 位设置防溜止轮器。

(3)作业过程

①制动、缓解试验

a. 推(拉)动移动杠杆,进行制动、缓解试验。

b. 向摇枕方向推动移动杠杆至制动位,转向架闸瓦全数贴靠轮对踏面,移动杠杆不得倒向摇枕一侧。

c. 再向轴身一侧拉动移动杠杆,确认闸瓦与轮对踏面分离。

d. 制动、缓解试验过程无卡滞,试验合格。

②转向架组装状态检查,转向架落成检查顺序如图 5-84 所示。

图 5-84　转向架落成检查顺序

扫一扫

视频：转向架落成检查

a. 检查 8 位承载鞍内侧与侧架导框组装正位,承载鞍与导框间不得涂抹油脂;车轮踏面无擦伤、剥离。侧架 8 位滑槽磨耗板正位、入槽,滑槽内不得涂抹油脂,滑块安装有磨耗套,无破损。摇枕斜楔磨耗板内侧上部焊缝无开裂,摇枕八字面与斜楔间无油脂、杂物。斜楔主摩擦面与侧架立柱磨耗板不得有垂直方向的贯通间隙。

b. 检查 4 位侧架内侧枕簧,组装正位,无折断,枕簧承台无杂物。4 位制动梁左端滑块磨耗套铆钉不高于磨耗套表面,磨耗套无破损。制动梁左端新品高摩合成闸瓦,表面无油脂,闸瓦及插销组装正位,插销无折断,闸瓦插销头部剩余厚度不小于 10 mm,中部不小于 6 mm。闸瓦与闸瓦托组装间隙,端部不大于 6 mm,中部不大于 2 mm。安装插销尾环,尾环须组装正位。制动梁左侧闸瓦托上下部铆钉无丢失、松动。

c. 检查安全索缠绕交叉杆与制动梁卡牢,头部由内向外穿入,不得断股或绳箍松动、丢失。制动梁安全链螺栓紧固,装有弹簧垫圈或装用槽型螺母,装用槽型螺母可不装弹簧垫圈须装开口销,开口销须入槽。制动梁安全链马蹄环组装螺栓紧固,涂刷润滑油,由里向外穿。安全链卡子不得松动、异形,制动梁左侧梁体无裂纹。

d. 检查中心销无裂纹变形,中部磨耗不大于 2 mm。取出心盘磨耗盘检查制造标记清晰,使用寿命不过期 6 年,磨耗盘外表面无裂纹、破损、油污;检查下心盘平面、中心销孔内无异物,确认合格后依次将心盘磨耗盘、中心销组装正位。敲击检查心盘螺栓无松动,头部有 10.9 级标记,螺栓装用 ϕ5 mm 开口销,开口销双向劈开角度不小于 60°。检查交叉杆扣板螺栓或铆钉无松动、螺栓点焊固;制动梁夹扣螺栓无松动;制动梁标识牌无丢失。

e. 检查移动杠杆与制动梁支柱、中拉杆连接圆销扁开口销宽度规格为 20 mm,扁开口销从根部劈开，密贴圆销并包卷圆销四分之三圈以上，圆销头部制造材质标识为 40Cr。圆销磨耗部位须涂润滑脂。

f. 检查 4 位制动梁右侧梁体无裂纹，检修标记清晰。制动梁安全链螺栓紧固，装有弹簧垫圈或装用槽型螺母，装用槽型螺母可不装弹簧垫圈须装开口销，开口销须入槽。制动梁安全链马蹄环组装螺栓紧固，涂刷润滑油，由里向外穿，安全链卡子不得松动、异形。安全索缠绕交叉杆与制动梁卡牢，头部由内向外穿入，不得断股或绳箍松动、丢失。

g. 制动梁右侧闸瓦托上下部铆钉无丢失、松动。制动梁右端新品高摩合成闸瓦，表面无油脂，闸瓦及插销组装正位，插销无折断，闸瓦插销头部剩余厚度不小于 10 mm，中部不小于 6 mm。闸瓦与闸瓦托组装间隙，端部不大于 6 mm，中部不大于 2 mm。安装插销尾环，尾环须组装正位。4 位制动梁右端滑块磨耗套铆钉不高于磨耗套表面，磨耗套无破损，检查 4 位制动梁检修标记。

h. 检查 3 位侧架内侧枕簧，组装正位，无折断，枕簧承台无杂物。摇枕斜楔磨耗板上部焊缝无开裂，摇枕八字面与斜楔间无油脂、杂物。斜楔主摩擦面与侧架立柱磨耗板不得有垂直方向的贯通间隙。检查交叉杆无弯曲变形，上下扣板连接螺栓两侧须加装平垫圈，检修标记清晰。检查 7 位滑槽磨耗板正位、入槽，滑槽内不得涂抹油脂，滑块安装有磨耗套，无破损。承载鞍与侧架导框组装正位，承载鞍与导框间不得涂抹油脂；车轮踏面无擦伤、剥离。

i. 检查 7 位承载鞍外侧铸造标记，承载鞍及轴箱橡胶垫原车、原位、原方向组装正确，承载鞍顶面与轴箱橡胶垫、导框间无油脂，轴箱橡胶垫无裂纹。轴承标志板内容刻打清晰，轴端防松片止耳至少有一个贴靠螺栓平面，手拉施封锁不得开锁。螺栓头部制造年份、材质、厂家代号清晰，制造年份不超过 10 年，材质为“35”。轴承外圈不得有油污。

j. 检查 7 位挡键螺栓无松动，挡键弹簧垫圈、开口销齐全，挡键装用 M16 螺栓及 $\phi6.3$ mm×36 mm 规格开口销，开口销与螺栓包卷。安装伸缩式型挡键，须装用 M16×95 mm 螺栓及 $\phi6$ mm×24 mm 半沉头铆钉，用半沉头铆钉将螺栓铆固。挡键型号须一致。敲击检查 7 位交叉杆端头螺栓无松动，螺栓 10.9 级标记清晰，防松垫圈无裂损，有两相对止耳翘起与螺栓头部六方平面密贴；锁紧板组装须正位，检查标志板标识清晰，轴向橡胶垫使用时间不超过 6 年。挡键三角孔及侧架三角孔无杂物，敲击检查立柱磨耗板折头螺栓无松动、平垫圈齐全。

k. 检查转向架 3 位旁承是否按原车、原位、原方向组装，同一转向架旁承方向相反；下旁承体磨耗板组装正位，凹槽向上。旁承橡胶体组装正位，侧板入槽，使用寿命不大于 6 年。调整垫板数量 1～3 块，厚度为 2～30 mm。下旁承盒内清理干净，无杂物。滚子表面无油脂、油漆等。检查 7 位、5 位斜楔主摩擦面与立柱磨耗板不得有垂直方向的贯通间隙。摇枕斜楔磨耗板上部焊缝无开裂，与斜楔间无油脂、杂物，斜楔型号须一致。3 位枕簧承台无杂物；敲击检查枕簧、减振弹簧组装正位，无折断、漏装；确认中部摇枕弹簧涂黄色油漆。侧架立柱磨耗板不得有油污、异物。

l. 挡键三角孔及侧架三角孔无杂物，敲击检查立柱磨耗板折头螺栓无松动、平垫圈齐全。5 位挡键螺栓无松动，挡键弹簧垫圈、开口销齐全，挡键装用 M16 螺栓及 $\phi6.3$ mm×36 mm 规格开口销，开口销与螺栓包卷。安装伸缩式型挡键，须装用 M16×95 mm 螺栓及

ϕ6 mm×24 mm 半沉头铆钉，用半沉头铆钉将螺栓铆固。挡键型号须一致。敲击检查 5 位交叉杆端头螺栓无松动，螺栓 10.9 级标记清晰，防松垫圈无裂损，有两相对止耳翘起与螺栓头部六方平面密贴；锁紧板组装须正位，检查标志板标识清晰，轴向橡胶垫使用时间不超过 6 年。

m. 检查 5 位承载鞍外侧铸造标记，承载鞍及轴箱橡胶垫原车、原位、原方向组装正确，承载鞍顶面与轴箱橡胶垫、导框间无油脂，轴箱橡胶垫无裂纹。轴承标志板内容刻打清晰，轴端防松片止耳至少有一个贴靠螺栓平面，手拉施封锁不得开锁。螺栓头部制造年份、材质、厂家代号清晰，制造年份不超过 10 年，材质为“35”。轴承外圈不得有油污。检查五位侧架滑槽磨耗板正位、入槽，滑槽内不得涂抹油脂，滑块安装有磨耗套，无破损。承载鞍与侧架导框组装正位，承载鞍与导框间不得涂抹油脂；车轮踏面无擦伤、剥离。

n. 横跨梁螺栓头部 4.8 级标记清晰，组装有尼龙磨耗板，尼龙磨耗板组装在调整垫板上部。调整垫板数量不超过 2 块，总厚度 0～12 mm；调整垫圈数量不超过 3 个；开口销插入槽形螺母槽内，双向劈开不小于 60°。摇枕斜楔磨耗板上部焊缝无开裂，摇枕八字面与斜楔间无油脂、杂物。斜楔主摩擦面与侧架立柱磨耗板不得有垂直方向的贯通间隙。检查横跨梁有无分解检修，横跨梁安全链组装螺栓紧固，横跨梁安全链组装螺栓须涂抹油脂，横跨梁触板无裂纹，垫板须两长边满焊。横跨梁安全链组装螺栓紧固，涂抹油脂。

o. 检查上拉杆托架组成，尼龙磨耗套作用良好表面无破损、油脂，滚轴由外向里穿并加装平垫圈及开口销，开口销规格为 ϕ3.2 mm×20 mm，须包卷。

p. 按 b 至 m 的项目和顺序检查 3 位侧架内侧枕簧至 8 位承载鞍外侧铸造标记，承载鞍及轴箱橡胶垫原车、原位、原方向组装正确，承载鞍顶面与轴箱橡胶垫、导框间无油脂，轴箱橡胶垫无裂纹。轴承标志板内容刻打清晰，轴端防松片止耳至少有一个贴靠螺栓平面，手拉施封锁不得开锁。螺栓头部制造年份、材质、厂家代号清晰，制造年份不超过 10 年，材质为“35”。轴承外圈不得有油污。

④涂打交验标记

检查作业完毕后，在每台转向架侧架上平面中间部位用白粉笔画“∧”标识。

(4)完工整理

作业完毕后，收拾工具样板。

三、车钩缓冲装置

(一)车钩缓冲装置配件分解

1. 钩舌及钩腔内部配件分解

扫一扫

视频：车钩分解检测组装

(1)作业要点

①工作中注意周围作业人员状况，并做好呼唤应答。

②随时注意天车吊具状态，身体避开，防止配件脱落砸伤、碰伤。

(2)作业准备

①上班前，严禁饮酒，要充分休息好，保证工作时精力充沛，思想集中。

②工作前必须按规定穿戴好工作鞋、工作服、工作帽等防护用品，禁止穿

拖鞋、凉鞋、高跟鞋作业。

③检查设备工装、工具、样板、量具状态性能良好无故障，样板、量具校验合格。

(3)作业过程

①17 型车钩分解

a. 车钩、钩舌检修卡片须随配件传至本工序，检修卡收入信息须齐全正确。如卡上信息与实物不符，返回上道工序，17 型车钩组成如图 5-85 所示。

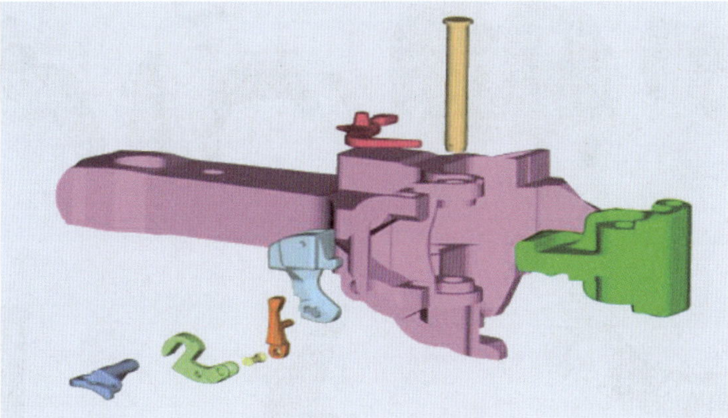

图 5-85　17 型车钩组成

b. 车钩吊运。

吊钩与钩身工艺孔处连挂，点击操作手柄起吊按钮进行试吊，确认连挂牢固后，吊运至分解支架，放置稳当，防止脱落。

c. 分解钩舌销开口销，将开口销放入废料箱。

d. 拔出钩舌销，双手握紧钩舌鼻部两端，顺时针转动至全开位后，取下钩舌。

e. 依次取下钩锁组成、钩舌推铁、下锁销组成、下锁销转轴。

f. 分类放置配件如图 5-86 所示。

(a)

(b)

图 5-86　分类放置配件

g. 分解后的钩舌、钩舌销、钩腔配件外观检查良好送往抛丸除锈作业区，报废配件涂打标记并送往指定报废区。

②13A、13B 型车钩分解

a. 车钩、钩舌检修卡片须随配件传至本工序,检修卡收入信息须齐全正确。如卡上信息与实物不符,返回上道工序,13A、13B 型车钩组成如图 5-87 所示。

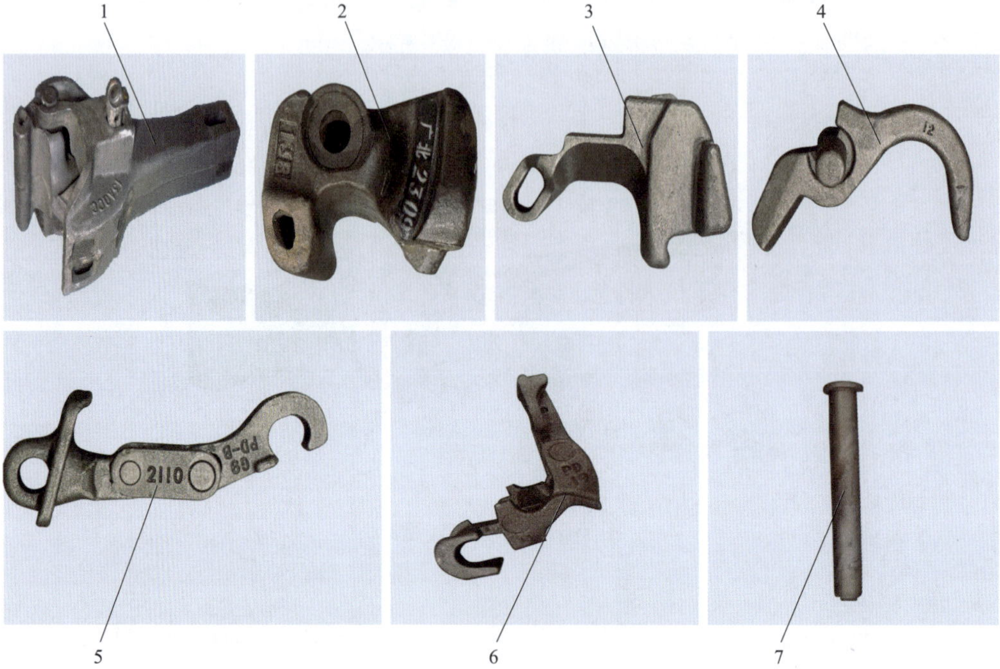

1—钩头;2—钩舌;3—钩锁铁;4—钩舌推铁;5—上锁销组成(上作用);6—下锁销组成(下作用);7—钩舌销。

图 5-87　13A、13B 型车钩组成

b. 使用开口器、手锤分解钩舌销开口销,拔出钩舌销,放入配件箱。

c. 卸下钩舌,放入钩舌转运小车上,推动小车至待检修钩舌存放箱处,将钩舌放入待检修钩舌存放箱中。

d. 取出钩锁铁、钩舌推铁、上(下)锁销组成,放入配件箱。

(4)完工整理

完成当日工作后,整理量具、样板、工具,做到工完料净场地清。

2. 成套钩缓装置分解

(1)作业要点

①工作中注意周围作业人员状况,并做好呼唤应答。

②随时注意天车吊具状态,身体避开,防止配件脱落砸伤、碰伤。

(2)作业准备

①上班前,严禁饮酒,要充分休息好,保证工作时精力充沛,思想集中。

②工作前必须按规定穿戴好工作鞋、工作服、工作帽等防护用品,禁止穿拖鞋、凉鞋、高跟鞋作业。

③检查设备工装、工具、样板、量具状态性能良好无故障，样板、量具校验合格。

图 5-88 车钩分解机

(3)作业过程

①操作天车将车钩缓冲装置组成吊放至钩缓分解机上。

②按下“泵 1 启”按钮，泵 1 转动，“泵 1 起”指示灯亮；按下“泵 2 启”按钮，泵 2 转动，“泵 2 起”指示灯亮。按下“尾升”按钮，启动分解机钩尾框升降油缸，托住钩尾框；按下“压进”按钮，启动主油缸使缓冲器压缩，钩尾销落下；按下“压退”按钮，主油缸缩回，将钩尾销放入钩尾销运输框内。

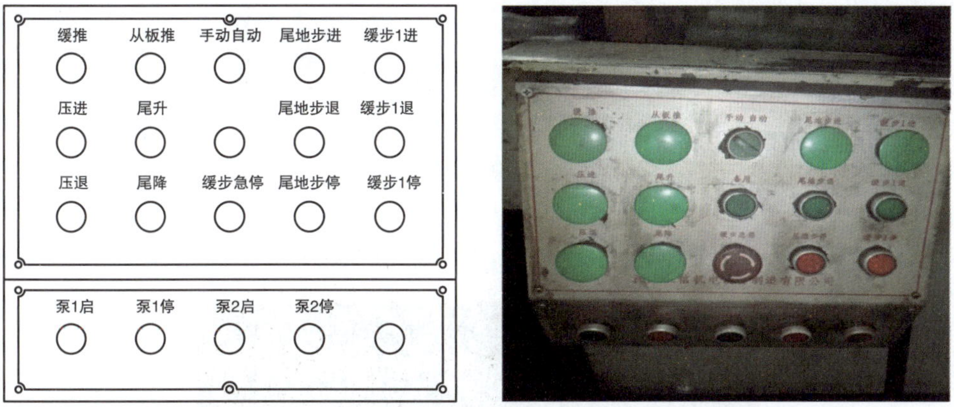

(a) (b)

图 5-89 车钩分解机按钮盘

③按下“缓推”按钮，启动分解机缓冲器推出油缸，将缓冲器从钩尾框内推出到缓冲器步进线上，缓冲器进入缓冲器检修线，缓冲器油缸缩回。按下“从板推出”按钮，将从板从尾框中推出，将从板取下放入从板运输框内。

④将车钩从钩尾框内拔出，吊运至车钩检修流水线，将钩身插入车钩检修流水线方孔内。

⑤按下“尾降”按钮，尾框降落，钩尾框升降油缸落下带动钩尾框落下；按下“尾地步 1 进”按钮时，启动钩尾框推出油缸，将钩尾框推入横向流水线运输至钩尾框打砂输送线。

⑥钩尾框送抛丸除锈岗位，从板送检修区域。

(4)完工整理

完成当日工作后，整理量具、样板、工具，做到工完料净场地清。

3. 钩缓附属配件分解

(1)作业要点

①工作中注意周围作业人员状况，并做好呼唤应答。

②随时注意天车吊具状态，身体避开，防止配件脱落砸伤、碰伤。

③分解下车的配件轻拿轻放，防止配件脱落砸伤、碰伤。

(2)作业准备

①上班前，严禁饮酒，要充分休息好，保证工作时精力充沛，思想集中。

②工作前必须按规定穿戴好工作鞋、工作服、工作帽等防护用品，禁止穿拖鞋、凉鞋、高跟鞋作业。

③检查设备工装、工具、样板、量具状态性能良好无故障，样板、量具校验合格。

(3)作业过程

①车钩托梁分解

a. 分解车钩托梁螺栓开口销。

b. 将销拔尖端插入开口销头部，握牢销拔。

c. 使用手锤击打销拔中部以上位置，直至将开口销带出。

d. 依次分解车钩托梁 2 个螺栓开口销。

e. 将分解下的开口销放入废料箱。

f. 分解车钩托梁背母、螺母、垫板、螺栓。

g. 将风动扳手放至车钩托梁下方，对正需分解螺母。

h. 调整风动扳手方向开关至反转位置，将 M24 套头套入背母(套头不得超过背母)，开动风扳手操作开关，进行分解作业。

i. 将套头套入螺母，用扳手卡住螺栓头，分解螺母，如图 5-90 所示。

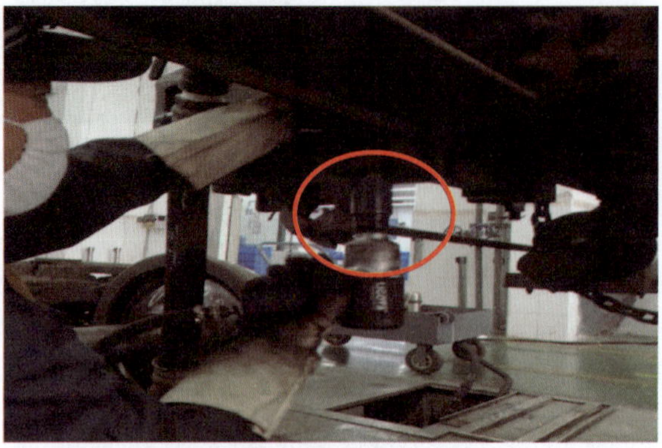

图 5-90 车钩托梁分解

j. 分解另一侧背母及螺母。

k. 卸下车钩托梁螺栓。

l. 使用车钩分解组装机抬起车钩。

m. 卸下车钩托梁及垫板。

n. 螺母锈死时,可使用气割分解。

②钩提杆链分解

a. 13 系列上作用车钩钩提杆分解

切除上作用车钩提钩链与上锁提连接的马蹄环圆销、垫圈。(切割作业时不得切伤配件)上作用车钩提钩链分解如图 5-91 所示。

图 5-91　上作用车钩钩提杆分解

b. 16、17 型及 13 系列下作用车钩钩提杆分解

(a)切除钩提杆安装座螺栓,取下钩提杆放入待检修配件转运箱内送往检修场所。钩提杆安装座螺栓切除如图 5-92 所示。

图 5-92　钩提杆安装座螺栓切除

(b)切除开钩框复位弹簧,将配件存放到报废配件箱。

(c)分解开钩框组装圆销,取下开钩框放入待检修配件转运箱内送往检修场所。

③车钩支撑座分解

a. 分解止挡铁螺栓开口销

(a)将销拔尖端插入开口销头部,握牢销拔。

(b)使用手锤击打销拔中部以上位置,直至将开口销带出。

(c)分解另一侧止挡铁开口销。

(d)将分解下的开口销放入废料箱。

b. 分解止挡铁螺母

(a)螺栓螺母结构。

(b)将风动扳机放至支撑座下方,对正需分解螺母。

(c)调整风动扳机方向开关至反转位置,将M20套头套入螺母,用扳手卡住螺栓头,开动风扳机操作开关,进行分解作业。止挡铁螺母分解如图5-93所示。

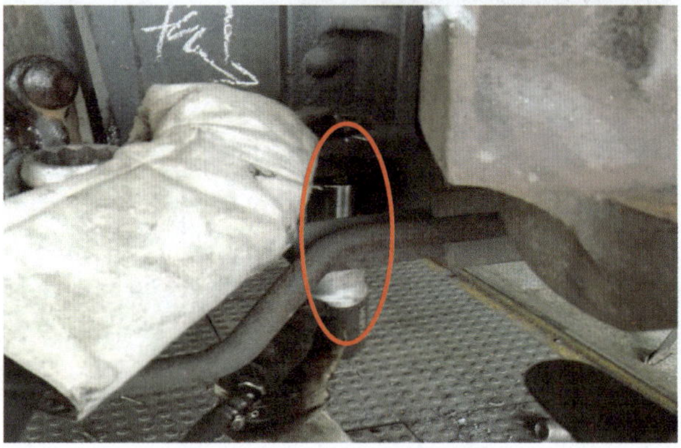

图5-93　止挡铁螺母分解

(d)分解另一侧止挡铁螺母。

(e)将分解下的螺母放入废料箱。

(f)螺母锈死时,可使用气割分解。

(g)原设计为拉铆连接的须使用专用机具分解拉铆销,不得使用气割等加热方式进行分解。

c. 分解止挡铁螺栓及止挡铁

分解止挡铁及止挡铁螺栓或拉铆钉时,手放在外侧,防止油镐突然失效造成支撑座弹起后挤伤。

(a)把油镐放在支撑座磨耗板上中心位置,关闭排气阀,将油镐控制杆插入起升阀,上下反复提压油镐控制杆将顶升杆顶住冲击座上口后,匀速匀力上下反复提压油镐控制杆,直至支撑座下移、止挡铁松动后,取下止挡铁螺栓或拉铆钉,取下止挡铁。

(b)分解另一侧止挡铁螺栓或拉铆钉,取下止挡铁。

(c)将分解下的止挡铁螺栓或拉铆钉放入废料箱,拉铆钉可重复利用时进行回收。

d. 分解支撑座及支承弹簧

(a)打开油镐排气阀,支撑座顶起后取下油镐。

(b)取出支撑座及支承弹簧。

(c)将支撑座、支承弹簧送集中检修场所。

(4)完工整理

关闭风、水、电,整理量具、样板、工具,做到工完料净场地清,工具物品按指定位置摆放。

(二)车钩缓冲装置配件检测修理

1. 钩舌、钩腔内部配件外观状态检查和尺寸测量

(1)作业要点

①工作中注意周围作业人员状况,并做好呼唤应答。

②随时注意天车吊具状态,身体避开,防止配件脱落砸伤、碰伤。

(2)作业准备

①上班前,严禁饮酒,要充分休息好,保证工作时精力充沛,思想集中。

②工作前必须按规定穿戴好工作鞋、工作服、工作帽等防护用品,禁止穿拖鞋、凉鞋、高跟鞋作业。

③检查设备工装、工具、样板、量具状态性能良好无故障,样板、量具校验合格。

(3)作业过程

①钩舌检查检测

a. 检查钩舌除锈质量,表面清洁度达到 Sa2 级,局部不低于 Sa1 级,不符合要求返回上道工序,除锈等级如图 5-94 所示。

(a) Sa1

(b) Sa2

图 5-94 表面清洁度

b. 检修卡片须随配件传至本工序,检修卡收入信息须齐全正确。如卡上信息与实物不符,返回上道工序。

c. 钩舌寿命判定

(a)实行寿命管理的零部件无制造单位、时间标记时不得装用。寿命期限以零部件制造时间为准,时间统计精确到月,13 号钩舌铸造信息如图 5-95(a)所示,16 型钩舌铸造信息如图 5-95(b)所示。

(b)钩舌满 20 年报废。

(c)普碳钩舌不得装车使用。

(d)当剩余寿命不足1个段修期时,经检查确认质量状态良好者可继续装车使用,并由装用单位承担超过使用寿命期的责任。

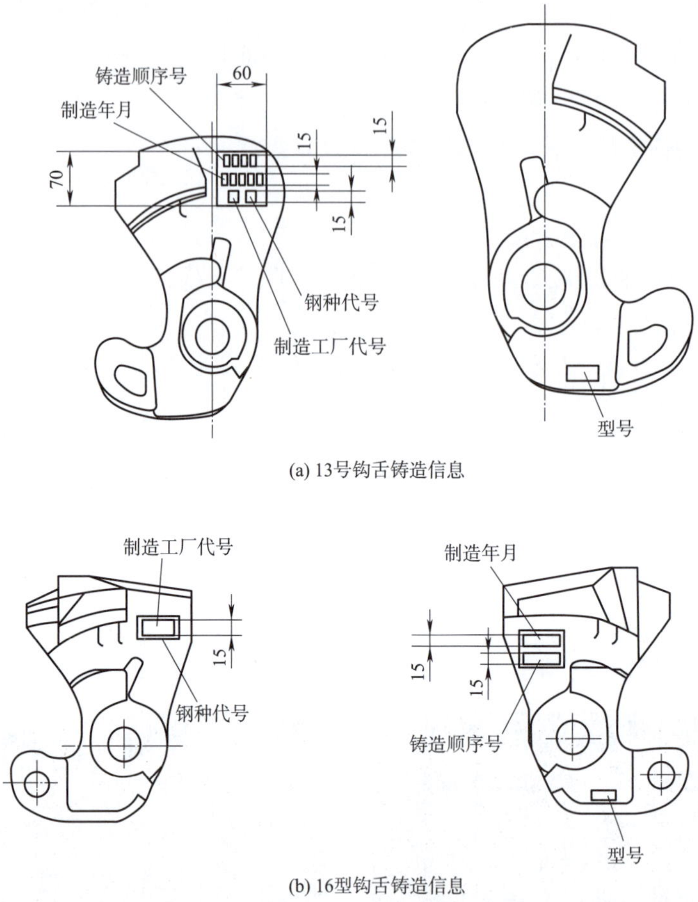

图5-95　钩舌寿命判定(单位:mm)

(e)新制钩舌须有制造时间和制造厂代号标记。标记应清晰,位置须在非磨耗部位。

d. 钩舌裂纹检查

(a)钩舌须进行全面外观检查。

(b)C级钢、E级钢钩舌弯角处裂纹时更换,内侧面裂纹长度不大于30 mm时焊修,大于时更换。

(c)钩舌牵引台根部圆弧裂纹长度不大于30 mm时焊修,大于时更换。

(d)钩舌护销凸缘部分缺损时更换,裂纹向销孔内延伸,除凸缘高度外的长度不大于10 mm时焊修,大于时更换。

(e)冲击台缺损或销孔边缘裂纹延至钩舌体时更换,未延及时焊修。

e. 13A、13B型车钩钩舌磨耗检查

(a)钩舌锁面磨耗检查:使用钩舌锁面磨耗深度量规检测钩舌锁面磨耗大于3 mm时,堆焊后磨平。

(b)钩舌内侧面和正面磨耗检查:使用钩舌厚度检测量规检测钩舌内侧面和正面磨耗剩余厚度:13A、13B型小于69 mm时,须采用埋弧焊或气体保护焊等自动焊接工艺堆焊,焊后加工并恢复原形。

(c)钩锁承台磨耗检查:使用钩舌钩锁坐入量检测量规检测钩锁承台高度须为45～52 mm,大于52 mm时堆焊后加工,小于45 mm时加工修理。

(d)钩舌销孔或衬套磨耗检查:使用钩舌销孔直径量规检测钩舌销孔或衬套内径磨耗大于3 mm时换套或扩孔镶套。原衬套松动、裂纹、缺损时更换。使用样板检测钩舌销孔直径大于ϕ54 mm时堆焊后加工或更换。

f. 16型车钩钩舌磨耗检查

(a)钩舌锁面检查:使16型钩舌锁面厚度量规板检测钩舌锁面原形厚度为163 mm,磨耗大于3 mm时,堆焊后磨平。

(b)钩舌鼻部检查:使用16型钩舌鼻部磨耗量规距钩舌上下边缘60 mm及中部三处测量钩舌鼻部磨耗大于5 mm时更换。

(c)钩舌销孔检查:使用16型钩舌销孔直径量规距钩舌销孔凸缘顶部20 mm处检测钩舌销孔内径,原形ϕ42 mm磨耗大于2 mm时更换。

(d)钩舌钩锁坐入量检查:使用16型钩舌钩锁坐入量检测量规检测钩舌钩锁坐入量原形为(58±1.4)mm,小于45 mm时,加工修理后恢复原形尺寸。

g. 钩舌变形检查

使用钩舌外胀量规检测钩舌外胀大于6 mm时更换。

h. 检修记录填写

(a)在钩舌检修卡检查检测栏填写并签章确认,填写内容准确、齐全,不得发生涂改现象,签章清晰、规范。

(b)工作者对照检修卡片在HMIS系统录入各相应栏内的信息。录入完成后,须对照卡片认真核对录入信息,确认无误后点击"保存"。

i. 补充新品要求

(a)13号、13A型钩舌补充新品时,须为13B型钩舌。

(b)16型钩舌补充新品时须补充标记为"16H"的钩舌。

j. 检修标记

(a)经检查、检测合格者用白色粉笔画"○"。

(b)需要加修者用白色粉笔在加修部位画"#"。

(c)在质保期内,出现裂纹等故障需要索赔的钩舌,用白色粉笔画索赔标记"P"。

(d)报废用白油漆画"×"标记。

(e)标记应画写在配件表面明显部位,并注明加修、索赔、报废原因,标识清晰易辨认。

k. 填写检修卡

在"钩舌检修卡"[广辆记(货)-114-03]相应检查、测量、施修方法填写检查检测结果,对应工作者栏签章。

②钩锁检测

a. 检查钩锁除锈质量，表面清洁度达到 Sa2 级，局部不低于 Sa1 级，不符合要求返回上道工序，除锈等级如图 5-95 所示。

b. 13 号钩锁检查

(a)外观检查

钩锁变形、裂纹时更换。锁面碾堆时须堆焊后磨修并恢复原形尺寸(75～77 mm)。

(b)样板量具检测

锁面磨耗(钩锁厚度小于 75 mm)时须堆焊后磨修并恢复原形尺寸(75～77 mm)。钩锁上部左、右导向面磨耗大于 2 mm 时焊修，焊后磨修恢复原形。锁铁挂钩轴磨耗大于 1 mm 时更换。开锁座锁面磨耗大于 2 mm 或影响开锁作用时，焊后磨修并恢复原形或更换。钩锁导向角磨耗大于 2 mm 时焊修，焊后磨修恢复原形。

c. 16 型钩锁检查

(a)外观检查

变形、裂纹或止动块丢失时更换。

(b)样板量具检测

锁面磨耗(钩锁厚度小于 83.5 mm)时须堆焊后磨修并恢复原形尺寸(83.5～85 mm)。钩锁止动块铆钉轴直径磨耗大于 2 mm 时更换。开锁座锁面磨耗大于 2 mm 或影响开锁作用时，焊后磨修并恢复原形。

d. 检修标记

(a)经检查、检测合格者用白色粉笔画“○”，合格标记如图 5-96(a)所示。

(b)需要加修者用白色粉笔在加修部位画“#”，加修标记如图 5-96(b)所示。

(c)报废用白粉笔画“×”标记。

(d)标记应画写在配件表面明显部位，并注明加修、报废原因，标识清晰易辨认。

e. 补充新品要求：钩锁补充新品时材质须为 E 级钢。

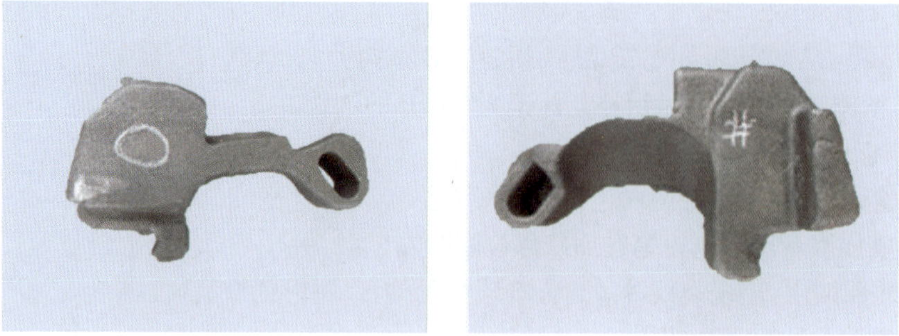

(a) 合格标记　　(b) 加修标记

图 5-96　锁铁检修标记

③钩舌推铁检测

a. 检查钩舌推铁除锈质量，表面清洁度达到 Sa2 级，局部不低于 Sa1 级，不符合要求返回上道工序，除锈等级如图 5-95 所示。

b. 13 号钩舌推铁检查

(a)外观检查

钩舌推铁裂纹时更换,钩舌推铁弯曲变形时调修或更换。检测方法:将钩舌推铁锁座处平直部分与钩舌推铁检测样板对应处密贴,样板的曲面与钩舌推铁腿的局部间隙不大于 1.5 mm 为合格。

(b)磨耗检测

钩舌推铁锁座处磨耗过限时更换或焊修后恢复原形。钩舌推铁轴磨耗后不小于 29 mm。

c. 16 型钩舌推铁

(a)外观检查

裂纹时更换,变形时调修。检测方法:将钩舌推铁锁座处平直部分与钩舌推铁检测样板对应处密贴,样板的曲面与钩舌推铁腿的局部间隙不大于 1.5 mm 为合格。

(b)各部磨耗部位检查

各部磨耗过限时更换或焊修后恢复原形。

(c)补充新品要求:钩舌推铁补充新品时,16、17 型材质须为 E 级钢。

d. 检修标识

(a)经检查、检测合格者用白色粉笔画"○",合格标记如图 5-97(a)所示。

(b)需要加修者用白色粉笔在加修部位画"#"。

(c)报废用白粉笔画"×"标记,报废标记如图 5-97(b)所示。

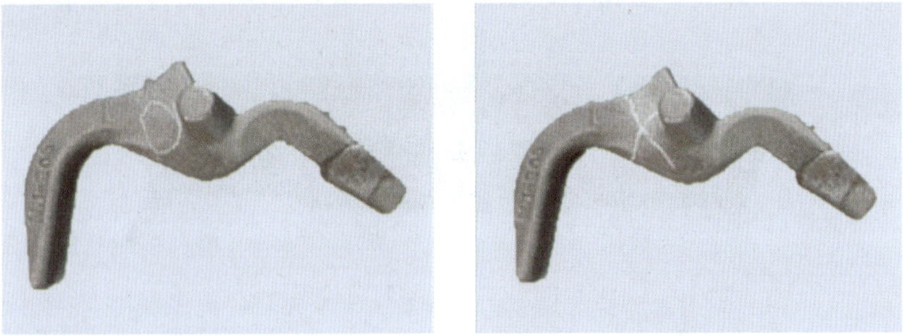

(a) 合格标记　　(b) 报废标记

图 5-97　推铁检修标识

(d)标记应画写在配件表面明显部位,并注明加修、报废原因,标识清晰易辨认。

(4)完工整理

关闭风、水、电,整理量具、样板、工具,做到工完料净场地清,工具物品按指定位置摆放。

2. 钩缓附属配件外观状态检查和测量

(1)作业要点

①工作中注意周围作业人员状况,并做好呼唤应答。

②随时注意天车吊具状态,身体避开,防止配件脱落砸伤、碰伤。

(2)作业准备

①上班前,严禁饮酒,要充分休息好,保证工作时精力充沛,思想集中。

②工作前必须按规定穿戴好工作鞋、工作服、工作帽等防护用品，禁止穿拖鞋、凉鞋、高跟鞋作业。

③检查设备工装、工具、样板、量具状态性能良好无故障，样板、量具校验合格。

(3)作业过程

①车钩托梁检测

a. 车钩托梁须从现车上卸下，将其正位放置在工作平台上，四面翻转检查，使用样板对车钩托梁进行检查检测，发现故障时对故障部位进行标注，为便于装车后检查，合格品须在车钩托梁下平面涂打合格标记后方可装车使用。车钩托梁合格检修标记如图 5-98 所示。

图 5-98　车钩托梁合格检修标记

b. 13A、13B 型车钩托梁磨耗大于 2 mm 时堆焊后磨平，横裂纹时更换。车钩托梁弯曲大于 5 mm 时进行调修、磨耗大于 2 mm 时焊修后磨平，车钩托梁弯曲检测方法如图 5-99 所示。

图 5-99　车钩托梁弯曲检测

(a)弯曲检测：将量规工作面置于车钩托梁被检测面，量规工作面两端与被检测面接触，中部间隙大于 5 mm 时(不包括磨耗量)超限。

(b)磨耗检测：将量规工作面置于车钩托梁被检测面，量规工作面与被检测面贴靠，移动滑尺至磨耗部位，向下移动主尺，示值大于 2 mm 时超限。车钩托梁磨耗检测方法如图 5-100 所示。

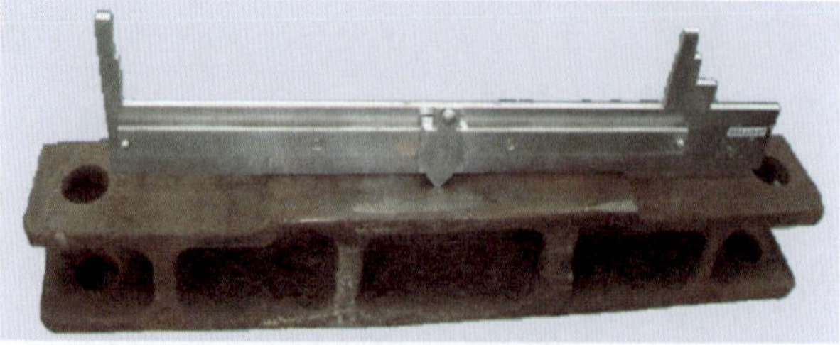

图 5-100　车钩托梁磨耗检测

c. 车钩托梁磨耗板剩余厚度小于 50%时更换。2022 年 1 月 1 日起，车钩托梁磨耗板不符合防脱结构车钩托梁尼龙磨耗板时（图 5-101），注明报废标识，防止误装。

图 5-101　车钩托梁磨耗板

d. 检查检测完毕的钩托梁，分类放入配件箱。

e. 防脱结构车钩托梁尼龙磨耗板检修要求

(a)自 2022 年 1 月 1 日起，装用 13 系列车钩的货车厂、段修时，须统一装用防脱结构车钩托梁尼龙磨耗板。原金属（或尼龙）材质的槽形结构车钩托梁磨耗板予以淘汰、不再装车使用。

(b)防脱结构车钩托梁尼龙磨耗板装车前，须加强关联部件的质量控制，防止划伤尼龙磨耗板：车钩托梁与尼龙磨耗板的接触部位须打磨光整，消除棱角和毛刺；车钩钩身带金属磨耗板的，焊缝处须打磨光整，倒钝边缘，消除棱角和毛刺。

(c)货车厂、段修时，对现车装用的防脱结构车钩托梁尼龙磨耗板，须从车钩托梁上卸下检查，按磨耗限位标记和厂、段修有关标准检修，无裂损、磨耗不超限的合格品可继续装车使用，裂损、磨耗超限的须报废。

(d)根据《铁道货车耐磨尼龙材料配件通用技术条件》(Q/CR 507—2016)规定，防脱结构车钩托梁磨耗板在正常运用条件下，产品质量保证期为 6 年或 80 万 km（以先达到为准），质量保证期内产品应无裂损，磨耗不超限。未达到质量保证要求的，各车间按配件索赔相关要求报材料科进行索赔。

②钩提杆检查

钩提杆弯曲、变形时调修。作用不良、影响组装质量时调修或更换。检查完毕的钩提杆分类存放。

③钩提链及环检查

提钩链及链蹄环裂纹时更换，使用游标卡尺检测腐蚀、磨耗，在腐蚀、磨耗最深处检测，腐蚀、磨耗大于直径的 30%时放入报废品配件箱。检查合格的钩提链及环分类存放送喷漆作业区进行喷漆。

④钩提杆座检查

钩提杆座腐蚀或磨耗严重时更换。使用游标卡尺检测腐蚀、磨耗，在腐蚀、磨耗最深处检测，腐蚀、磨耗大于直径的 50%时放入报废品配件箱。检查完毕的钩提杆座分类存放。

⑤车钩支撑座检查检测

a. 清除支撑座表面杂物，使用铜丝刷清除支撑座表面堆积杂物。使用毛刷清扫支撑座杂物。作业时注意佩戴防护眼镜，避免灰尘进入眼睛。

b. 外观检查支撑座及磨耗板

(a)目视检查支撑座及磨耗板。

(b)标注故障：外观检查发现故障时，使用粉笔标注故障名称及施修方法，并用箭头指向故障部位。

(c)支撑座裂纹时标注“裂纹更换”。

(d)钢制磨耗板开焊时标注“开焊焊修”，丢失时标注“丢失补装”。

(e)尼龙磨耗板裂损时标注“裂损更换”。

c. 检测支撑座及磨耗板

检测支撑座两外侧面磨耗深度：将弹性支撑装置磨耗板检测量规 2Z 端置于支承座两外侧面磨耗最深处，量规工作面与两外侧面未磨耗部位贴靠时超限。支撑座两外侧面磨耗深度检测如图 5-102 所示。

图 5-102 支撑座两外侧面磨耗深度检测

(a)检测支撑座磨耗板

将弹性支撑装置磨耗板检测量规 2Z 端置于磨耗最深处，量规工作面与未磨耗部位贴靠时超限。弹性支撑装置磨耗板检测如图 5-103 所示。

图 5-103 弹性支撑装置磨耗板检测

(b)尼龙磨耗板检测:使用厚度检测尺检测磨耗最深部位厚度,尼龙磨耗板剩余厚度小于 8 mm 时超限。尼龙磨耗板检测如图 5-104 所示。

(c)检测弹性支撑装置弹簧座腔内磨耗板磨耗,磨耗不大于 1.5 mm。

d. 标注故障:外观检查发现故障时,使用粉笔标注故障名称及施修方法,并用箭头指向故障部位。

(a)支撑座两外侧面磨耗深度超限时标注“超限堆焊”。

(b)钢制磨耗板磨耗超限时标注“超限更换”。

(c)尼龙磨耗板磨耗超限时标注“超限更换”。

e. 支撑座顶部金属磨耗板磨耗深度大于 2 mm 时更换,新磨耗板厚度应为 4～16 mm。

f. 支撑座作用试验及检修

对支撑座进行卡滞检查,可采用如下两种检查方式之一进行检查。

(a)检查方式一:千斤顶检查。车钩组装前,在支撑座上平面与冲击座之间放置千斤顶,操作千斤顶下压支撑座,支撑座下移距离应不小于 30 mm,撤销千斤顶后支撑座应能恢复原位。采用千斤顶进行支撑座卡滞检查如图 5-105 所示。

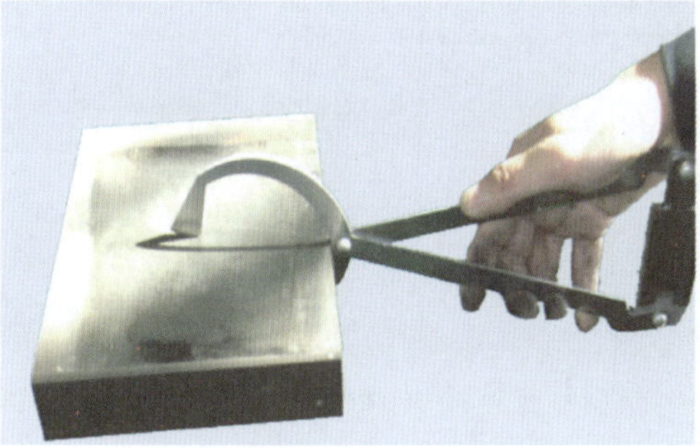

图 5-104 尼龙磨耗板检测

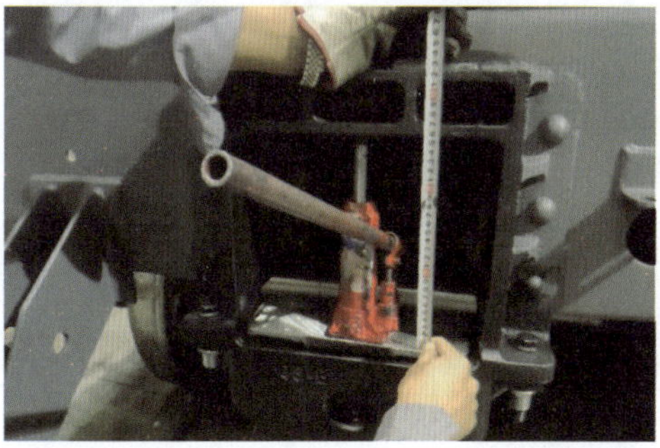

图 5-105 采用千斤顶进行支撑座卡滞检查

(b)检查方式二:人工检查。车钩组装后,使用长度 2 m 左右撬棍,沿车体纵向将撬棍一端插入钩体与冲击座之间的间隙处,采用人工压住撬棍另一端,撬棍压住钩头上部,使钩头及支撑座下移,支撑座下移距离应不小于 10 mm,撤销撬棍后支撑座应能恢复原位。人工进行支撑座卡滞检查如图 5-106 所示。

图 5-106 人工进行支撑座卡滞检查

g. 作用不良时检修要求

车钩支撑座卡滞时，检查冲击座内腔磨耗板是否存在局部凸起或翘曲变形等故障，发现故障时须更换磨耗板，磨耗板规格不变，焊接要求如下：在原冲击座内腔磨耗板焊缝要求不变的基础上，增加两侧段焊焊缝，冲击座内腔磨耗板增加两侧段焊示意如图 5-107 所示。焊接时磨耗板须与冲击座密贴，焊波超出磨耗板平面须磨平。

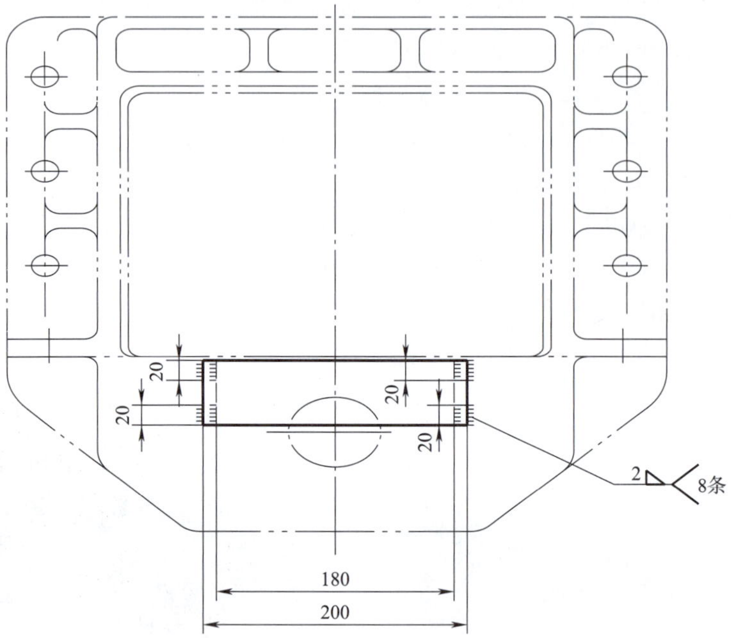

图 5-107　冲击座内腔磨耗板增加两侧段焊示意（单位：mm）

(4)完工整理

关闭风、水、电，整理量具、样板、工具，做到工完料净场地清，工具物品按指定位置摆放。

(三)车钩缓冲装置配件组装试验

1. 钩舌、钩腔内配件组装、三态及防跳作用调试

(1)作业要点

①工作中注意周围作业人员状况，并做好呼唤应答。

②随时注意天车吊具状态，身体避开，防止配件脱落砸伤、碰伤。劳动防护用品穿戴整齐；开工前全面检查工具、材料状态及各设备技术状态及动作，确认性能良好无故障；车钩组装作业；完工进行整理，清扫场地。

(2)作业准备

①上班前，严禁饮酒，要充分休息好，保证工作时精力充沛，思想集中。

②工作前必须按规定穿戴好工作鞋、工作服、工作帽等防护用品，禁止穿拖鞋、凉鞋、高跟鞋作业。

③检查设备工装、工具、样板、量具状态性能良好无故障，样板、量具校验合格。

(3)作业过程

①车钩组装

检查钩舌、钩体、钩腔配件状态良好,画有检修合格标记,无检修合格标记不得装用,返回上道工序。

a. 13A、13B 型车钩组装

(a)车钩组装前须清除各零件表面及腔内钢丸,各零部件摩擦面须涂干性润滑脂。将干性二硫化钼粉,用工业酒精调成湿剂。不得使用钙基脂或二硫化钼脂代用。

(b)钩体、钩舌、钩腔内配件材质、型号选配须符合表 5-5 要求,钩舌与钩体型号不一致时,车钩型号以钩体型号为准。

表 5-5 配件材质、型号选配

钩体		钩舌		钩锁材质	上锁销组成材质	下锁销组成材质
型号	材质	型号	材质			
13A 型	C 级钢	13A、13B 型	C 级钢	E 级刚	B 级钢	普碳钢、B 级钢
	E 级钢	13A、13B 型	E 级钢	E 级刚	B 级钢	E 级钢
13B 型	E 级钢	13B 型	E 级钢	E 级刚	B 级钢	E 级钢

(c)钩腔内配件组装

钩舌尾端,钩锁导向面,钩舌推铁,上(下)锁销组成铆钉轴及各接触部分须涂润滑剂。13A、13B 型车钩组装顺序:钩体→钩舌推铁→钩锁→锁销组成→钩舌→钩舌销,13A、13B 型车钩组装如图 5-108 所示。钩舌销圆柱面涂润滑剂后插入钩耳孔和钩舌销孔内,组装时不得以 16 型钩舌销代用。

(d)测量车钩组装间隙

钩舌与上钩耳的间隙:13A、13B 型不大于 8 mm,大于时在钩舌与下钩耳间安装垫圈调整。钩舌销与钩耳孔短径方向的间隙不大于 6 mm。在钩舌销下部安装 ϕ8 mm 开口销,劈开角度为 60°~70°。

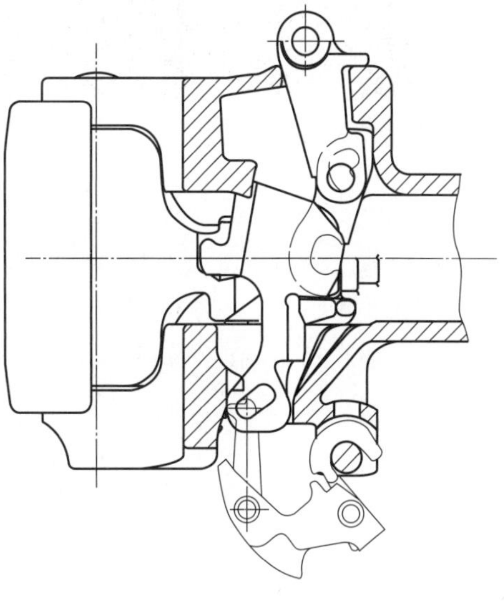
图 5-108 13A、13B 型车钩组装

b. 17 型车钩组装

(a)车钩组装时,钩舌、钩体和钩腔内配件材质须匹配,钩体、钩舌均须为 E 级钢材质,钩腔配件须同材质配套使用。

(b)16、17 型通用配件:16 型钩舌、16 型钩锁组成、16 型钩舌推铁、16 型钩舌销、16 型下锁销。其他 17 型配件不得装用于 16 型车钩上。

(c)车钩组装前,须清除各零部件表面及腔内的钢丸,各零部件摩擦面间须涂干性润滑脂。

(d)17 型车钩组装的顺序为:钩体→钩舌推铁→下锁销转轴→下锁销组成→锁铁组成→钩舌→钩舌销→开口销。17 型车钩组装如图 5-109 所示。

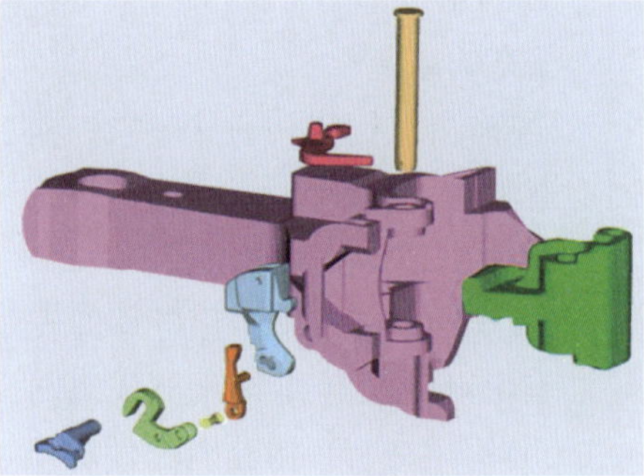

图 5-109　17 型车钩组装

(e)装入钩舌并成闭锁位，将钩舌销圆柱面涂润滑脂后插入钩耳孔和钩舌销孔内。组装钩舌销时不得以 13 号(系列)代用。安装 17 型下锁销转轴，面对钩头从左向右组装。

(f)测量车钩组装间隙，须符合下列要求

分别检查钩舌销与钩耳孔短径间隙、钩舌销与钩舌销孔间隙均不大于 6 mm。在闭锁位测量钩舌与上钩耳的间隙不大于 10 mm，大于时在钩舌与下钩耳间安装垫圈调整。在钩舌销下部安装 $\phi8$ mm×70 mm 开口销，劈开角度为 60°～70°。

②车钩三态作用试验

a. 全开试验：在闭锁位时，持续稳定地转动钩提杆的手把(或搬动 16 型车钩下锁销杆、转动 17 型下锁销转轴)，钩舌应达到全开位置。全开试验如图 5-110 所示。

b. 闭锁试验：在全开位时，持续稳定地推动钩舌鼻部，钩舌应转动到闭锁状态，同时钩锁落到闭锁位置，此时向外搬动钩舌鼻部，钩舌呈牵引状态。闭锁试验如图 5-111 所示。

图 5-110　全开试验

图 5-111　闭锁试验

(a)17 型车钩闭锁位钩舌鼻部与钩体正面距离不大于 97 mm。17 型车钩闭锁位钩舌鼻部与钩体正面距离检测如图 5-112 所示。

(b)13A、13B 型车钩闭锁位钩舌与钩腕内侧距离不大于 127 mm。13A、13B 型车钩闭锁位钩舌与钩腕内侧距离检测如图 5-113 所示。

c. 开锁试验：在闭锁位时，转动钩提杆的手把，使钩锁座锁面抬高到钩舌尾部以上。在此过程中钩舌不应转动，钩舌仍处在闭锁位置；当回转钩提杆并落下钩锁时，钩锁应坐在钩舌推铁的座锁面上；此时用手扳动钩舌鼻部，钩舌应能转动到全开位置，钩舌张开最大量时，此时须符合以下要求。

(a)17 型车钩全开位钩舌鼻部与钩腕的内侧距离不小于 219 mm。17 型车钩全开位钩舌鼻部与钩腕的内侧距离检测如图 5-114 所示。

(b)13A、13B 型车钩全开位钩舌鼻部与钩腕的内侧距离不大于 240 mm。13A、13B 型车钩全开位钩舌鼻部与钩腕的内侧距离检测如图 5-115 所示。

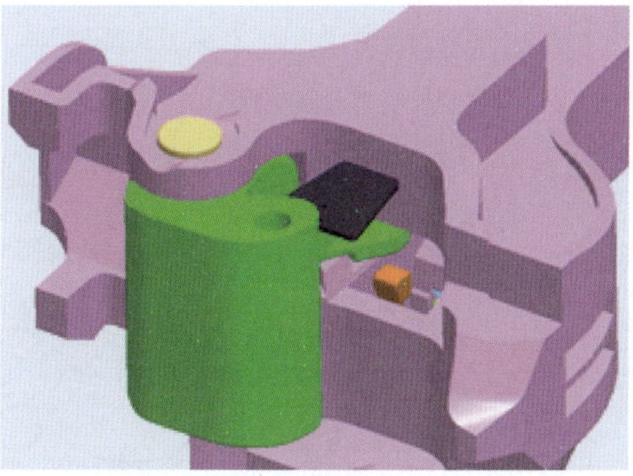

图 5-112　17 型车钩闭锁位钩舌鼻部与钩体正面距离检测

图 5-113　13A、13B 型车钩闭锁位钩舌与钩腕内侧距离检测

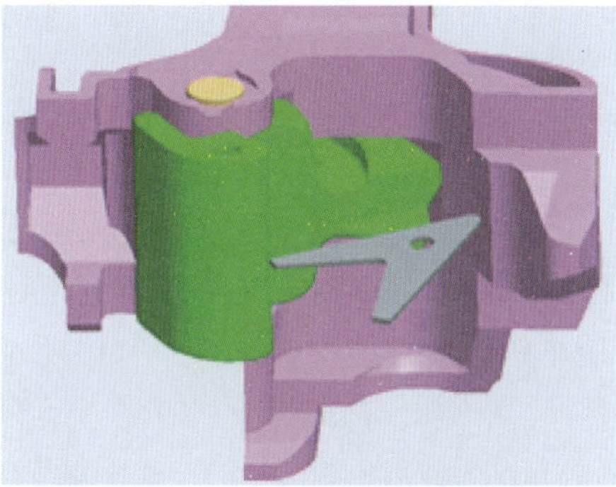

图 5-114　17 型车钩全开位钩舌鼻部与钩腕的内侧距离检测

图 5-115　13A、13B 型车钩全开位钩舌鼻部与钩腕的内侧距离检测

(c)13A、13B 型车钩全开位钩舌鼻部与钩腕的内侧距离超限时，可堆焊钩舌全开位止挡进行调整，但禁止焊修钩耳根部弯角。

③车钩防跳性能检查

a. 13A、13B 型车钩防跳性能检查

(a)上作用车钩在闭锁位置，使用“锁铁托具”使钩锁腿贴靠后壁，向上托起钩锁，不得开锁。上作用车钩防跳性能检查如图 5-116 所示。

(b)下作用车钩在闭锁位置，在钩锁腿与钩体下锁孔前壁之间插入专用工具，将钩锁锁腿撬向后边，使钩锁上的 *A* 点与钩体贴靠，同时用一撬棍塞进钩锁前座锁面与钩舌承台之间，并将钩锁撬起，不得开锁，下作用车钩防跳性能检查如图 5-117(a)所示。测量钩锁移动量须为：上作用车钩 3～11 mm，下作用车钩 3～22 mm。

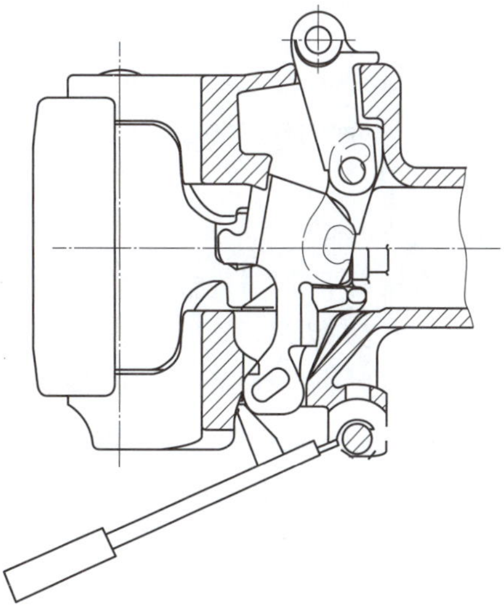

图 5-116　上作用车钩防跳性能检查

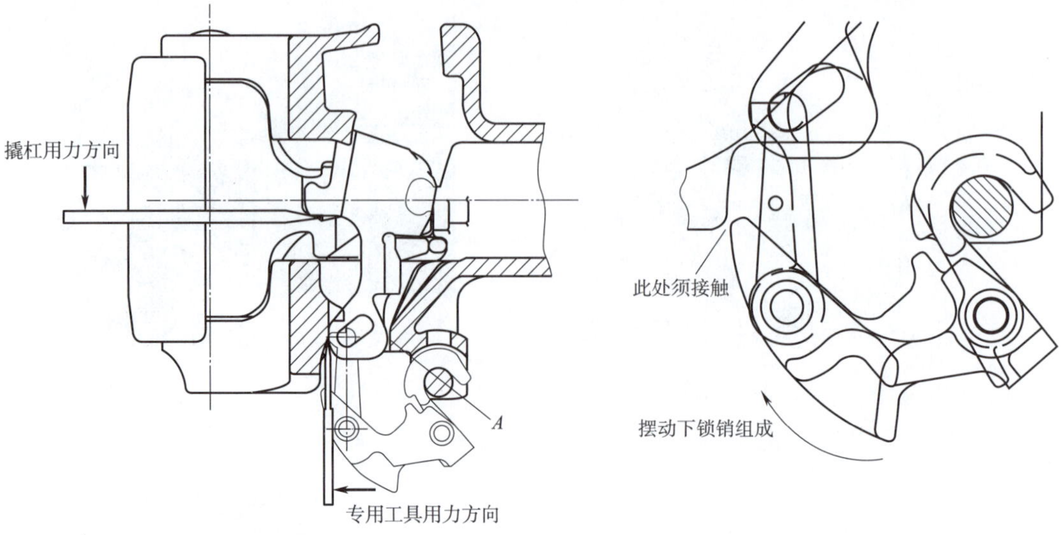

(a)　　(b)

图 5-117　下作用车钩防跳性能检查

(c)下作用车钩须有二次防跳性能，摆动下锁销组成时，防跳性能应良好；下锁销杆防跳性能检查：用右手将下锁销杆向上托起，使下锁销杆的防跳台与钩体防跳台贴靠，此时用左手向开锁方向转动下锁销，下锁销不得转动。下作用车钩防跳性能检查图 5-117(b)所示。

b. 17 型车钩防跳性能检查

(a)下锁销防跳性能检查

车钩闭锁位置时，车钩闭锁显示孔全部露出。下锁销防跳保护值测定：在钩锁铁和钩舌落锁台之间插入撬棍，用力将钩锁铁上撬，同时从车钩下面在锁腿和钩舌落锁台前面之间插进一把扁棒，用力将锁腿向后撬，测量下锁销和钩舌落锁台的搭接尺寸。搭接尺寸的正常值为 14.5 mm，允许的最小搭接尺寸为 6.5 mm，搭接量小于 6.5 mm 时，更换钩锁或下锁销组成等进行调整；搭接量仍不足 6.5 mm 时，可将钩腔钩锁导向台堆焊后磨平。

(b)下锁销杆防跳性能检查

先用右手将下锁销杆上托起，然后用左手在车钩开锁的方向施加压力，使抬起的下锁销杆的防跳面与钩体的防跳面贴合，下锁销杆不得转动，使车钩不能开锁，则下锁销杆防跳性能为合格。下锁销杆防跳性能检查如图 5-118(b)所示。

(4)完工整理

关闭风、水、电，整理量具、样板、工具，做到工完料净场地清，工具物品按指定位置摆放。将设备各部件返回到初始状态，全面保养、润滑、擦拭设备。

2. 钩缓装置附属配件组装

(1)作业要点

①工作中注意周围作业人员状况，并做好呼唤应答。

②随时注意天车吊具状态，身体避开，防止配件脱落砸伤、碰伤。劳动防护用品穿戴整

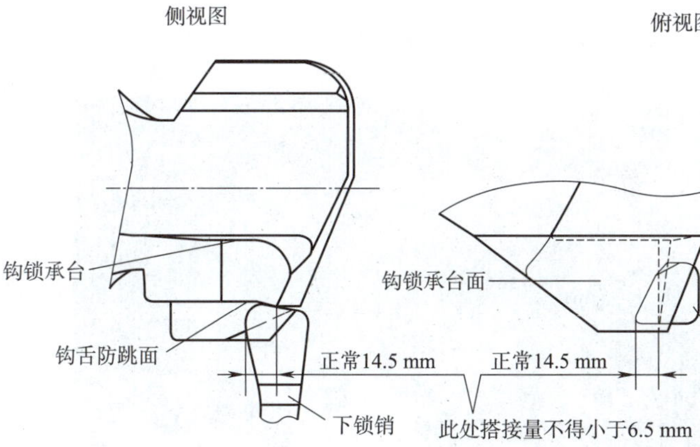

(a)

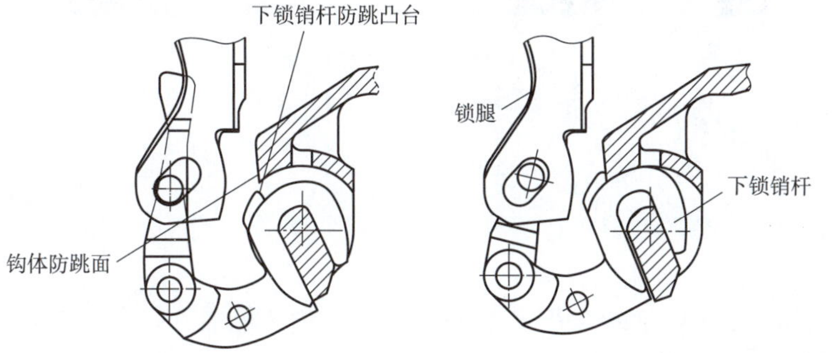

正常位置下锁销杆及其防跳凸台　　当下锁销杆处于抬起位置时，防跳面必须贴合以防止下锁销杆转动及钩锁上移

(b)

图 5-118　下锁销杆防跳性能检查

齐；开工前全面检查工具、材料状态及各设备技术状态及动作，确认性能良好无故障；完工进行整理，清扫场地。

(2)作业准备

①上班前，严禁饮酒，要充分休息好，保证工作时精力充沛，思想集中。

②工作前必须按规定穿戴好工作鞋、工作服、工作帽等防护用品，禁止穿拖鞋、凉鞋、高跟鞋作业。

③检查设备工装、工具、样板、量具状态性能良好无故障，样板、量具校验合格。

(3)作业过程

①组装车钩托梁

a. 使用车钩分解组装机抬起车钩，将车钩托梁从一侧组装入槽，螺栓孔对正安装座螺栓孔。

b. 两侧分别插入 M22 螺栓，手拧螺母 3 扣及以上。

c. 将风动扳机放至车钩托梁下方，对正需紧固螺母。

d. 调整风动扳机方向开关至正转位置，将套头套入螺母，用扳手卡住螺栓头，开动风扳机操作开关，进行紧固螺母作业。车钩托梁组装如图 5-119 所示。

图 5-119　车钩托梁组装

e. 手拧背母 3 扣及以上。

f. 使用钩缓装置螺母分解组装机紧固背母。

g. 组装 ϕ5 mm 开口销并自根部劈开绕螺栓卷起。

h. 组装另一侧螺母、背母及开口销。

i. 车钩托梁须采用 M22 螺栓及新品 FS 型或 BY 型防松螺母，安装 ϕ5 mm 开口销，并配套使用符合 GB/T 31.1、强度符合 GB/T 3098.1 规定的 10.9 级、精度等级符合 GB/T 9145 标准 6 g 要求的新品螺栓，螺栓头部须有性能等级 G10.9、制造厂代号、制造年份标记。装用 BY 型防松螺母时，须安装重型弹簧垫圈，紧固力矩符合表 5-6 的规定。组装螺栓紧固后，须使用扭力矩扳手进行校核。

表 5-6　BY 型防松螺母紧固力矩对照表

螺母型号	螺母规格	紧固力矩(N·m)
BY 型	M20	547～608
	M22	747～830
	M24	941～1 046

j. 车钩托梁与中梁下翼板金属接合面须涂抹防锈漆。

k. 自 2022 年 1 月 1 日起，装用 13 系列车钩的货车厂、段修时，须统一装用防脱结构车钩托梁尼龙磨耗板。原金属(或尼龙)材质的槽形结构车钩托梁磨耗板予以淘汰、不再装车使用。

l. 组装后检查：目视检查螺母、背母与车钩托梁安装座之间无夹渣、无间隙。

②组装钩提杆、链组成

检查确认待组装上车的钩提杆、提钩链、钩提杆座合格。

a. 组装下作用车钩钩提杆：将钩提杆穿入车钩下锁销转轴，钩提杆座穿入钩提杆，用 M16 螺栓将钩提杆座组装在支架上，组装螺母，加装背母，紧固后将螺栓与螺母点焊固。作业时，注意周围环境，防止电弧灼伤。钩提杆组装如图 5-120 所示。

b. 组装上作用车钩钩提杆链：安装提钩链，组装提钩链上马蹄环圆销及垫圈并点焊固；圆销与垫圈焊固时，焊缝长度须大于圆销周长的 1/2，使用塞尺检测垫圈与组装件间须有 1～3 mm 的轴向间隙。钩提杆链组装如图 5-121 所示。

图 5-120 钩提杆组装

图 5-121 钩提杆链组装

c. 当车钩纵向中心与车体纵向中心重合时，以上锁销孔纵向中心与钩提杆头部纵向中心重合时为基准进行检测，装用圆孔形钩提杆座的上作用车钩提钩杆使用盒尺检测左、右横动量均为 30～50 mm，不符时移动钩提杆座调整，钩提杆左、右横动量如图 5-122 所示；装用钥匙孔形钩提杆座的钩提杆使用盒尺检测左右横动量为 23～40 mm；下作用钩提杆使用盒尺检测扁平部位在钩提杆座处每侧长度不小于 60 mm。使用塞尺检测钩提杆座与扁平部位间隙不大于 3 mm。钩提杆链松余量为 45～55 mm。使用盒尺检测钩提杆弯曲部位与人力制动轴托上下部和水平距离均需大于 20 mm。

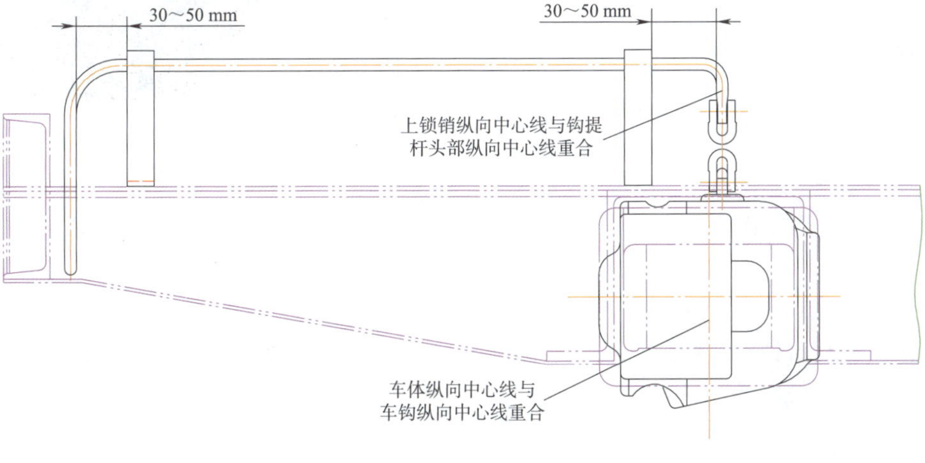

图 5-122 钩提杆左、右横动量

③组装支撑座

a. 在支撑座腔磨耗板表面涂抹 89D 润滑脂，在止挡铁组装螺栓螺纹处圆周涂抹黑铅粉油。

b. 将选配好的支撑弹簧放入定位圆脐，转动半圈确认弹簧入位坐实。

c. 将车钩弹性支撑座较宽一侧朝外置于支撑弹簧顶部。

d. 摇动支撑座确认弹簧卡入支撑座定位圆脐。

e. 把千斤顶放在支撑座磨耗板上中心位置，关闭排气阀，将千斤顶控制杆插入起升阀，上下反复提压千斤顶控制杆将顶升杆顶住冲击座上口后，匀速匀力上下反复提压千斤顶控制杆，支撑座下移至可以装入止挡铁时，装入止挡铁，装入 M20×90 mm 止挡铁螺栓或拉铆钉。

f. 组装止挡铁及止挡铁螺栓或拉铆钉时，手放在外侧，防止千斤顶突然失效造成支撑座弹起后挤伤。

g. 装入另一侧止挡铁，装入 M20 止挡铁螺栓或拉铆钉。

h. 打开千斤顶排气阀，支撑座顶起后取下千斤顶。

i. 紧固止挡铁。

(a)螺栓螺母结构

组装 M20 弹簧垫圈及螺母，螺母拧 3 扣及以上。将风动扳手放至支撑座下方，对正需紧固螺母。调整风动扳手方向开关至正转位置，将套头套入螺母，用扳手卡住螺栓头，开动风扳机操作开关，进行紧固螺母作业，止挡铁螺栓紧固如图 5-123 所示。组装另一侧止挡铁弹簧垫圈及螺母，并紧固。将力矩扳手调整至 547～608 N·m 之间，使用力矩扳手校核；使用带力矩的设备紧固螺母时，先将力矩调整至 547～608 N·m 之间，然后紧固。在螺栓开口销孔装入 ϕ4 mm 开口销，使用开口销开劈器将开口销自根部双向劈开至 60°以上。

(b)拉铆结构使用拉铆专用机具进行铆接。将拉铆钉穿入铆钉孔中将内部光滑的套环套在拉铆钉上；将安装工具置于拉铆钉尾部，工具启动时，头部的爪片抓住拉铆钉尾部。同时枪头推动套环直到去掉任何缝隙；枪头开始将套筒模压在拉铆钉的环形锁槽上。直至套筒完全变形，并钳夹在拉铆钉上；套筒在拉铆钉上的锁槽挤压变形完成后，拉铆钉尾部与紧固件分离，整个安装过程完成。

图 5-123　止挡铁螺栓紧固

j. 组装后检查

目视检查弹簧垫圈压实，螺母、弹簧垫圈与止挡铁之间无夹渣。目视检查弹簧无裂损、折断，止挡铁与支撑座接触部位无间隙。支撑座安装尼龙磨耗板时，目视检查尼龙磨耗板止耳无裂损、折断。

(4)完工整理

关闭风、水、电，整理量具、样板、工具，做到工完料净场地清，工具物品按指定位置摆放。将设备各部件返回到初始状态，全面保养、润滑、擦拭设备。

四、制动装置

(一)制动装置配件分解

1. 120 型控制阀现车分解

(1)作业要点

①分解制动阀时制动阀及中间体座须安装防尘堵。

②分解紧急阀时紧急阀及中间体座须安装防尘堵。

(2)作业准备

①上班前，严禁饮酒，要充分休息好，保证工作时精力充沛，思想集中。

②工作前必须按规定穿戴好工作鞋、工作服、工作帽等防护用品，禁止穿拖鞋、凉鞋、高跟鞋作业。

③按时参加班组点名会，掌握当日工作要求及任务。

④准备检查工具、量具、样板扳手、剪刀各 1 把，防尘堵 1 个等工具、材料齐全工具作用良好，量具、样板校验合格。

(3)作业过程

①分解 120 主阀

a. 用扳手分解制动阀安装螺帽，螺帽分解后集中放入回收盒。

b. 取下制动阀，安装防尘堵后放入回收箱内。

c. 取下中间体安装座上的旧胶垫，破坏处理后放入废料箱。

d. 取出滤尘杯、滤尘网，放入回收盒。

e. 在中间体安装座面上安装防尘堵。

f. 把 120 主阀、滤尘杯、滤尘网等配件送制动室检修。

②分解紧急阀

a. 用扳手分解紧急阀安装螺帽，螺帽分解后集中放入回收盒。

b. 取下紧急阀，安装防尘堵后放入回收箱内。

c. 取下中间体安装座上的旧胶垫，破坏处理后放入废料箱。

d. 取出滤尘网，放入回收盒。

e. 在中间体安装座面上安装防尘堵。

f. 把紧急阀、滤尘网等配件送制动室检修。

(4)完工整理

完成当日工作后，整理量具、样板、工具，做到工完料净场地清。

2. 制动缸、制动管系等制动配件现车分解

(1)制动缸现车分解

①作业要点

分解制动缸时要保持相对正位，避免滑脱；吊运制动缸过程中，不得将身体任何部位伸入起重物下方。

②作业准备

a. 按规定穿戴好劳保用品。

b. 进入工作岗位后，准备检查工具管钳、扳手及电动扳手等工具作用良好。

c. 试验作业前，对所使用的分解制动缸设备进行检查，状态良好方可作业。

③作业过程

a. 车辆钳工使用电动扳手将制动缸后连接管及制动杠杆拆除，制动缸现车分解如图 5-124 所示。

b. 将制动缸分解设备置于制动缸下部水平位置，并将设备升起至顶住制动缸。

c. 熔接工将制动缸组装螺栓割除。

d. 车辆钳工卸下制动缸。

e. 将分解下来的制动缸放置到检修台上，准备检修作业。

图 5-124　制动缸现车分解

④完工整理

a. 车辆钳工将扳手、管钳、手锤等工具清洁保养后放回工具箱内，清扫作业场地，作业区域保持无垃圾，地面清洁。

b. 熔接工将氧气乙炔切割装置放回定置区域。

(2)制动管系等制动配件现车分解

①作业要点

分解时不可损伤法兰连接安装面，分解时不可损伤螺纹管螺纹，分解过程中禁止管系落地。

②作业准备

a. 上班前，严禁饮酒，要充分休息好，保证工作时精力充沛，思想集中。

b. 工作前必须按规定穿戴好工作鞋、工作服、工作帽等防护用品，禁止穿拖鞋、凉鞋、高跟鞋作业。

c. 按时参加班组点名会，掌握当日工作要求及任务。

d. 准备管钳、扳手、拔销器、手锤、氧气乙炔切割装置等工具。

e. 车辆钳工检查工具、量具、样板：扳手、手锤、拔销器等工具作用良好，量具、样板校验合格，熔接工检查氧气乙炔切割装置状态良好、压力表鉴定不过期，氧气瓶、乙炔瓶距离不小于 5 m。

f. 检查上道工序架车作业安全稳固。

g. 熔接工使用氧气乙炔切割装置切割管系管吊卡、折角塞门 U 形卡子，通知车辆钳工。

h. 车辆钳工使用手锤清除熔渣后，用扳手松开折角塞门卡子螺母，取出螺母、卡子。

i. 车辆钳工使用管钳顺时针方向旋下折角塞门，加装防尘装置，放置在待检品运转小车上。

③作业过程

a. 车辆钳工使用拔销器、手锤打平防松片止耳，一手使用扳手卡住法兰体组装螺栓六方形平面，一手使用扳手卡住法兰体组装螺母六方形平面逆时针方向旋开螺母，取出螺母、防松片、螺栓。

b. 收集取出的防松片，待保洁人员清扫。

c. 螺纹连接管系分解

车辆钳工一手扶稳管钳与螺纹管接触部分，一手握住管钳手柄逆时针方向慢慢用力，直到螺纹管螺纹完全松开为止。

d. 连接管分解

(a)分解调整阀管座至传感阀管座连接管。

(b)分解中间体至(加速缓解风缸、降压风缸)连接管。

e. 制动支管分解。

(a)分解中间体至组合式集尘器制动支管。

(b)分解组合式集尘器至主管三通制动支管。

f. 制动主管分解。

(a)分解制动主管端接管。

(b)分解制动主管。

g. 车辆钳工将加装管系放置在同一待检品转运小车上，每个法兰面加装防尘装置。

h. 管系运送

分解完毕后由配送人员负责将分解后的管系运送到配件检修作业待检区，将分解后的折角塞门运送到制动室检修作业待检区。

④完工整理

a. 车辆钳工将扳手、管钳、拔销器、手锤等工具清洁保养后放回工具箱内，清扫作业场地，作业区域保持无垃圾，地面清洁。

b. 熔接工将氧气乙炔切割装置放回定置区域。

3. 基础制动杠杆、拉杆，人力制动机等制动配件现车分解

(1) 基础制动杠杆、拉杆现车分解

①作业要点

将杠杆、拉杆从吊架上取出后放置在待检品小车上，作业过程中防止配件落地。

②作业准备

a. 上班前，严禁饮酒，要充分休息好，保证工作时精力充沛，思想集中。

b. 工作前必须按规定穿戴好工作鞋、工作服、工作帽等防护用品，禁止穿拖鞋、凉鞋、高跟鞋作业。

c. 按时参加班组点名会，掌握当日工作要求及任务。

d. 检查手锤、拔销器等工具作用良好，量具、样板校验合格。

e. 检查架车作业完毕，各杠杆、拉杆连接处圆销、拉铆销分解完毕。

③作业过程

a. 两人配合分别用手抓稳拉杆两端后，将 1、2 位上拉杆从托架上拿出，放置在运输小车上。

b. 检查人力制动机分解完毕后，分解人力制动拉杆托架[图 5-125(a)]后，将人力制动拉杆后放置在运输小车上。

c. 闸调器分解后取出控制杠杆与前制动杠杆连接圆销，将控制杠杆从控制杠杆支点取出后放置在待检品小车上。

d. 取出制动缸推杆与前制动杠杆连接圆销，将制动缸推杆从制动缸抽出后放置在运输小车上。取出制动缸推杆如图 5-125(b)所示。

e. 将前制动杠杆从托架上取出后放置在运输小车上。

f. 取出后制动杠杆与制动缸支点座连接圆销，将后制动杠杆与制动缸支点座分解后放置在运输小车上，制动杠杆摆放如图 5-126(a)所示。

(a)

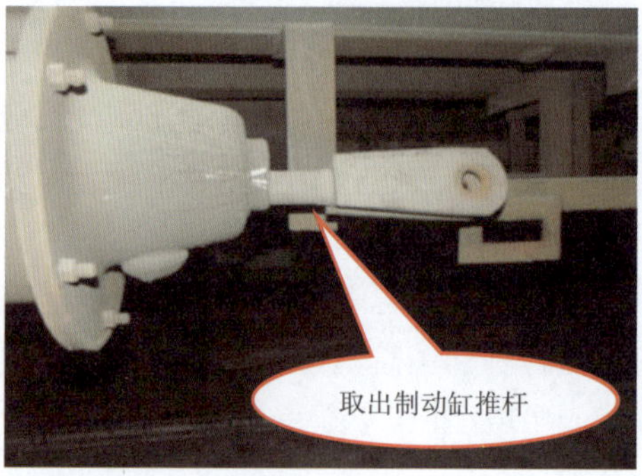

(b)

图 5-125　基础制动杠杆、拉杆现车分解

g. 先将人力制动拉条与附加杠杆分解，后将连接拉条与杠杆分解最后将附加杠杆与支点座分解。制动杠杆分解如图 5-126(b)所示。

(a)

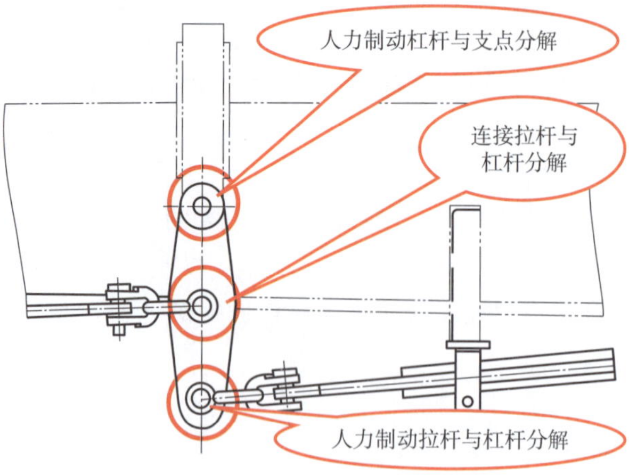

(b)

图 5-126　制动杠杆分解

h. 将缓解阀拉杆与缓解阀连接处开口销劈开处压紧，使用拔销器尖插入开口销尾部，用手锤向后轻轻敲击拔销器，直到圆销弯曲推出后将缓阀拉杆从吊座上取出放置在转运小车上。缓解阀拉杆开口销分解如图 5-127 所示。

图 5-127　缓解阀拉杆开口销分解

i. 检查待转运小车上各配件齐全，分解作业完毕后由配送人员负责将分解后的杠杆、拉杆运送到配件检修作业待检区。

④完工整理

作业完毕后作业人员将手锤、拔销器放回工具箱内，清扫作业场地，作业区域保持无垃圾，地面清洁。

(2)人力制动机等制动配件现车分解

①作业要点

熔接工使用氧气乙炔切割装置对制动机安装螺栓进行切除时，不得切伤配件。

②作业准备

a. 上班前，严禁饮酒，要充分休息好，保证工作时精力充沛，思想集中。

b. 工作前必须按规定穿戴好工作鞋、工作服、工作帽等防护用品，禁止穿拖鞋、凉鞋、高跟鞋作业。

c. 按时参加班组点名会，掌握当日工作要求及任务。

d. 检查氧气乙炔切割装置、天车、拔销器、手锤等工具作用良好，量具、样板校验合格。

e. 车辆钳工检查点检锤状态良好，熔接工检查氧气瓶、乙炔瓶压力表须无污垢，有检定合格标识且检定不过期，氧气带、乙炔带无破损老化；割矩阀门灵活、气嘴畅通不堵塞，氧气出口不偏斜，氧气瓶与乙炔瓶的各种安全附件须齐全良好，并须有安全帽和防振圈。氧气瓶距离乙炔瓶不得少于 5 m。如氧气、乙炔压力表检定过期、检验日期不清、表针失灵、表罩破损时，须及时进行更换。

f. 检查确认制动圆销、拉铆销分解作业完毕。

③作业过程

a. 车辆钳工用天车吊钩固定住 NSW 型人力制动机，固定人力制动机如图 5-128(a)所示。

b. 熔接工用氧气乙炔切割装置依次切下 4 条人力制动机安装螺栓(拉铆钉)，在切割的过程中不能切伤配件，切割制动机安装螺栓(拉铆钉)如图 5-128(b)所示。

c. 车辆钳工用手锤将熔渣及螺栓或铆钉敲出，将分解下的人力制动机轻放置在转运箱。

d. 车辆钳工将分解下的制动机及部件放至转运小车待回收。

④完工整理

作业完毕车辆钳工将拔销器、手锤放回工具箱内，熔接工将氧气乙炔切割装置放置在指定区域，清扫作业场地，作业区域保持无垃圾，地面清洁。

(a) 吊装固定住人力制动机

(b) 切割制动机安装螺栓

图 5-128　人力制动机分解

（二）制动装置配件检修

1. 编织制动软管外观检查及尺寸测量

(1)作业要点

①劳动防护用品穿戴整齐。

②编织制动软管总成的使用寿命为 6 年，超过寿命时间报废。

③检查连接器件，须无裂纹、变形，连接部分状态良好。

④完工进行整理，清扫场地。

(2)作业准备

①上班前，严禁饮酒，要充分休息好，保证工作时精力充沛，思想集中。

②工作前必须按规定穿戴好工作鞋、工作服、工作帽等防护用品，禁止穿拖鞋、凉鞋、高跟鞋作业。

③按时参加班组点名会，掌握当日工作要求及任务，检查白色油漆笔、抹布、制动软管量规等工具作用良好，量具、样板校验合格。

(3)作业过程

①软管检查

a. 检查编织制动软管制造时间，如图 5-129(a)所示。编织制动软管总成的使用寿命为 6 年，超过寿命时间报废。

b. 外观检查编织制动软管，软管体老化、破损、脱层时更换，制动软管外观检查如图 5-129(b)所示。

c. 检查连接器体，须无裂纹、变形，连接部分状态良好，连接平面无毛刺，连接轮廓符合样板要求，软管连接器检查如图 5-130 所示。

d. 外观检查接头裂纹、缺损时更换，接头检查如图 5-131(a)所示。

e. 软管连接器通风口垫圈须更换新品，垫圈安装到位，垫圈检查如图 5-131(b)所示。

②不合格品标识及处置

编织制动软管超过 5.5 年使用寿命，脱层或无裂时，检查人员负责在编织制动软管上使用白色油漆笔画涂写报废标识“×”，不合格品标准如图 5-132 所示。

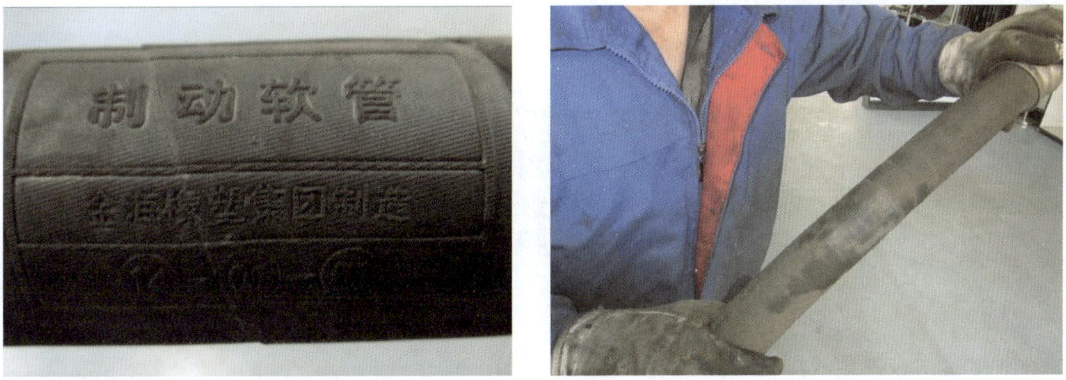

(a) (b)

图 5-129 编织制动软管外观检查

图 5-130 编织制动软管连接器体检查

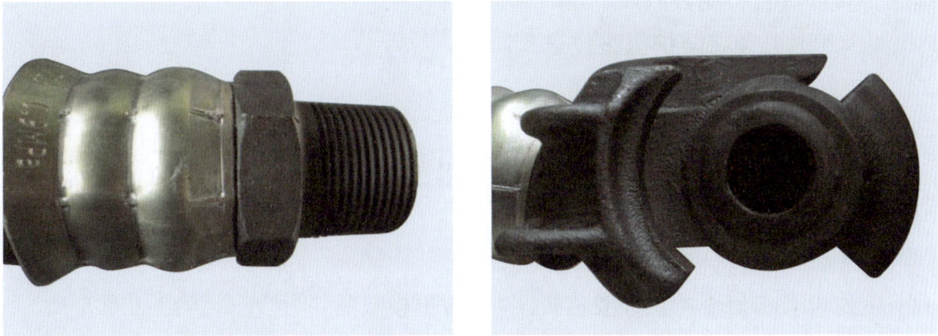

(a) (b)

图 5-131 软管连接器检查

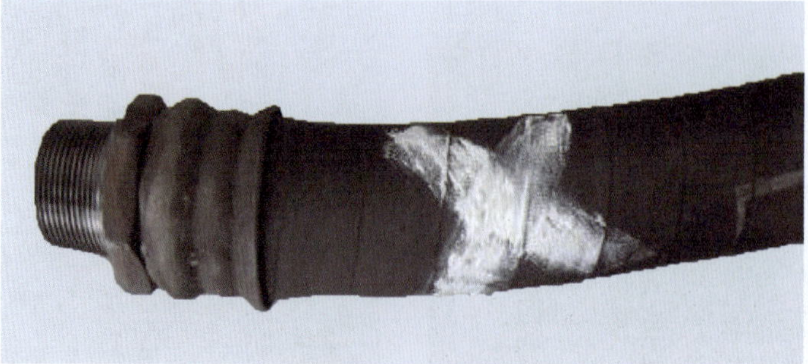

图 5-132　不合格品标注

③制动软管测量

将制动软管进行水压试，在试验时检测制动软管最大膨胀外径，外径膨胀原形 ϕ53 mm，段修≤57 mm，用量规 57T 端插入制动软管膨胀最大处，通过为合格，制动软管膨胀大于 57 mm 时报废。

④完工整理

作业完毕工作者关闭设备电源、将工具放入工具箱内，清扫作业场地，作业区域保持无垃圾，地面清洁。

2. 制动缸、制动管系等制动配件检修

(1)制动缸检修

①作业要点

a. L 形皮碗、Y 形皮碗、活塞膜片和前衬垫橡胶件，活塞润滑套、前盖滤尘套和滤尘器中的毛毡须更换新品。

b. 缸体内径磨耗不超限。

c. 弹簧须在弹簧测力机上进行检测。

d. LBC-1 型主动润滑式密封制动缸齿圈开焊时补焊；更换 Y 形密封圈时，锁圈须更换新品；缓解弹簧须进行检测，检修限度值必须符合要求。

e. 检测弹簧时必须将防护板正位进行防护。

②作业准备

a. 按规定穿戴好劳保用品。

b. 进入工作岗位后，首先清点工具、量具等状态良好，校验不过期方可使用。

③作业过程

a. 零件检修

(a)前盖滤尘套和前盖衬垫橡胶件拆下报废，更换新品，报废配件拆除如图 5-133 所示。

(b)外观检查弹簧座、活塞润滑套支架、前盖滤尘套内外环等裂纹、损坏时更换。

b. 缸体检修

(a)缸体内壁清洗并擦拭干净，用洁净的棉白细布擦拭缸体内壁后不得有污迹。

(b)检查缸体内壁，发生偏磨、划伤时修理或更换。

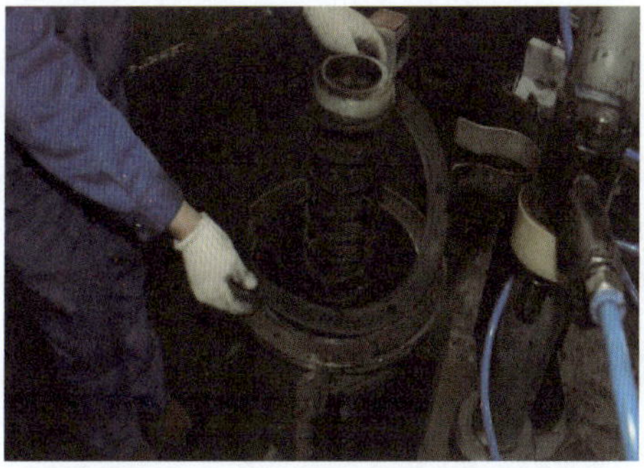

(a)

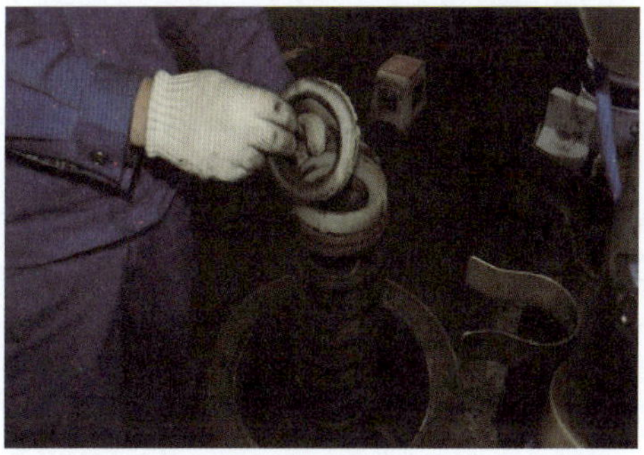

(b)

图 5-133　制动缸前盖报废配件拆除

(c)使用样板检测旋压密封式制动缸缸体底部、中部处内径磨耗大于 2 mm，铸造缸体内径磨耗大于 3 mm 时更换；内径磨耗检测方法，制动缸缸体尺寸测量如图 5-134 所示。

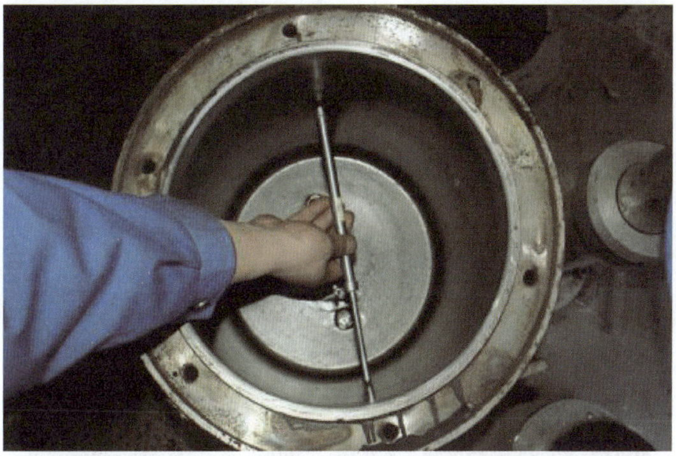

图 5-134　制动缸缸体内侧尺寸测量

(d)外观检查旋压密封式制动缸缸体变形、裂纹时更换，用针规检测腐蚀深度大于 1 mm 时更换，小于时用水砂纸磨修光滑，消除缺陷。

(e)铸造缸体裂纹、砂眼、缺损、漏泄时更换，漏泄沟不得堵塞。

c. 弹簧检修

(a)弹簧须在弹簧测力机上进行检测，并符合表 5-7。步骤如下(日常性能校验已完成)：将弹簧放置在检测台上→测试弹簧的名称→选择测试人→输入被测试弹簧的编号→单击“开始测试”按钮→程序会自动进行测试[系统进行初始化、气缸升降装置下降、电机下压(五次)、电机及气缸复位]→显示测试结果→记录自动保存、测试完成，步骤，弹簧检测如图 5-135 所示。

(b)适用于 356 mm×254 mm 制动缸的 ϕ10 mm 钢丝直径缓解弹簧更换时，须更换为符合表 5-7 规定的 ϕ12 mm 钢丝直径缓解弹簧。

(a)

(b)

图 5-135　制动缸缓解弹簧检测

表 5-7　制动缸缓解弹簧检修

钢丝直径/mm	自由高/mm	装配高/mm	装配负荷/N	工作高/mm	工作负荷/N	适用制动缸规格/mm
$\phi 12$	498_{-40}^{0}	417	934_{-140}^{+90}	257	$2\ 780_{-420}^{+280}$	356×254(密封式)
$\phi 11$	571_{-40}^{0}	430	900_{-135}^{+90}	270	$1\ 924_{-290}^{+190}$	305×254(密封式)
$\phi 10$	555.4_{-40}^{0}	417	696_{-105}^{+70}	257	$1\ 499_{-225}^{+150}$	356×254(密封式) 254×254(密封式) 203×254(密封式)

d. 活塞组成检修

(a)L 形皮碗、Y 形皮碗、活塞膜片报废，更换新品。

(b)擦拭活塞表面及沟角处，不得存有油污、水分、灰尘、纤维物、锈斑和其他污物，擦拭制动缸活塞如图 5-136 所示。

图 5-136　擦拭制动缸活塞

(c)活塞杆弯曲、裂损、腐蚀严重时更换。铆钉松动、折损时更换铆钉。

(d)活塞裂纹、缺损、漏泄时更换。

(e)压板裂纹、变形时更换。

(f)外观检查整体压形活塞变形时更换,用针规检测局部腐蚀深度大于 2 mm 时焊修后磨平或报废。

(g)推杆复原装置各零件锈蚀严重时更换;用样板复原弹簧裂纹或弹簧钢丝直径磨耗大于 0.5 mm 时更换,整体压形活塞外观检查如图 5-137 所示。

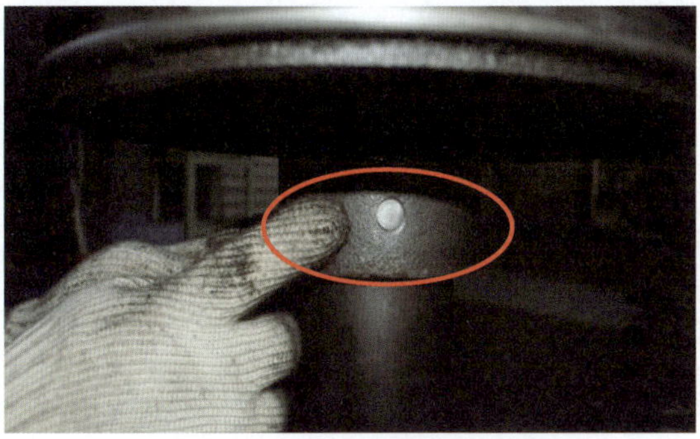

图 5-137　整体压形活塞外观检查

e. 前、后盖检修

(a)密封式压形前盖变形或活塞杆孔偏磨大于 3 mm 时更换。

(b)铸造前、后盖裂纹、砂眼、缺损严重、漏泄时报废。

(c)分解开口销,取下滤尘套,前盖滤尘套和滤尘器中的毛毡须更换新品。安装开口销,制动缸前盖检修如图 5-138 所示。

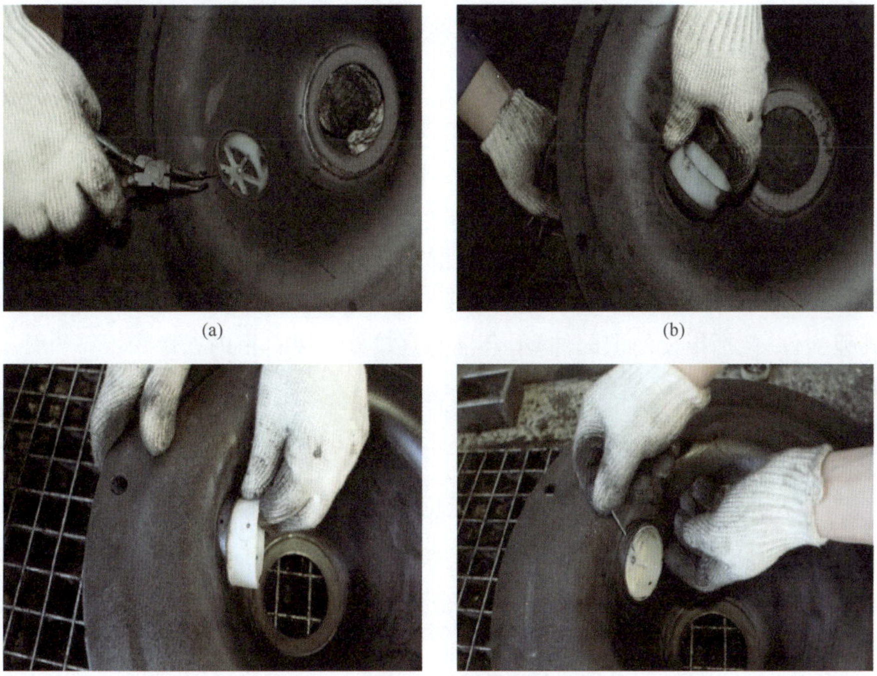

(a)　(b)　(c)　(d)

图 5-138　制动缸前盖检修

(d)检查制动缸后孔无缺损,螺纹完整。

(e)检修合格的缸体及配件要及时组装,严禁长时间散放。

f. LBC-1 型主动润滑式密封制动缸检修

(a)拆卸制动缸前盖时,须防止前盖弹出。将活塞组成连同前盖组成一起从缸体中取出。

(b)齿圈开焊时补焊。

(c)更换 Y 形密封圈时,锁圈须更换新品。

(d)弹簧片高度低于限度值或裂纹时,须更换新品,弹簧片高度限度见表 5-8。

表 5-8　弹簧片高度限度表　　单位:mm

制动缸规格	203×254	254×254	305×254	356×254
弹簧片高度限值	51	59	58	55

(e)轴承转动不灵活时须分解检修或更换新品。

(f)导向带破损或厚度小于 3 mm 时,须更换新品。

(g)防水圈座、防水圈破损时,须更换新品。

(h)缓解弹簧须进行检测,检修限度值须符合表 5-9 的要求。

表 5-9　制动缸缓解弹簧检修限度表

钢丝直径/mm	自由高/mm	装配高/mm	装配负荷/N	工作高/mm	工作负荷/N	适用制动缸规格
$\phi10$	500_{-35}^{0}	394	650_{-100}^{+60}	234	$1\ 644_{-240}^{+160}$	LBC-1 型 203×254
$\phi11$	500_{-35}^{0}	397	800_{-120}^{+80}	237	$2\ 050_{-300}^{+200}$	LBC-1 型 254×254
$\phi11$	535_{-37}^{0}	411	926_{-135}^{+90}	251	$2\ 120_{-310}^{+210}$	LBC-1 型 305×254
$\phi11$	515_{-35}^{0}	392	$1\ 000_{-150}^{+100}$	232	$2\ 300_{-350}^{+220}$	LBC-1 型 356×254

(i)弹簧座组成裂损、开焊时须更换新品。

④完工整理

a. 检修过程中发现制动缸体裂纹、腐蚀、偏磨、划伤、变形超限,以及铸造缺陷等故障,使用白粉笔在配件显著位置画写"×",经段鉴定后统一退交材料。

b. 其他配件(包括报废的旧配件)不合格的直接放入废料箱内。

c. 关闭设备,整理工具,清理工作场地。

(2)制动管系等制动配件检修

①作业要点

法兰密封圈须更换为新品 E 形密封圈,自制造之日起至组装使用前的储存期不超过 6 个月。

②作业准备

a. 按规定穿戴好劳保用品。

b. 进入工作岗位后,首先清点工具、量具等状态良好,校验不过期方可使用。

③作业过程

a. 管系检查

(a)外观检查,钢管裂纹或壁厚腐蚀深度大于 1 mm 时更换。不锈钢冶金复合管及不锈钢管更换时须用不锈钢管,碳钢管更换时须为磷化钢管或不锈钢管。碳钢管件须在加工成型后磷化处理。

(b)新制钢管切断后,端口部内径缩小量不大于 1 mm,须去除毛刺、切屑和油垢。新制钢管弯曲部位外径的减少量不大于原外径的 10%。

(c)不锈钢管、不锈钢冶金复合管不得加热调修,其他钢管火焰加热调修后,须清除内、外表面氧化皮。

(d)螺纹管螺纹部分腐蚀、磨损时更换;螺纹管或接头新制时螺纹部分须符合 GB/T 7306。

(e)检修的制动管应逐个检查制动管件,须清除制动主管、支管外部及内部锈垢和砂尘。管系内部清理采用高压水或机械方式清理。逐个检查制动管件端部,有飞边、毛刺时应去除。

b. 法兰管件检修

(a)法兰体裂纹或弯曲变形大于 0.5 mm 时更换。除结构限制外分体式法兰更换新品时应为穿入式整体法兰。

(b)新制法兰式制动管钢管与接头体组焊时须采用工装定位,接头体端面与制动管中心线的垂直度在距端部 200 mm 范围内不大于 1.5 mm。

(c)组焊后须采用压缩空气将制动管内部吹净并进行 650～700 kPa 气密性试验。

(d)接头体密封圈槽深度 H 应在 4.5～5 mm 范围内,超出时应更换新品,或加工至图样规定,接头体加工后加工面与密封圈槽面平行度及表面粗糙度应符合图样规定。接头体端面突出法兰体的高度 h 应在 0.1～0.5 mm 范围内,当 $-0.3\ \text{mm} \leqslant h < 0.1\ \text{mm}$ 时,可在法兰体与接头体间加 0.4 mm 厚调整垫片;当 $-0.7\ \text{mm} \leqslant h < -0.3\ \text{mm}$ 时,可在法兰体与接头体间加 0.8 mm 厚调整垫片;当 $h < -0.7\ \text{mm}$ 时,应更换新管。

(e)焊接法兰接头体制动管可更换为整体镦制法兰接头体制动管。制动管系全部分解检修时,整体镦制法兰接头体制动管不得更换为焊接法兰接头体制动管。

c. 压紧式快装管接头检修

压紧式快装管接头接头体、开口环及螺母变形、裂纹时更换。

d. 法兰密封圈更换

法兰密封圈须更换为新品 E 形密封圈,自制造之日起至组装使用前的储存期不超过 6 个月。

e. 涂漆

主、支管检修后外部应涂溶剂型(水溶性)厚浆醇酸底漆、磁化铁防锈底漆及与之相当的防锈底漆,黑色溶剂型(水溶性)厚浆醇酸面漆。法兰面、螺纹部分不涂漆,油漆干膜厚度不小于 60 μm。

④完工整理

a. 检修完毕的管系,接头处须使用防护套进行防护,根据车型按照辆份进行配送。

b. 关闭设备,整理工具,清理工作场地。

3. 基础制动杠杆、人力制动机等制动配件外观状态检查及尺寸测量

(1)基础制动杠杆外观检查及尺寸测量

①作业要点

a. 检查杠杆、拉杆,裂纹、销孔间隙大于 3 mm、孔距尺寸不符合要求时更换。

b. 检查圆销、开口销,裂损、无材质标记时更换,丢失时补装。

c. 杠杆、拉杆弯曲时调直,裂纹、折断、腐蚀或磨耗深度大于 15%时更换。

d. 2012 年 7 月 2 日起,既有铁路货车段修时须进行“制动圆销改造”。杠杆、拉杆组装时,圆销与销孔间隙不大于 3 mm。

②作业准备

a. 穿戴劳保用品。每班开工前更换工作服,衣着整齐,戴安全帽,女士有长发者须盘在帽子内。

b. 检查扳手、手锤、管钳、开销器、卷尺、卡尺制动杠杆孔距校对尺、塞尺、开口销角度量规圆销、垫圈、开口销等工装、量具、材料齐全,状态良好。

③作业过程

a. 杠杆检查

(a)各杠杆裂纹时更换。

(b)销孔衬套破损、松动、窜出时更换。

(c)使用塞尺检查圆销与销孔间隙,不大于 3 mm,状态不良时须更换。

(d)制动缸杠杆支点螺栓、弹簧垫圈或背母松动时紧固,丢失时补装。

(e)使用制动杠杆孔距校对尺检查杠杆孔距尺寸须符合货车低摩制动改造(表 5-10),不符合时须更换。

表 5-10　货车低摩制动改造

车型	制动缸推杆(或后支点)孔至闸调器孔间距($L_1\pm5$) mm	闸调器孔至上拉杆孔间距($L_2\pm5$) mm
C_{64KK}	443 mm	361 mm
P_{64K}、P_{64GK}	457 mm	337 mm
C_{70H}	330 mm	480 mm

b. 拉杆检查

(a)各拉杆裂纹时更换,变形调修。

(b)用样板检测各拉杆,腐蚀、磨耗深度不大于 15%。

(c)使用样板检测拉杆销孔或衬套磨耗不大于 2 mm。

c. 检查圆销、开口销

(a)各部圆销须有 40Cr 材质标记,裂损或无标记时更换。

(b)各部圆销的扁开口销(包括开口销)缺损时更换,丢失时补装。

d. 拉杆附属件检查

(a)用卡尺测量安全吊、托滚吊的吊板厚度,不小于 2 mm,小于时更换。

(b)托滚及套管磨耗、破损时更换。

(c)检查拉杆吊架与底架焊缝,焊缝不开裂,在焊缝处涂打检查标识。

④完工整理

将扳手、手锤、开销器等工具放回工具箱内,从盥洗间取出拖把,清扫作业场地,作业区域保持无垃圾,地面清洁。

(2)人力制动机外观状态检查及尺寸测量

①作业要点

a. 检查 NSW 型人力制动机手轮。

b. 检查 NSW 型人力制动机箱壳。

c. 检查制动链条和链环裂纹、开焊、直径磨耗超过 2 mm,取下修理。

d. 检查人力制动拉杆与车轴间隙。

e. 标记涂打。

②作业准备

a. 穿戴劳保用品。每班开工前更换工作服,衣着整齐,戴安全帽,女士有长发者须盘在帽子内。

b. 检查扳手、钢丝刷、手电筒、制动链检测量规、螺栓、89D 制动缸脂二硫化钼等工具作用良好,量具、样板校验合格。

③作业过程

a. 检查 NSW 型人力制动机手轮

(a)手轮裂纹时焊修。

(b)手轮裂损时更换。

(c)手轮变形时调修,影响作用时更换。

(d)手轮防盗螺母和拉铆套环松动、裂损时更换。

b. 检查 NSW 型人力制动机箱壳

(a)人力制动机箱注油孔塞状态良好,丢失时补装。

(b)功能手柄状态良好,断裂时更换。

(c)主动轴拉铆旋槽状态良好,损坏时更换。

(d)人力制动机箱内转动件铆接者状态良好,状态不良的须分解修理或更换。

(e)检查箱体紧固件状态良好,松动时紧固,丢失时补装。

c. 检查制动链

(a)使用手电筒逐环检查链条、链环、裂纹,开焊时取下修理。

(b)用现车制动链检测量规检测直径磨耗超过 2 mm,取下修理。

d. 检查人力制动拉杆与车轴间隙

(a)车辆落成时,须测量人力制动拉杆与车轴的最小距离 L 值(推动、向下按人力制动拉杆,使其与车轴的距离最小)不小于 60 mm,最小距离测量如图 5-139 所示。

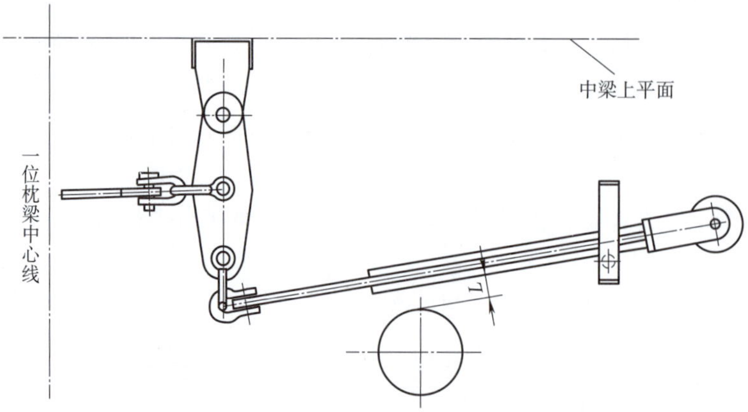

图 5-139　人力制动拉杆与车轴的最小距离测量

(b)当 L 值小于 60 mm 时，适当调整人力制动拉杆导架吊座距中梁上平面的定位尺寸，尺寸不宜调整过大，须确保施行人力制动时，人力制动拉杆与人力制动导架托滚分开。待其施修完毕后复查作业质量。

e. 标记涂打

人力制动机检查后，状态良好的用粉笔在交车标记栏中画“人”标记，须更换的在车体一位端部明显位置清晰写“更换人力制动机”字样。

④完工整理

将扳手、手锤、开销器等工具放回工具箱内，从盥洗间取出拖把，清扫作业场地，作业区域保持无垃圾，地面清洁。

(三)制动装置配件组装试验

1. 120 型控制阀现车组装

(1)作业要点

a. 检查主阀、紧急阀检修标记齐全，外观良好，防护到位。安装胶垫、滤尘网须辆份配送，安装胶垫不过期。

b. 组装制动阀时，先拧螺母预紧固，再使用扳手交替拧紧螺母。

(2)作业准备

a. 每班开工前在段集中更衣室更换段统一发放的工作服，佩戴防护手套等劳动安全防护用品，女士有长发者须盘在帽子内。

b. 班前、班中严禁饮酒，确保当班精力充沛、思想集中。

c. 车辆钳工准备扳手、拔销器、螺母、滤尘器、橡胶垫板开口销等工具作用良好，量具、样板校验合格。

d. 检查确认 120、120-1 型制动阀主阀、紧急阀检修完成后，储存期不超过 3 个月，检修标记齐全，外观良好，防护到位。

e. 检查确认 120、120-1 型制动阀主阀安装面防误装销钉孔是否与中间体安装面防误装销钉匹配，防误装销钉安装位置如图 5-140 所示。

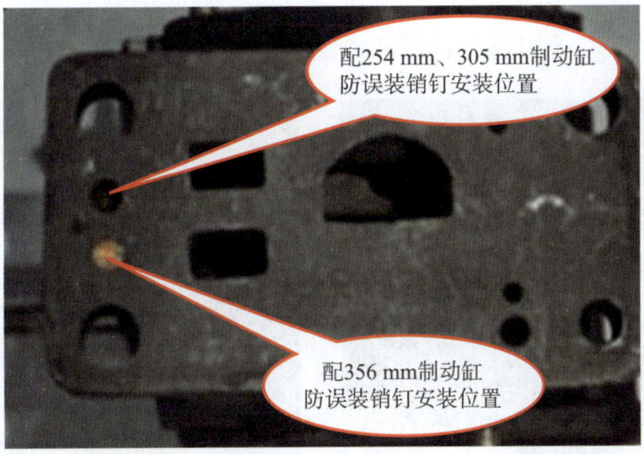

图 5-140 120、120-1 型制动阀主阀防误装销钉

f. 检查确认 120、120-1 型制动阀主阀与制动缸直径符合表 5-11 关系。

表 5-11 120、120-1 型制动阀主阀与制动缸匹配

序号	制动缸直径	主阀型号(配 254 或 356 制动缸)	备注
1	254 mm、305 mm	与 254 mm 直径制动缸相匹配	防误装销钉孔在上侧
2	356 mm	与 356 mm 直径制动缸相匹配	防误装销钉孔在下侧
3	203 mm 双制动缸	与 356 mm 直径制动缸相匹配	防误装销钉孔在下侧

g. 检查确认橡胶垫为新品,生产厂家和生产时间标记齐全,制造完成之日起至组装使用前的储存期不超过 1 年,橡胶垫如图 5-141(a)所示。

h. 检查确认滤尘网外观不得破损变形,各部位滤尘网如图 5-141(b)所示。

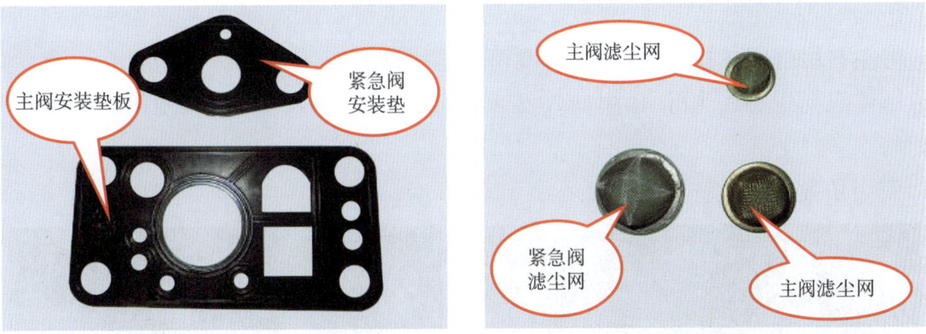

(a) (b)

图 5-141 主阀橡胶垫、滤尘网

(3)作业过程

a. 120、120-1 型制动阀主阀组装

(a)组装人员取下中间体与主阀安装面防护件,检查确认中间体主阀安装面无杂物、螺柱螺纹无损坏,确认防误装销钉与阀匹配,安装滤尘网,橡胶垫板,主阀组装如图 5-142(a)所示。

(b)组装人员取下主阀防护件,双手水平托起主阀移动,中间体四条组装螺柱穿入主阀安装座四个螺栓组装孔,主阀组装如图 5-142(b)所示。

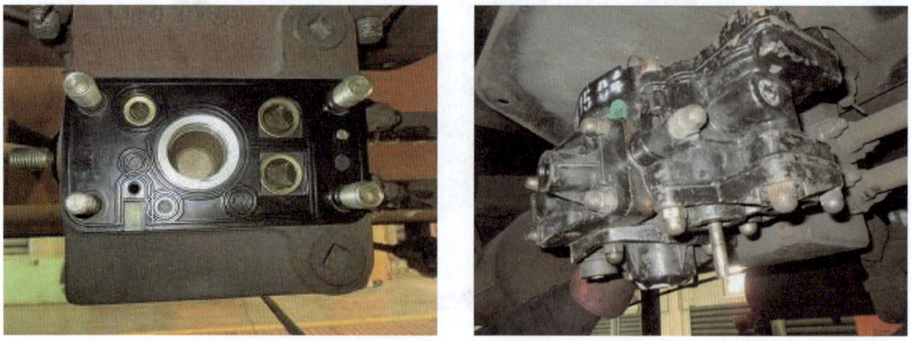

(a) (b)

图 5-142 120、120-1 型制动阀主阀组装

(c)组装人员一手托住主阀,一手安装螺母,并旋紧。

(d)组装人员使用扳手交替紧固螺母。

b. 120、120-1 型制动阀紧急阀组装

(a)组装人员取下中间体与紧急阀安装面防护件,检查确认中间体紧急阀安装面无杂物、螺柱螺纹无损坏,安装滤尘网,橡胶垫板。

(b)组装人员取下紧急阀防护件,双手水平托起紧急阀移动,使中间体两条组装螺柱穿入紧急阀安装座两个螺栓组装孔如图 5-143(a)所示。

(c) 组装人员一手托住紧急阀,另一手安装螺母,并旋紧。

(d)组装人员使用扳手交替紧固螺母。

c. 缓解阀拉杆组装

(a)将左右缓解阀拉杆装入吊架后,调整左右缓解阀与手柄座连接孔同心如图 5-143(b)所示,以车体纵向中心线为准,由里向外安装 $\phi8$ mm×80 mm 开口销,使用拔销器将开口销双向劈开。

(b)使用角度样板检查劈开角度不小于 60°。

(a) (b)

图 5-143 紧急阀组装

d. 质量记录填写

(a)组装作业完毕后,组装人员在120、120-1型制动阀主阀检修记录填写支出日期、支出车型车号。

(b)组装作业完毕后,组装人员在120、120-1型制动阀紧急阀检修记录填写支出日期、支出车型车号。

(c)组装作业完毕后,组装人员在"车统—22B-1"背面在对应制动阀型号上画"√",并填写制动阀检修编号。

(4)完工整理

组装人员将扳手等工具清洁保养后放回工具箱内,清扫作业场地,作业区域保持无垃圾,地面清洁。

2. 制动缸、制动管系等制动配件组装

(1) 制动缸组装

①作业要点

a. 制动缸体内壁、活塞、皮碗须涂抹89D制动缸脂。

b. 密封式制动缸润滑套和前盖滤尘套的毛毡须用89M脂浸润透。

c. 组装前应检查新品橡胶密封件自制造完成之日起至组装使用前的储存期不超过6个月。

②作业准备

a. 按规定穿戴好劳保用品。

b. 进入工作岗位后,平衡吊、套筒、电动扳手、推杆复位装置分解组装工具、白粉笔等工具、量具等状态良好,校验不过期方可使用。

③作业过程

a. 密封件选配

(a)皮碗、活塞膜片和前衬垫橡胶件,活塞润滑套、更换新品(组装前应检查橡胶密封件自制造完成之日起至组装使用前的储存期不超过6个月)。

(b)密封式制动缸润滑套和前盖滤尘套的毛毡须用89M脂浸润透,89M脂可用恒温加热桶或其他专用加热设备间接加热至50 ℃,毛毡浸润3 h以上,浸润毛毡如图5-144所示。

图5-144 毛毡浸润

b. 制动缸组装

(a)活塞组装。依次安装润滑套托→润滑套→皮碗，活塞组装如图 5-145 所示。

(a) (b)

图 5-145 活塞组装

(b)制动缸体内壁、活塞、皮碗须涂抹 89D 制动缸脂如图 5-146 所示，总用量见表 5-12。

(a) (b)

图 5-146 涂抹 89D 制动缸脂

表 5-12 89D 制动缸润滑脂用量

制动缸规格/mm	ϕ203	ϕ254	ϕ305	ϕ356
89D 脂用量/kg	0.10	0.12	0.13	0.15

(c)制动缸组装。依次安装活塞组成→缓解弹簧→弹簧座→前盖滤尘套→前盖→压下前盖→紧固螺栓，组装如图 5-147 所示。

(d)带有推杆复原装置的制动缸组装时须在前盖及活塞组装完毕，性能试验合格后用专用工具组装弹簧挡圈、制动缸推杆、复原弹簧、弹簧托等配件。

(e)安装新品制动缸后丝堵。

c. LBC-1 型主动润滑式密封制动缸组装

(a)锁圈安装时，须嵌入 Y 形密封圈的安装沟槽内。

(b)活塞组成组装时，弹簧片须最后安装。

(c)安装在同一活塞上的弹簧片自由高度差不大于 2 mm。弹簧片安装后，弹簧片压平时

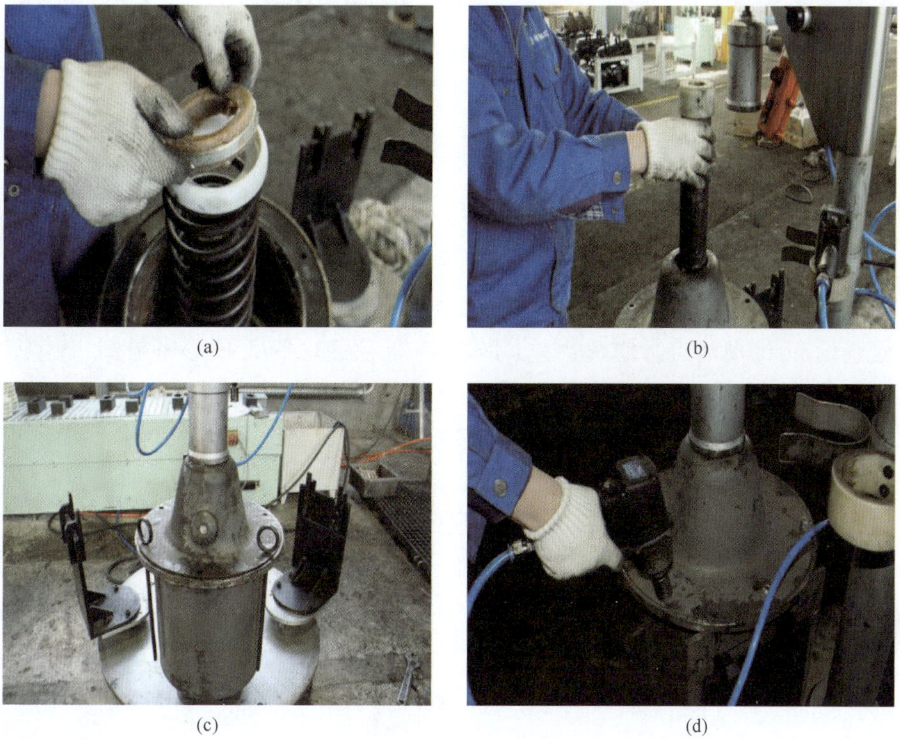

图 5-147 制动缸各部组装

须与安装面完全贴合。螺栓紧固后，止动垫圈止耳须翘起。

(d)组装时轴承滚针及保持架须涂抹制动缸脂。推力轴承安装时，不得反装。静圈(外径小)须与弹簧座接触，动圈(外径大)须与缓解弹簧接触，推力轴承如图 5-148 所示。

1—静圈；2—动圈。

图 5-148 推力轴承

d. 存放

制动缸组装完毕后，放置在待试验存放架上，准备试验。

④完工整理

a. 完成当日工作后，整理量具、样板，擦拭设备，做到工完料净场地清。

b. 组装人员将扭力矩扳手、手锤、拔销器等工具清洁保养后放回工具箱内，清扫作业场地，作业区域保持无垃圾，地面清洁。

(2)制动管系组装

①作业要点

a. 管件、接头密封部位不得涂漆。

b. 组装E形密封圈时，须保持安装面清洁，保证组装位置正确，不得错位组装、强力组装。

c. 同一法兰或管吊卡上的两个螺栓应交替紧固。

②作业准备

a. 上班前，严禁饮酒，要充分休息好，保证工作时精力充沛，思想集中。

b. 工作前必须按规定穿戴好工作鞋、工作服、工作帽等防护用品，禁止穿拖鞋、凉鞋、高跟鞋作业。

c. 按时参加班组点名会，掌握当日工作要求及任务。

d. 检查设备，清单清点管钳、扭力扳手、拔销器、手锤、各型E形密封圈、各型管系等工具、量具材料齐全等状态良好、样板检定合格。

e. 检查设备状态良好，工具、量具齐全、良好，计量器具校验不过期。

f. 发现设备故障影响使用时，及时通知工长。

g. 检查确认配送管系检修标记齐全，外观良好，防护到位。

h. 检查确认管件端部不得有尖角和毛刺。管件与接头接合部位外表面不得存在划伤、凹陷、油污、锈蚀等影响密封性的缺陷。

i. 检查确认法兰体无裂纹，法兰体如图5-149所示。

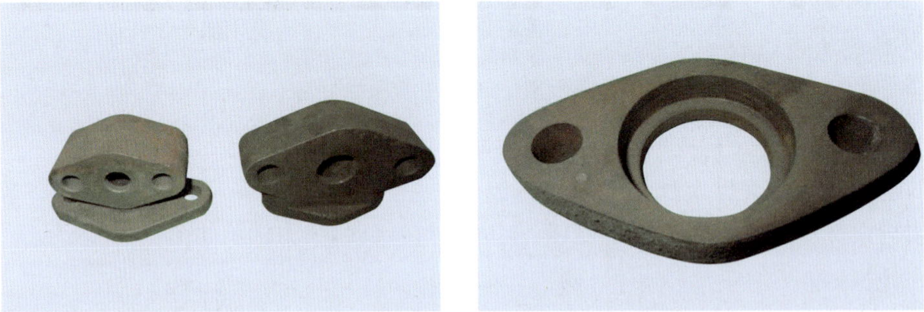

(a) (b)

图5-149 法兰体

j. 检查确认E形密封圈为新品，生产厂家和生产时间标记齐全，自制造完成之日起至组装使用前的储存期不超过6个月，各型号E形密封圈如图5-150所示。

k. 对检查不合格的橡胶件，由配送人员更换为合格品后方可装车使用。

③作业过程

a. 管系组装技术要求

(a)制动管系组装时，各管件须用压缩空气吹扫，确定管内、法兰处无异物。制动管系组装时管吊座和管吊卡均须处于松弛状态，制动管就位后，按顺序紧固。主管、支管穿过各梁时与梁的间隙不小于3 mm。上拉杆与主支管不得接触。制动管吊卡须为与管件面接触的管吊卡。制动管吊座与管垫间、折角塞门吊座与折角塞门垫间可装用厚度为2～10 mm的钢质垫板调整，消除组装抗力，钢质垫板须与管垫外形尺寸一致。折角塞门吊须安装在塞门体定位凹槽位置。

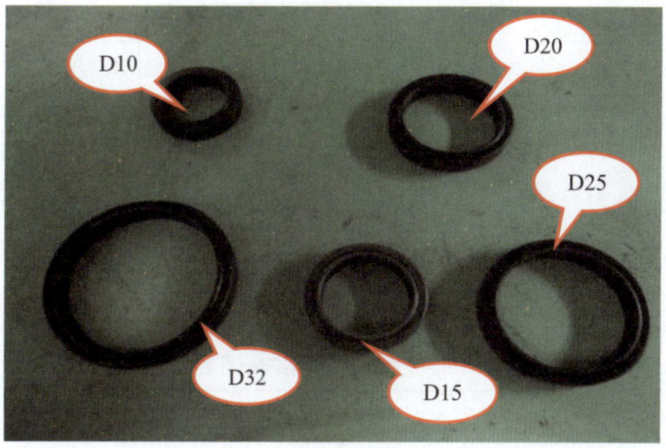

图 5-150 E形密封圈

(b)组装制动管系时应兼顾与其他部分接口,不得强力组装,相邻管件错位不应大于一个法兰连接孔直径。紧固时由主、支管三通向两端顺序紧固,先法兰后管吊卡。制动管系组装完毕后用不大于 0.5 kg 的软木锤敲击制动管各接头后再重新紧固。

(c)制动管系组装时,首先紧固管件的连接部位,再紧固制动管与管吊座。相邻管件错位法兰连接不大于螺栓孔直径、螺纹连接不大于 10 mm,压紧式快装接头与管件组装不到位时须进行调整。制动管与管吊座的间隙大于两个管卡垫厚度、管吊卡与管吊座错位时须调整管吊座,不得采用强力、火焰矫正方式组装。制动管就位后,不应借助撬杠等工具强力安装各固定件和管吊。管吊座为长圆孔时,固定件应有平垫圈。

(d)制动管件连接螺纹须使用聚四氟乙烯薄膜沿螺纹旋紧方向缠绕,不得超过管件端部,拧紧后须外露 1 扣以上完整螺纹,旋入部分不得少于 4 扣。

(e)橡胶密封圈、接头体、法兰体组装时,接头体端面须突出法兰体 0.1~0.5 mm,不符时更换或在法兰体与接头体间加装调整垫片,调整垫片不得加装在组装橡胶密封圈处。

(f)组装 E 形密封圈时,须保持安装面清洁,保证组装位置正确,不得错位组装、强力组装。E 形密封圈须落入法兰体与接头体间的环槽中,不得倾斜、扭曲、咬边,橡胶密封圈须高出接头体平面 1~3 mm。法兰与相邻件连接时须先将两者轴向中心对齐,后沿轴线方向平移,两者接触。组装过程中应避免损坏 E 形密封圈唇边,唇边损坏的 E 形密封圈不得装车使用。

(g)组装法兰螺栓防松垫片时,应将防松垫片的四个压脚中左右各一个压脚翘起紧贴螺栓或螺母平面,置于防松位置,其余两个压脚反向折弯紧贴法兰侧面。特殊规定及空间位置不足者除外。防松垫片拆卸后应更换新品。

(h)垂向安装的螺栓原则上应由上向下穿,横向安装的螺栓应以车体纵向中心线为准基,由里向外穿,特殊规定者除外。主管法兰组装后两螺栓孔中心连线原则上应处于竖直状态。螺栓上的开口销应双向劈开,其角度不小于 60°。

(i)同一法兰或管吊卡上的两个螺栓应交替紧固。法兰螺栓紧固后,两法兰面长度方向中部不得接触。

(j)使用扭力扳手时须预定扭力定值。紧固时应均匀施力,不得急速加力,至扭力扳手发出“咔嗒”声或感到扳手有卸力感。

(k)法兰螺栓紧固力矩值应符合表 5-13 规定。

表 5-13　法兰螺栓紧固力矩

螺栓规格	M10	M12	M16
紧固力矩/(N·m)	28	45	90

(l)压紧式管接头紧固力矩值应符合表 5-14 规定。紧固时扭力扳手应与管接头轴线垂直操作,均匀施力。单车试验完成后在压紧式接头螺母与接头体外表面上沿着管件轴线方向,用红色油漆画上 1 条粗约 3 mm 边缘整齐的线条。

表 5-14　压紧式管接头紧固力矩

接头规格	DN10	DN15	DN20	DN25	DN32
紧固力矩/(N·m)	90	115	155	200	270

(m)制动管系配件组装后应保持清洁,无油污,漆膜无缺损。

(n)主管端接管长度为 250～400 mm。制动主管两端突出端梁的位置须符合下列要求。

装用 13 号、13A 型、13B 型车钩的货车折角塞门手把中心与钩舌内侧面的连接线距离为 353_{-45}^{+25} mm。装用 16 型或 17 型车钩的货车:采用球芯折角塞门的车辆,折角塞门手把中心与钩舌内侧面的连接线距离为 367_{-45}^{+20} mm;采用球芯直端塞门的车辆,塞门手把中心与钩舌内侧面连接线距离为 606_{-45}^{+20} mm。

b. 管吊卡组装

(a)制动主管长度大于 2 400 mm,支管长度大于 1 800 mm,或 U 形管悬臂长度大于 500 mm 时须加装管件为面接触的管吊卡。

(b)集尘器、三通及两管相连的法兰接头处须加装管吊卡。

(c)管吊与中、侧梁搭接时搭接量为 80～90 mm。

c. 管系组装

(a)组装人员去除管系防护件,确定法兰面无异物,在法兰连接处安装 E 形密封圈如图 5-151(a)所示,保持安装面清洁,检查 E 形密封圈落入法兰体与接头体的环槽中,无倾斜、扭曲、咬边。

(b)组装人员双手托起管系,使两管系法兰片轴向中心对齐后,沿轴线方向平移,直至两者接触;法兰组装如图 5-151(b)所示。

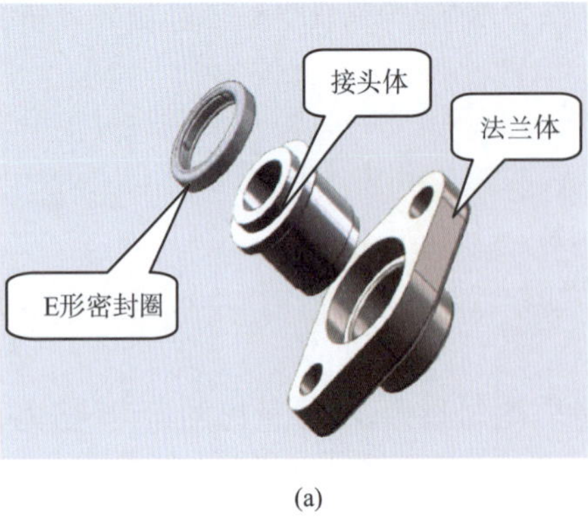

(a)

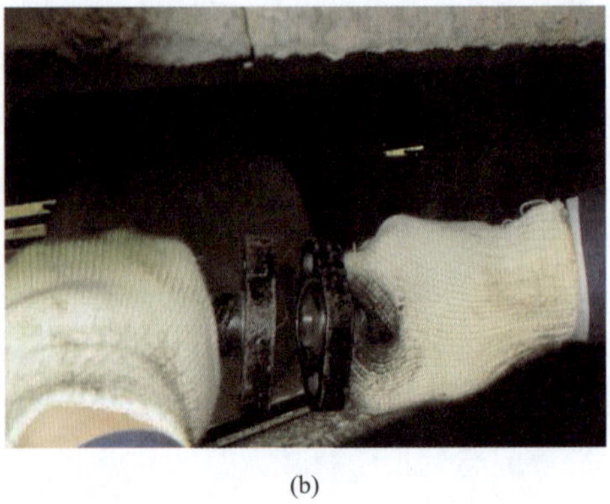

(b)

图 5-151　法兰组装

(c)组装人员在法兰外侧安装防松垫片及螺栓后,在 2 条螺栓上套入弹簧垫圈、螺母,并使用扭力矩扳手交替紧固 2 条组装螺栓。其紧固力矩值见表 5-15。

表 5-15 法兰螺栓紧固力矩

螺栓规格	M10	M12	M16
紧固力矩/(N·m)	28	45	90

(d)组装人员工在紧固完成后,检查两法兰面长度方向中部不应接触,螺杆须露出螺母 1 扣以上,但不大于 1 个螺母厚度。

(e)组装人员将组装法兰螺栓防松片的四个压脚中左右各一个压脚用手锤翘起紧贴螺栓或螺母平面,置于防松位置,其余两压脚反向折弯紧贴法兰侧面,组装如图 5-152 所示。

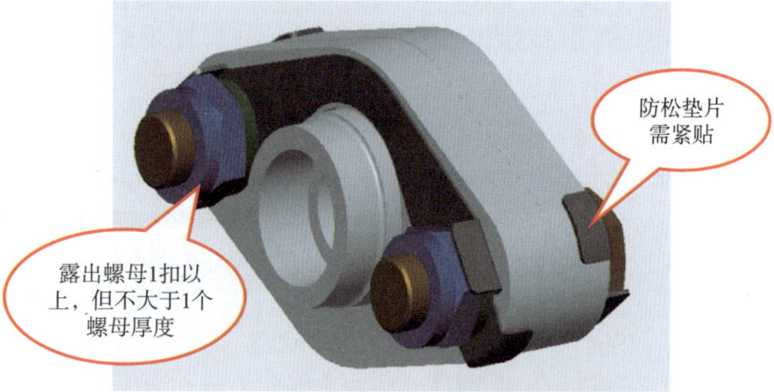

图 5-152 法兰螺栓、防松片组装

(f)安装主管端连接管、安装制动主管、安装主管端连接管。

(g)安装主管三通至组合式集尘器制动支管、安装组合式集尘器至中间体制动支管。

(h)安装中间体至副风缸连接管、安装中间体至(加速缓解风缸、降压风缸)连接管、安装中间体至调整阀管座连接管、安装空重阀三通管座至传感阀管座连接管、安装空重阀三通管座至调整阀管座连接管、安装空重阀三通管座至制动缸连接管、安装传感阀管座至调整阀管座连接管、安装 1 位和 2 位折角塞门安装脱轨阀塞门。

(i)管吊卡、法兰组装螺栓紧固、组装人员使用扭力矩扳手紧固主管卡子以及各连接管卡子(法兰螺栓)、各 U 形管卡端部须夹扁或点焊处理。

④完工整理

a. 完成当日工作后,整理量具、样板,擦拭设备,做到工完料净场地清。

b. 组装人员将扭力矩扳手、手锤、拔销器等工具清洁保养后放回工具箱内,清扫作业场地,作业区域保持无垃圾,地面清洁。

3. 基础制动杠杆、人力制动机等制动配件现车组装

(1)基础制动杠杆现车组装

①作业要点

a. 劳动防护用品穿戴整齐。

b. 检查杠杆、拉杆外观良好,检修标记齐全。

c. 按照要求依次将杠杆、拉杆进行组装后固定。

d. 检查各配件组装齐全,润滑到位。

e. 作业完毕,清扫作业场地,作业区域保持无垃圾,地面清洁。

②作业准备

a. 上班前,严禁饮酒,要充分休息好,保证工作时精力充沛,思想集中。

b. 工作前必须按规定穿戴好工作鞋、工作服、工作帽等防护用品,禁止穿拖鞋、凉鞋、高跟鞋作业。

c. 按时参加班组点名会,掌握当日工作要求及任务,清点毛刷、角度样板、开销器、制动缸脂等工具、材料齐全状态良、样板检定合格。

d. 检查上道工序作业情况、检查架车状态良好[图 5-153(a)]、配送杠杆、拉杆数辆型号与现车所需相符,检查标识、合格品标识齐全[图 5-153(b)],发现配件有与现车不符或不合格的通知配送班组进行更换,各部位组装圆销规格按照规定执行。

(a) (b)

图 5-153　架车状态、杠杆标识确认

③作业过程

a. 将后制动杠杆从配送小车上拿出后放置在托架上,调整杠杆圆销孔与支点孔同心时将后制动杠杆与支点使用 28 mm 圆销连接,如图 5-154(a)所示。圆销无法组装到位有卡滞时轻轻晃动杠杆,使得圆销穿过,严禁使用重物敲击,强行组装。

b. 将前制动杠杆和控制杠杆调整使组装孔同心,后制动杠杆组装如图 5-154(b)所示。

(a) (b)

图 5-154　后制动杠杆组装

c. 组装闸调器后将前制动杠杆从配送小车上拿出后放置在托架上，与闸调器拉杆头使用 36 mm 圆销连接如图 5-155(a)所示。

d. 将一位上拉条组装在托架后与前制动杠杆、控制杠杆使用 28 mm 圆销进行连接如图 5-155(b)所示。

e. 将二位上拉条与前制动杠杆使用 28 mm 圆销进行连接如图 5-155(c)所示。

f. 将制动缸推杆装入制动缸后与前制动杠杆使用 28 mm 圆销进行连接如图 5-155(d)所示。

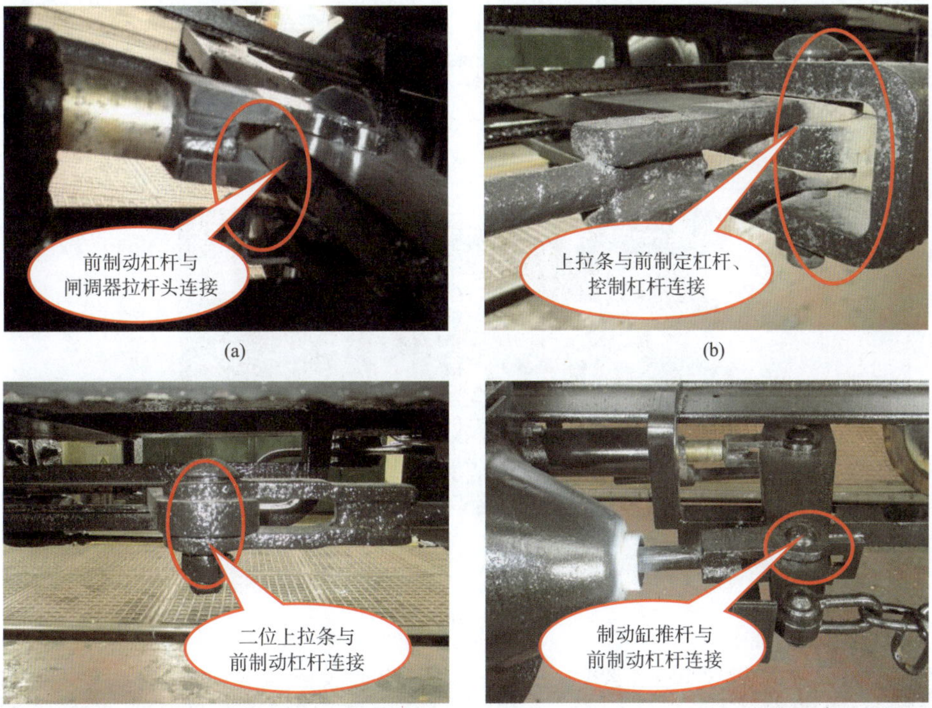

(a) (b) (c) (d)

图 5-155 制动杠杆、推杆组装

g. 有附加杠杆的车型先将附加杠杆与支点使用(罐车 28 mm 其余 20 mm)圆销连接，然后将连接拉条、人力制动拉杆与附加杠杆使用 20 mm 圆销连接如图 5-156(a)所示。

h. 将人力制动连接拉条接续链与制动缸前杠杆使用 20 mm 圆销进行连接如图 5-156(b)所示。

i. 右手将杠杆、拉杆轻轻托起，将杠杆、拉杆与托架摩擦部位分开，左手使用铁条将 89D 制动缸脂均匀地涂抹在摩擦部位如图 5-156(c)所示，不得用手指进行涂抹，防止手指挤伤。

j. 检查各配件是否全部组装完毕，各摩擦部位润滑脂涂抹均匀，无遗漏。

k. 将左右缓解阀拉杆装入吊架后，调整左右缓解阀与手柄座连接孔同心后如图 5-156(d)所示，插入 8 mm 圆开口销，使用开口销劈开器将开口销双向劈开。

l. 使用角度样板检查劈开角度不小于 60°，开口销角度测量如图 5-157 所示。

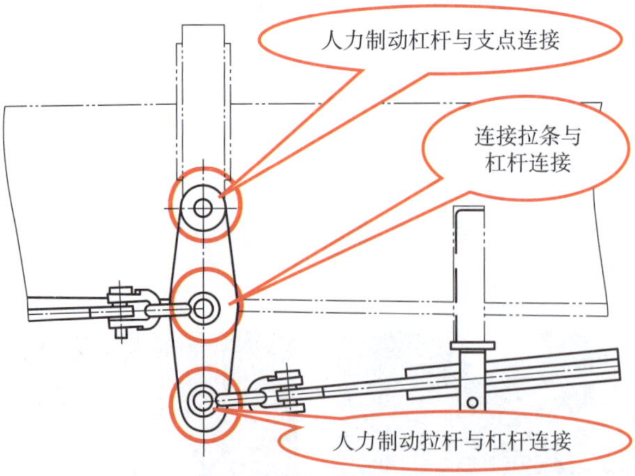

(a)

(b)

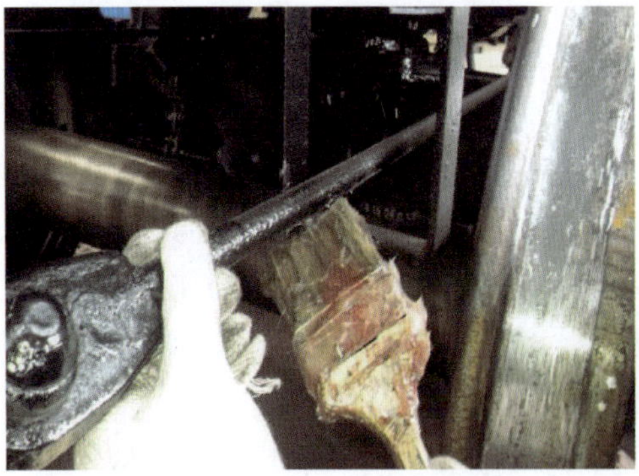

(c)制动缸脂均匀地涂抹在摩擦部位

(d)制动杠杆圆销组装

图 5-156　人力制动机连接部件安装

m. 检查各配件是否全部组装完毕，各摩擦部位润滑脂涂抹均匀，无遗漏。

④完工整理

作业完毕后清扫作业场地，作业区域保持无垃圾，地面清洁。

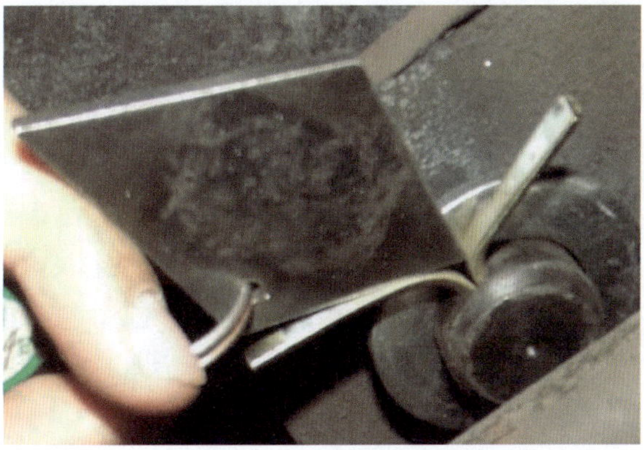

图 5-157　开口销角度测量

(2)人力制动机现车组装

①作业要点

a. 劳动防护用品穿戴整齐。

b. 检查上道工序制动机检修作业完毕,如制动机检修作业未完毕,不得开始作业。

c. 作业完毕车辆钳工将点检锤、扳手放回工具箱内,将电焊装置放至规定区域清扫作业场地,作业区域保持无垃圾,地面清洁。

②作业准备

a. 上班前,严禁饮酒,要充分休息好,保证工作时精力充沛,思想集中。

b. 工作前必须按规定穿戴好工作鞋、工作服、工作帽等防护用品,禁止穿拖鞋、凉鞋、高跟鞋作业。

c. 按时参加班组点名会,掌握当日工作要求及任务。

d. 车辆钳工检查手锤、扳手、铆枪拔销器、铆钉、平垫圈、润滑脂等工具、材料状态良好,熔接工检查电焊装置状态良好。

e. 检查确认人力制动机检修作业完毕,标识齐全。

③作业过程

a. NSW、FSW 型人力制动机组装

(a)分解人员检查确认人力制动机检修合格标记齐全、外观状态良好,NSW 型人力制动机外观如图 5-158 所示。

(b)车辆钳工用天车吊钩将检修合格的人力制动机固定住,防止在吊运人力制动机的时候人力制动机坠地,固定人力制动机如图 5-159(a)所示。

(c)车辆钳工把人力制动机吊运到安装座表面,将人力制动机表面 4 个安装孔与 4 个安装座孔逐个对齐,组装人力制动机如图 5-159(b)所示。

(d)车辆钳工把 4 条安装螺栓逐个由里向外放入安装孔内,完后在每条安装螺栓上依次套入弹簧垫圈及螺母。

(e)车辆钳工用扳手顺时针将 4 条螺母均匀紧固。

(f)车辆钳工用圆销连接人力制动机链条和拉杆,制动圆销组装如图 5-160(a)所示。

图 5-158　NSW 型人力制动机外观

(a)　(b)

图 5-159　组装 NSW 型人力制动机

(g)车辆钳工将平垫圈套入圆销，再在圆销孔内插入开口销，开口销组装如图 5-160(b)所示。

(a)　(b)

图 5-160　制动圆销组装

(h)车辆钳工将开口销全包起。

(i)人力制动机须拉铆组装时，分解人员将 4 条拉铆钉逐个由里向外放入安装孔内。

(j)车辆钳工用铆枪将 4 条铆钉均匀铆固。

(k)人力制动机链条与拉杆为铆接结构时,分解人员用铆钉连接人力制动机链条和拉杆,用铆枪进行铆固。

b. NSW、FSW 型人力制动机安装螺栓点焊

(a)熔接工用电焊装置将 4 条螺母与螺栓逐个点焊固,点焊如图 5-161 所示。

图 5-161　螺栓点焊

(b)熔接工用电焊装置将人力制动机链条和拉杆圆销平垫圈点焊固。

(c)车辆钳工对各转动接触部位须涂润滑脂。

④完工整理

作业完毕工作者将扳手、手锤放入工具箱内,将电焊装置、铆钉机放回指定存放区域,清扫作业场地,作业区域保持无垃圾,地面清洁。

4. 制动配件现车组装

(1)顶梁组装

①作业要点

a. 劳动防护用品穿戴整齐。

b. 检查样板、拉铆枪等状态良好,佩戴防护手套等劳动安全防护用。

c. 防脱拉环与车轴间隙检测样板鉴定不过期。

d. 防脱拉环与车轴间隙检测样板无影响使用质量的外观缺陷,编号和使用部位名义尺寸清晰。

e. 拉铆枪外观无缺损,动作良好。

f. 将毛刷取出检查外观良好后放置在作业区域。

g. 检查顶梁外观良好,配件检查标识、合格品标识齐全,组装圆销与现车匹配,标识不全或者圆销不匹配时,通知工长返工处理。

h. 按规定进行顶梁组装,不得蛮力组装。

i. 使用样板进行检测后对顶梁高度进行调节。

j. 完工后对工具、样板进行整理。

②作业准备

a. 上班前,严禁饮酒,要充分休息好,保证工作时精力充沛,思想集中。

b. 工作前必须按规定穿戴好工作鞋、工作服、工作帽等防护用品，禁止穿拖鞋、凉鞋、高跟鞋作业。

c. 按时参加班组点名会，掌握当日工作要求及任务。

d. 检查点检锤、毛刷、拉铆枪、不锈钢抽芯铆钉等材料齐全。

e. 防脱拉环与车轴间隙检测样板检定不过期，检定日期如图5-162所示。

f. 防脱拉环与车轴间隙检测样板无影响使用质量的外观缺陷，编号和使用部位尺寸清晰。

图5-162　拉环检测样板

g. 拉铆枪外观无缺损，动作良好，拉铆枪如图5-163(a)所示。

h. 检查毛刷外观良好后放置在作业区域。

i. 检查顶梁外观良好，配件检查标识、合格品标识齐全如图5-163(b)所示，组装圆销与现车匹配，标识不全或者圆销不匹配时，通知工长返工处理。

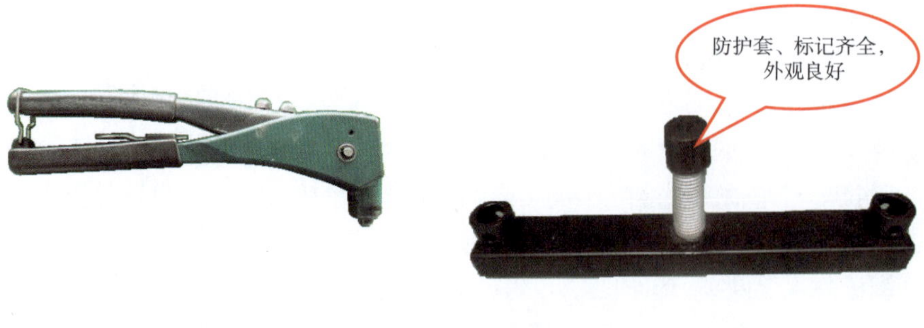

(a)　(b)

图5-163　拉铆枪、顶梁

③作业过程

a. 顶梁组装

(a)检查脱轨阀螺纹无变形，外部无杂物。

(b)将顶梁调节杆螺纹与脱轨阀对齐后顺时针旋转装入，待顶梁调节杆全部旋入不能旋转时停止，顶梁组装如图5-164所示。

图 5-164　顶梁组装

(c)顶梁组装有阻力时，将顶梁逆时针旋转退出后对螺纹进行重新检查，发现螺纹变形时通知检修人员进行更换，螺纹良好时使用毛刷对螺杆进行再次清理，严禁使用蛮力或工具强行组装。

b. 顶梁高度调节

(a)车辆落成调整好旁承间隙及车钩中心距轨面的高度后，反方向旋转顶梁，使用样板检测 ΔY_2 的距离达到表 5-16 规定为止，高度调节如图 5-165(a)所示。

(b)ΔY_2 调整合格后，使用扁销将锁紧螺母、作用杆及调节杆连接一起，顶梁组装如图 5-165(b)所示。

表 5-16　各型 ΔY_2 距离

转向架型号	转 K2 型	SQ6 型	转 K5、转 K6 型
ΔY_2/mm	85±2	75±2	100±2

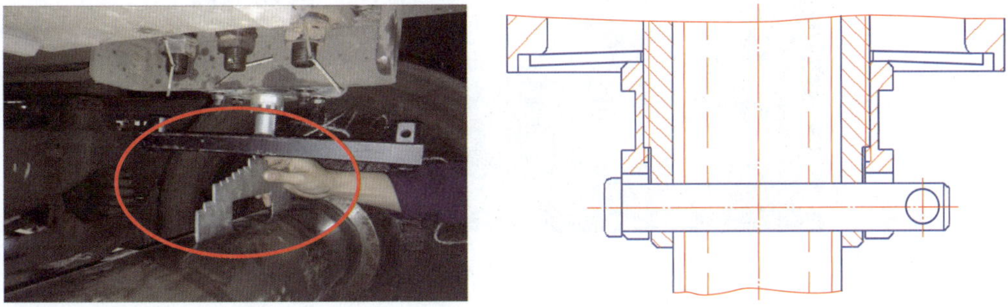

(a)　(b)

图 5-165　顶梁高度调节

(c)使用铆枪将 3 mm×10 mm 不锈钢抽芯铆钉进行铆固。

④完工整理

作业完毕后回收工具放入工具柜，清扫作业场地。作业区域保持无垃圾、配件，地面清洁。

(2)拉环组装

①作业要点

a. 劳动防护用品穿戴整齐。

b. 脱轨自动制动装置量规鉴定不过期。无影响使用质量的外观缺陷,编号和使用部位名义尺寸清晰。

c. 顶梁类型与转向架类型匹配,拉铆枪动作良好。

d. 作业前检查车辆落车后防溜措施良好;如防溜措施不到位,拒绝开始作业。

e. 使用脱轨自动制动装置量规依次检查车轴与拉环的各部距离。

f. 检查拉铆质量,铆钉紧固无松动,抽芯铆钉拉断处平滑整齐。

g. 作业完毕工作者将拉铆枪、拔销器等用品、工具放回工具箱内,将脱轨自动制动装置量规放回样板存放柜,清扫作业场地,作业区域保持无垃圾,地面清洁。

②作业准备

a. 上班前,严禁饮酒,要充分休息好,保证工作时精力充沛,思想集中。

b. 工作前必须按规定穿戴好工作鞋、工作服、工作帽等防护用品,禁止穿拖鞋、凉鞋、高跟鞋作业。

c. 按时参加班组点名会,掌握当日工作要求及任务,准备不锈钢抽芯铆钉、脱轨自动制动装置量规、拉铆枪等工具、样板、齐全、检定合格。

d. 工作者从工具柜拿出脱轨自动制动装置量规、拉铆枪等检查状态良好后放置在工作区域如图 5-166 所示,检查佩戴防护手套等劳动安全防护用品。

图 5-166 工具、样板准备

e. 脱轨自动制动装置量规鉴定不过期。

f. 脱轨自动制动装置量规无影响使用质量的外观缺陷,编号和使用部位名义尺寸清晰。

g. 拉铆枪作用良好。

h. 检查上道工序作业情况

(a)顶梁根据图 5-167(a)进行分类,检查顶梁类型与转向架类型匹配,符合表 5-17 的对应关系,不匹配时返上道顶梁组装工序处理,检查顶梁组装质量如图 5-167(b)所示,使用手电筒目视检查顶梁外观无变形，丝扣无损坏，限位孔无偏斜。如发现质量不符时，及时通知工长，进行返工处理。

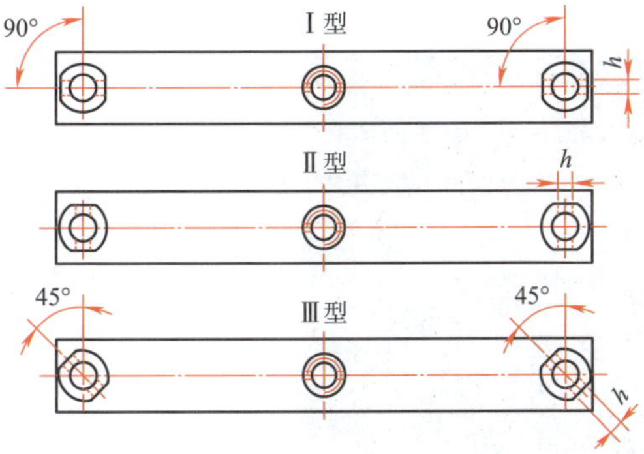

(a)

(b)

图 5-167　顶梁分类及外观检查

(b)拉环根据图 5-168 进行分类，拉环须防止误装，检查顶梁型号标记与拉环颜色及型号标记匹配，符合表 5-17 的对应关系，不匹配时返上道拉环检修工序处理。

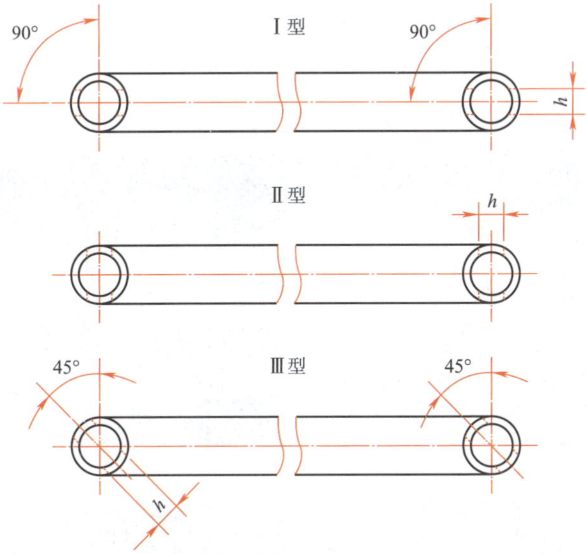

图 5-168　拉环分类

表 5-17　顶梁型号标记与拉环颜色及型号标记匹配

脱轨制动阀类型	顶梁组成类型	拉环类型	拉环颜色	拉环销孔距底部钢管内侧高度 h/mm	适用转向架类型	备　注
(Ⅰ)	(Ⅰ)	(Ⅰ)	黑色	341	转 K2 型	通用货车
(Ⅱ)	(Ⅱ)	(Ⅱ)	黄色	366	转 K4、转 K5、转 K6 型	通用货车
(Ⅲ)	(Ⅲ)	(Ⅲ)	红色	331	转 K2(抽簧)型	特殊货车

③作业过程

a. 拉环组装、间隙测量

(a)双手水平托起拉环,对准限位筒,拉环组装如图 5-169 所示。

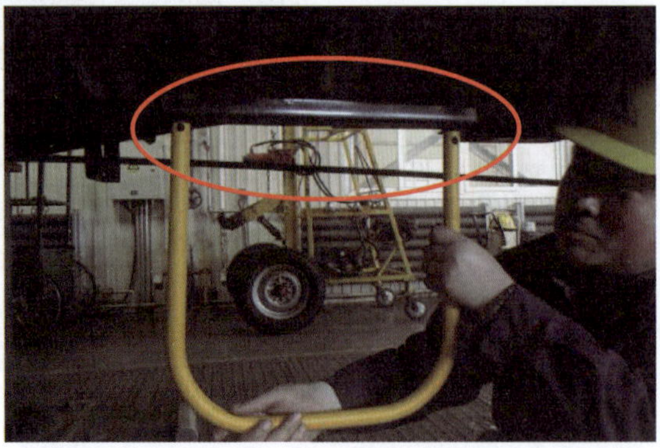

图 5-169　拉环组装

(b)将拉环推入限位筒,使拉环圆销孔与顶梁限位筒圆销孔对准。

(c)一只手扶稳拉环,另一只手依次将销钉以车体中心线为基准由内向外穿入销钉孔。

(d)使用脱轨自动制动装置量规依次检查车轴上边缘与顶梁的距离 ΔY_2 如图 5-170(a)所示,车轴下边缘与拉环的距离 ΔY_1 如图 5-170(b)所示、拉环与车轴前后距离 ΔX 如图 5-170(c)、图 5-170(d)所示都符合表 5-18 规定值。

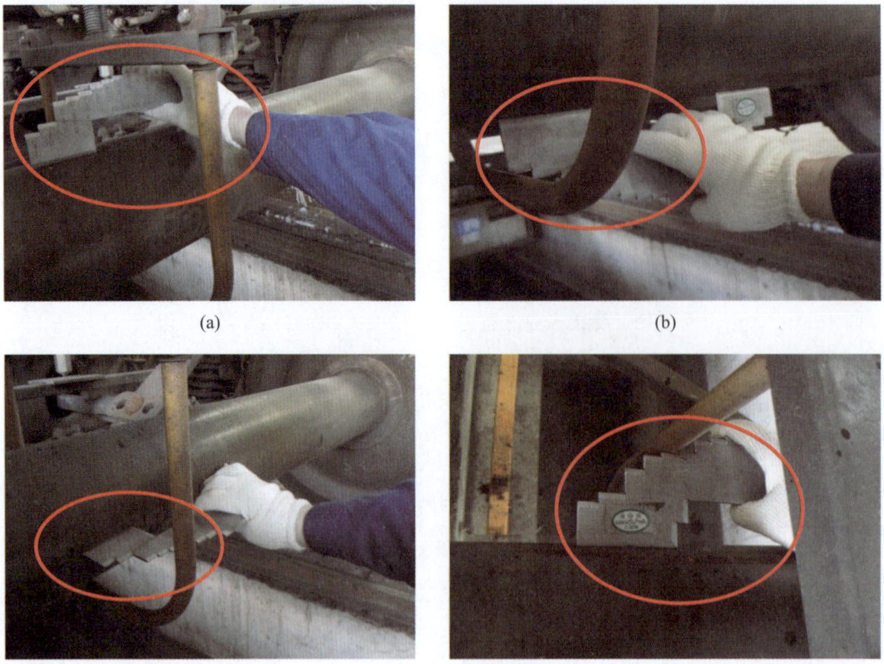

(a)　(b)

(c)　(d)

图 5-170　拉环各部位尺寸测量

表 5-18 各型 ΔX、ΔY_2 规定值 单位：mm

转向架型号	转 K2 型	转 K4 型	转 K5、转 K6 型
ΔX	80±10	80±10	75±10
ΔY_2	85±2	105±2	100±2 (SQ6：75±2)
ΔY_1	40^{+2}_{-5}	40^{+2}_{-5}	40^{+2}_{-5}

(e)各部位名称如图 5-171 所示，顶梁转动一圈，向上(下)移动 3.5 mm。如 ΔY_1 比规定值大，取下拉环，逆时针方向转动顶梁将顶梁上移，确保 ΔY_2 尺寸符合规定值，然后重新从(a)条动作开始；如 ΔY_1 比规定值小，则顺时针方向转动顶梁将顶梁下移，确保 ΔY_2 尺寸符合规定值，然后重新从(a)条动作开始；如无法调整 ΔY_1、ΔY_2 值均符合规定，返上道工序更换拉环。如 ΔX 比规定值大(小)，返上道工序更换顶梁、拉环。

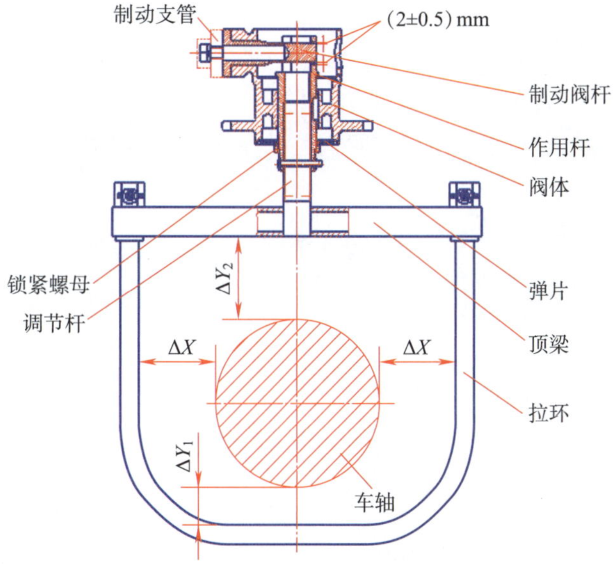

图 5-171 脱轨自动制动装置

b. 拉环铆固

(a)确认 ΔY_1、ΔY_2、ΔX 值合格后，采用不锈钢抽芯铆钉依次对拉环与限位筒进行拉铆，拉环铆固如图 5-172(a)所示。

(b)检查拉铆质量，铆钉紧固无松动，抽芯铆钉拉断处平滑整齐如图 5-172(b)所示，如拉铆质量不符时，切割拉铆钉，重新进行铆固。

④完工整理

作业完毕清洁保养脱轨自动制动装置量规、拉铆枪等工具后放回工具箱内，清扫作业场地，作业区域保持无垃圾，地面清洁。

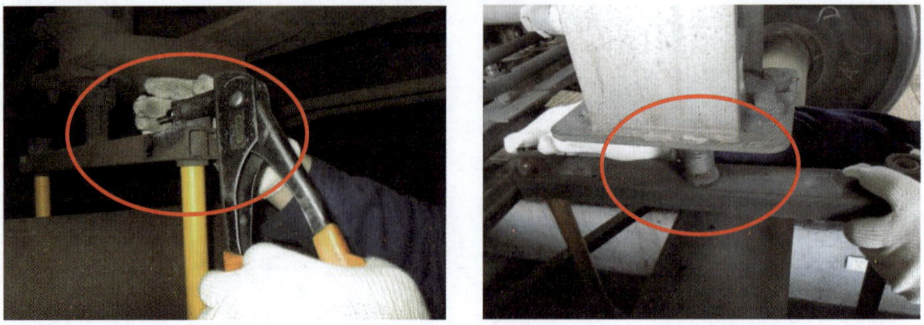

(a) (b)

图 5-172 拉环铆固

复习思考题

1. 简述车门分解(棚车)作业要点。
2. 实行寿命管理配件年限如何规定?
3. 横跨梁螺栓组装有哪些要求?
4. 简述车钩全开试验过程。
5. 简述制动管系等制动配件检修的完工整理要求。
6. 架车作业时要求不得少于几名作业者?
7. 简述15号车钩全开、闭锁位尺寸要求。
8. 简述209P型转向架组装安全吊时要求。
9. 简述折角塞门组装要求。